AF098253

www.ingramcontent.com/pod-product-compliance
Lightning Source LLC
LaVergne TN
LVHW040156080526
838202LV00042B/3189

9788198277121

پاکستان میں جمہوریت کا سوال

انتخاب و ترتیب

اشعر نجمی

Bright Books

© Ashar Najmi

Pakistan Mein Jamhooriyat Ka Sawaal
by Ashar Najmi
Bright Books, Thane, India
1st Edition : November 2024
ISBN: 978-81-982771-2-1

اس کتاب کا کوئی بھی حصہ مصنف یا ناشر کی پیشگی اجازت کے بغیر کسی بھی وضع یا جلد میں کلّی یا جزوی، منتخب یا مکرر اشاعت یا بہ صورت فوٹو کاپی، ریکارڈنگ، الیکٹرانک، میکینیکل یا ویب سائٹ پر اَپ لوڈنگ کے لیے استعمال نہ کیا جائے۔ نیز اس کتاب پر کسی بھی قسم کے تنازعہ کو نمٹانے کا اختیار صرف ممبئی کی عدلیہ کو ہوگا۔

Bright Books

Mira Road East, Dist. Thane, India
nidabattiwala@gmail.com

فہرست

تحریک پاکستان: سیکولر یا مذہبی جدوجہد	05	فرح ضیا
پاکستان: شناخت کی تلاش	08	مبارک علی
پاکستان: ایک غیر یقینی ریاست	30	جان۔آر۔شمٹ
پاکستان: اسلام کا قلعہ بنانے کی کوشش	45	اشتیاق احمد
مذہبی انتہا پسندی اور مطالعہ پاکستان	64	سید جعفر احمد
پاکستان میں جمہوریت کا سوال	81	اشفاق سلیم مرزا
اسلامائزیشن کے رجحانات	90	جوناتھن پیرس
توہین رسالت اور ہمارا ردعمل	99	حسن عبدالسمیع

تحریک پاکستان: سیکولر یا مذہبی جدوجہد؟

فرح ضیا

ترجمہ: علی عباس

محمد علی جناح نے گیارہ اگست ۱۹۴۷ء کو دستور ساز اسمبلی سے خطاب میں نئی ریاست کے نظم ونسق اور سیاسی ڈھانچے کے حوالے سے اپنی فکر کا کھل کر اظہار کر دیا تھا،لیکن اس کے باوجود ملک کے وہ مذہبی حلقے، جنھوں نے قیامِ پاکستان کی مخالفت کی تھی، مسلم لیگ کی قیادت اور قائداعظم کے ان بیانات کا حوالہ دیتے رہے، جن سے ان کے پاکستان کو مذہبی ریاست بنانے کے مؤقف کی تائید ہوتی ہے۔ مصنفہ فرح ضیا نے اسی ابہام کی جانب اشارہ کیا ہے۔ ان کا کہنا ہے کہ مسلم لیگ نے تحریکِ پاکستان کو عوامی تحریک بنانے کے لیے سیاسی وجوہات کی بنا پر مذہبی نعرہ لگایا تھا، تاکہ مسلم اشرافیہ کی حمایت حاصل کی جاسکے۔ وہ مزید لکھتی ہیں کہ اگرچہ 'قائداعظم' نے پوری تحریک کے دوران کبھی 'سیکولر' کی اصطلاح استعمال نہیں کی تھی، تاہم ان کا دستور ساز اسمبلی سے خطاب اس اَمر کی دلیل ہے کہ وہ ایک سیکولر ریاست ہی چاہتے تھے۔

پاکستان کے بطور سیکولر ریاست تناظر کو سمجھنے کے لیے تحریک پاکستان کے دوران ہونے والے واقعات کا ازسرنو جائزہ لینا سودمند ہوگا کہ تقسیم سے قبل 'سیکولرازم' اور 'اسلامی ریاست' کی اصطلاحات کا کیا استعمال ہوتا رہا۔ قیادت کا طرزِ عمل، جس نے تحریک کو متشکل کیا اور اس کی رہنمائی کی، خاص طور پر جناح اور مذہبی جماعتوں کا کردار ہمیں تاریخ کی بہتر آگہی فراہم کرسکتا ہے، جو غیر معمولی طور پر مبہم رہی ہے۔ دوسری صورت میں ایسا نہیں ہوسکتا تھا۔ انڈیا میں مسلمانوں کے لیے الگ ملک کا قیام سادہ تصور نہ تھا۔ اسے متنازعہ 'دوقومی نظریہ' کی بنیاد بننا تھا، جیسا کہ غیر متوقع طور پر واضح ہوا، یہ تصور انڈیا میں پیچھے رہ جانے والی مسلمان آبادی کی اکثریت یا جو پاکستان بنا، وہاں ہندو، سکھ اور عیسائی اقلیتوں کے ضمن میں کوئی رہنمائی فراہم نہیں کرسکتا تھا۔

پاکستان کی تاریخ اپنے رہنماؤں کی وجہ سے یکساں طور پر مسائل کا شکار تھی، جو یہ سمجھتے تھے کہ مسلمان ایک الگ قوم ہیں، وہ ایک قومی ریاست کے خواہاں تھے جہاں مسلمان اس قابل ہوں گے کہ اپنے سیاسی اور سماجی حقوق کا دفاع کریں۔ یہاں تحریک کے دوران مذہبی شناخت کی اہمیت اور جناح کے سیکولر طرز فکر، جس کا اظہار انھوں نے اپنی گیارہ اگست ۱۹۴۷ء کی تقریر میں کیا، یہ تقریر نوآموز ریاست کے نظم و نسق کے حوالے سے تھی، ان دونوں تصورات میں فطری تضاد تھا۔ تحریک خود تاریخ کے مختلف ادوار سے گزری اور اس نے اختتام پر مذہبی شناخت بنائی، باوجود یہ کہ سیاسی ضروریات پیش نظر تھیں، اس نے صرف ان عناصر کی مدد کی، جنھوں نے پاکستان کو اسلامی ریاست بنانے کا پروپیگنڈا کیا تھا، جہاں سیکولرازم کے لیے کوئی جگہ نہیں تھی۔ اس طرز فکر کے حامی اسکالرز نے جناح کی گیارہ اگست کی تقریر کو 'نمایاں تبدیلی' کے طور پر دیکھا۔

مورخ حمزہ علوی کا خیال ہے کہ سیکولرازم کے رَد نے محض مذہبی بنیاد پرستی کو مضبوط کیا اور ''نیم خواندہ اور ہٹ دھرم ملاؤں نے ہماری سول سوسائٹی اور ریاست کو یرغمال بنا رکھا ہے۔'' اس کے ساتھ ہی وہ زور دیتے ہوئے کہتے ہیں کہ تحریک پاکستان ''اپنے سیکولر نظریات سے وابستہ رہی۔'' انھوں نے دوسرے بہت سارے اہل علم کی طرح ہمیں یہ باور کروایا ہے کہ مذہبی قیادت نے بدترین طریقے سے تصور پاکستان کی مخالفت کی تھی اور تحریک کی سیکولر قیادت کے ساتھ غلط رویہ اپنایا تھا۔ چنانچہ کافر اعظم اور نا پاکستان کے خطابات جناح اور نئی ریاست کے لیے مخصوص تھے، اور یہ کسی اور کی جانب سے نہیں بلکہ مولانا مودودی کی زیر قیادت جماعت اسلامی کی جانب سے عطا کردہ تھا۔ جمعیۃ علماء ہند اور مجلس احرار بھی یکساں طور پر تصور پاکستان کی دشمن تھی۔

حمزہ علوی نے مسلم لیگ کی قیادت تعلیم یافتہ اور پیشہ ورانہ شعبوں سے وابستہ افراد کے ہاتھ میں ہونے کے بارے میں خاص طور پر بات کی ہے، جنھیں وہ 'تنخواہ دار' طبقہ کہتے ہیں اور یہ کس طرح 'اسلام' کے بجائے 'مسلمانوں' کی تحریک تھی۔ اسے سیاسی بنیادوں پر منتظم کیا گیا تھا اور ایک اسلامی ریاست کے قیام کے لیے لیگ کے ایجنڈے اور مطالبات میں اسلامی نظریہ کو شامل کرنے کی تمام کوششوں کو فوری طور پر رد کر دیا جاتا تھا۔

یہ بہر طور سچ ہے کہ تحریک ایک سیاسی جدوجہد تھی جسے مذہبی رہنماؤں نے شروع نہیں کیا تھا، بلکہ سیکولر رہنما اس کے روحِ رواں تھے جو یہ نہیں چاہتے تھے کہ یہ ایک مذہبی ریاست بنے، بلکہ وہ ایک جدید، ترقی پسند ریاست بنانے کے خواہاں تھے لیکن سیاسی جدوجہد کی سیاسی ضروریات ہوتی ہیں۔ اس وجہ سے ۱۹۴۵-۴۶ء کے انتخابات میں مسلم لیگ کا تاثر تبدیل ہوا اور عوامی تحریک بننے کے لیے مذہبی رہنماؤں اور جاگیرداروں سب کو خوش آمدید کہا گیا اور یہ عوامی تحریک انتخابات میں کامیابی کی اہل تھی۔ اس کے رہنماؤں کی بعدازاں ہونے والی تقریروں اور اس کے ساتھ ساتھ نئی ریاست کی نظریاتی ہیئت کے حوالے سے بھی تحریک کا یہ دور یقیناً ایک طرز فکر کا اظہار کرتا ہے۔

اس تناظر میں جناح کی شخصیت ایک سیکولر رہنما کے طور پر یا دوسری صورت میں عظیم بحث کا موضوع رہی ہے۔ باعث دلچسپ امر یہ ہے کہ دونوں نقطہ ہائے نظر کے اسکالرز جناح کی شخصیت کو اپنے انداز سے پیش کرنے

کو یکساں طور پر آسان تصور کرتے ہیں۔ ایک ایسی ریاست جہاں اسلام کو سیکولرزم کی متحارب قوت کے طور پر پیش کیا جاتا رہا ہے، ان حقائق سے قطع نظر کہ تحریک بڑے پیمانے پر سیکولر تصورات سے منسلک رہی تھی اور مذہبی قوتوں نے نئے ملک کی مخالفت کی تھی۔ اس موضوع پر جناح کے شعوری ابہام نے صرف معاملات کو پیچیدہ بنایا ہے۔

سچائی یہ ہے کہ جناح کا معروضی تجزیہ مشکل ہے؛ خاص طور پر اس لیے کہ انھوں نے پوری تحریک کے دوران کبھی 'سیکولر' کا لفظ استعمال نہیں کیا۔ پرویز ہود بھائی نے اپنے ایک اہم مضمون "Jinnah and Islamic State...Setting the Record Straight" میں یہ سوال اٹھایا ہے کہ آیا جناح مسلمانوں کی اکثریتی ریاست کے خواہاں تھے، یا اسلامی ریاست کا قیام ان کی ترجیح تھی۔ وہ کہتے ہیں کہ اس بیان کی وجہ سے کہ مسلمان اور ہندو ایک قوم کی حیثیت سے نہیں رہ سکتے، ''جناح نے مستقل ابہام پیدا کیا ہے۔'' اور انھوں نے ایسا سیاسی وجوہات ''زمینداروں، پیروں اور انڈیا کی مسلم اشرافیہ کے اتحاد کے لیے'' کیا۔

ظاہر ہے کہ انھوں نے ان کے زوال پذیر طرز فکر کو قبول نہیں کیا تھا اور حتمی تجزیے میں، پروفیسر ہود بھائی کے الفاظ میں ان کا بہرطور یہ خیال ہوگا ''کہ تقسیم سے پیدا ہونے والی ابتری کے بعد روشن خیال، سیکولر پاکستان کی بات ہوگی، اور اِس وقت سیکولرازم کے ایشو کو اٹھانا غیر ضروری تھا۔''

قائد کی جانب سے مختلف اوقات میں اسلامی ریاست، مسلم اور شریعت کے الفاظ استعمال کرنے کی بابت، پروفیسر ہود بھائی، عائشہ جلال کا حوالہ دیتے ہیں، جو خبردار کرتی ہیں کہ انھیں 'درست تاریخی تناظر' میں دیکھنے کی ضرورت ہے۔ وہ کہتی ہیں ''وہ شروع سے آخر تک ایک آئین ساز تھے، جنھوں نے اس وقت یہ دلیل دی تھی جب کم عمری کی شادیوں پر پابندی کے ایکٹ ۱۹۳۰ء پر بحث جاری تھی کہ اگر نام نہاد مذہبی اور عوامی اخلاقیات کے درمیان محاذ آرائی جاری ہے، تب اخلاقیات کو برتر ہونا ہے، مُلا یا کوئی مُلا نہیں۔ اس بنیادی ظاہری تاثر میں کوئی تبدیلی نہیں آئی، حتیٰ کہ انھوں نے اپنے آنے والے برسوں میں سیاسی وجوہات کی بنا پر موقع کی مناسبت سے اقدامات کیے۔ جب ان سے کہا گیا کہ وہ اس مسلم ریاست کے مستقبل کے آئینی ڈھانچے کے حوالے سے بات کریں، جس کا مطالبہ کر رہے ہیں، انھوں نے اصرار کیا کہ اس کا انحصار پاکستان کے لوگوں پر ہوگا کہ وہ فیصلہ کریں کہ وہ کیسی ریاست چاہتے ہیں، حتیٰ کہ انھیں یقین تھا کہ ان کا انتخاب جدیدیت کی حامل، جمہوری اور ترقی کی خواہاں ریاست ہوگا۔''

یہ شاید مشکلات کا شکار تاریخ کا معقول نتیجہ ہے کہ جناح جو کیبنٹ مشن پلان کے تحت ڈھیلے ڈھالے وفاق کا قیام چاہتے تھے، یہ ایک ایسے ملک کے قیام پر منتج ہوا، جو زیادہ مرکزیت کا حامل ہے۔ اور یقیناً مغربی تہذیب میں سب سے زیادہ رچے بسے رہنما نے یہ ملک بنایا، جس نے اسے سیکولر کہنے سے انکار کر دیا۔ اس سے برعکس طرزِ فکر سے تعلق رکھنے والے رہنما اسے ایک یکسر مختلف ریاست بنانے کے قابل ہوگئے۔

[بشکریہ 'تجزیات آن لائن']

پاکستان: شناخت کی تلاش

مبارک علی

۱۹۴۷ء میں تقسیم کے بعد ہی سے پاکستان کے سامنے سب سے بڑا مسئلہ یہ تھا کہ وہ ہندوستان کے مقابلہ میں اپنی علیحدہ شناخت کو کن بنیادوں پر تشکیل دے۔ ہندوستان کے مقابلہ میں پاکستان کو اپنی علیحدگی قائم کرنے میں کئی دشواریاں تھیں۔ سب سے پہلی مشکل تو یہ تھی کہ ملک کا ایک نیا نام تھا جس سے دنیا کے بہت سے لوگ ابھی واقف نہیں ہوئے تھے؛ دوسرے یہ کہ تہذیبی اور ثقافتی طور پر ہندوستان کو دنیا میں جو مقام ملا ہوا تھا، اور اس کی روایات اور رواداری کے بارے میں جو رومانوی تصورات اور خیالات لوگوں میں موجود تھے، پاکستان اس لحاظ سے اس کا مقابلہ نہیں کرسکتا تھا، اس لیے ایک طرح سے پاکستان کو اپنی علیحدہ شناخت کو قائم کرنا ضروری تھا۔ دوسری صورت میں خطرہ یہ تھا کہ وہ ہندوستان کے دائرہ میں آکر کہیں گمنام نہ ہو جائے یا اس کی حیثیت کم نہ ہو جائے یا اس کے سائے میں رہتے ہوئے اس کی کوئی شناخت ہی نہ ابھرے۔ لہٰذا ان حالات کو مدنظر رکھتے ہوئے ابتدا ہی سے یہ کوشش ہوئی کہ اس نئے وجود میں آنے والے ملک کو ہندوستان کے مقابلہ میں ایک نئی شناخت اور ایک نئی شکل دی جائے۔

لہٰذا اولین مرحلہ میں پاکستان نے ضروری سمجھا کہ اس کی شناخت اسلامی ہو، جس کو دوقومی نظریہ کی مدد سے ایک مربوط شکل دی جائے، کیوں کہ دوقومی نظریہ بنیاد تھی جس پر پاکستان کے حصول کے لیے جدوجہد کی گئی تھی۔ اس کے پس منظر میں یہ خیال بھی کارفرما تھا کہ پاکستان کے دونوں حصوں کو یعنی مغربی اور مشرقی پاکستان کو 'اسلام' اور دوقومی نظریہ کی بنیاد پر ہی متحد اور ایک کر کے رکھا جا سکتا ہے۔

اس کے بعد دوسرے مرحلہ پر یہ کوشش کی گئی کہ وہ علاقے جو پاکستان کے حصے میں آئے، ان کو ہندوستان سے علیحدہ اور منفرد ثابت کیا جائے اور تاریخی طور پر انھیں ہندوستان سے علیحدہ کر کے نئی شناخت دی جائے۔ لہٰذا جغرافیائی طور پر اس کو ثابت کرنے کی کوشش کی گئی کہ مغربی پاکستان شروع ہی سے برصغیر ہندوستان سے علیحدہ خطہ رہا

ہے۔ اس لحاظ سے تاریخی طور پر بھی اس خطہ کی اپنی خصوصیات ہیں، ان وجوہات کی بنا پر پاکستان کا بحیثیت ایک علیحدہ اور آزاد ملک کے وجود میں آنا، ایک جغرافیائی اور تاریخی حقیقت ہے۔ مغربی پاکستان کی حد تک اس کو ثابت کرنے کی کوشش کی گئی، مگر مسئلہ مشرقی پاکستان کا تھا جس کو اس دائرہ میں لانا مشکل ہو رہا تھا۔ یہ مسئلہ اس وقت حل ہو گیا جب ۱۹۷۱ء میں بنگلہ دیش کا قیام عمل میں آیا اور وہ ایک آزاد ملک کی حیثیت اختیار کر گیا۔ اس کے بعد سے مغربی پاکستان صرف 'پاکستان' ہو گیا۔

۱۹۴۷ء سے ۱۹۷۱ء تک پاکستان مختلف سیاسی بحرانوں سے گزرا، خصوصیت کے ساتھ فوجی حکومتوں کی وجہ سے ریاست کا روایتی ڈھانچہ بدلا، جس کی وجہ سے بیوروکریسی اور سیاست دان متاثر ہوئے، انھیں اپنا کردار اور اپنے عمل کو نئی صورت حال میں بدلنا پڑا۔ پاکستان کے ابتدائی سالوں میں (۱۹۴۷ء-۱۹۵۸ء)، جب پاکستان کو ایک نئے ملک کی وجہ سے سیاسی، معاشی اور سماجی مشکلات کا سامنا تھا، اس دوران بیوروکریسی ایک طاقتور ادارے کی حیثیت سے ابھری، کیوں کہ اس کی طاقت کو چیلنج کرنے والی کوئی سیاسی قیادت نہیں تھی۔ ان حالات میں بیوروکریسی نے تمام اختیارات اپنے ہاتھ میں لے کر اپنی مراعات کو بڑھایا اور ملک کی انتظامیہ کو اپنے مفادات کے تحت چلایا لیکن جب ۱۹۵۸ء میں فوجی حکومت قائم ہوئی اور ملک میں مارشل لاء لگایا گیا تو فوج اور بیوروکریسی نے مل کر حکومت پر اقتدار کو مستحکم کیا۔ اس وقت تک ان دونوں اداروں کی روایات پر کولونیل ازم کی زبردست چھاپ تھی۔ لہٰذا ان کے کردار اور خیالات میں سیکولر نظریات حاوی تھے جس کی وجہ سے انھوں نے علما اور مذہبی عناصر کو حکومت و اقتدار سے دور رکھا۔

پاکستان کی تاریخ کا تیسرا مرحلہ بڑا نازک اور بحران تھا۔ یہ ۱۹۷۰ء کی دہائی تھی، جب ایوب خان نے استعفیٰ دے کر حکومت کی باگ ڈور جنرل یحییٰ خان کے حوالے کر دی۔ مشرقی پاکستان کی سیاسی بے چینی اور سیاسی بحران نے ارباب اقتدار کو یہ سوچنے پر مجبور کر دیا کہ ملک کی سالمیت کو کیسے باقی رکھا جائے؟ بجائے اس کے کہ مشرقی پاکستان کے مسائل کا سیاسی و معاشی حال ڈھونڈا جاتا، کوشش یہ کی گئی کہ انھیں مذہب کے نام پر متحد رکھا جائے۔ یہ وہ پس منظر تھا جس میں 'نظریۂ پاکستان' کی تشکیل ہوئی۔ اگرچہ 'نظریۂ پاکستان' مشرقی پاکستان کی علیحدگی اور بنگلہ دیش کے قیام کو نہیں روک سکا، لیکن بعد میں آنے والی جمہوری اور فوجی دونوں طرز کی حکومتوں نے اس نظریہ کو اپنے مفادات کے لیے پوری طرح سے استعمال کیا اور خود کو نظریۂ پاکستان کے حامی اور محافظ کی حیثیت سے پیش کر کے اپنی حکومتوں کا جواز تلاش کیا۔

اس مقالہ میں اس بات کی کوشش کی گئی ہے کہ نظریۂ پاکستان اور اس کے ارتقائی مراحل کا جائزہ لیا جائے اور یہ دیکھا جائے کہ موجودہ حالات میں اس کی کیا شکل ہے اور اس کو حکومت و ریاست کس طرح سے پیش کرتی ہے؟

نظریۂ پاکستان کی تشکیل

'نظریۂ پاکستان' کی اصطلاح کا استعمال پہلے پہل اس وقت شروع ہوا جب مشرقی پاکستان میں مغربی

پاکستان میں جمہوریت کا سوال

پاکستان کے استحصال اور حکومت کے خلاف تحریک چلائی جارہی تھی۔ اس تحریک کا مقصد یہ تھا کہ مشرقی پاکستان کو زیادہ سے زیادہ اختیارات دے کر صوبائی خودمختاری دی جائے تاکہ وہ مغربی پاکستان کی سیاسی تسلط سے آزاد ہوسکے۔ اس سے پہلے 'اسلامی نظریہ' کی اصطلاح کو استعمال کیا جاتا تھا، جس کا سیاسی مقصد یہ تھا کہ ملک کے دونوں حصوں کو مذہب کے نام پر متحد رکھا جائے لیکن وقت کے ساتھ اور بنگال کی محرومیوں کے ساتھ ساتھ ان میں جو سیاسی شعور آیا، اس نے مغربی پاکستان کے تسلط کے خلاف جس نظریہ کو جنم دیا، وہ 'بنگالی قوم پرستی' تھی، جس کی بنیاد مذہب پر نہیں بلکہ زبان پر تھی۔ لہٰذا ان حالات میں 'اسلامی نظریہ' اور اس کی بنیاد پر بنگالیوں کو ساتھ رکھنے کی کوشش ناکام ہوگئی۔ لہٰذا اس کی جگہ اب 'نظریۂ پاکستان' کی اصطلاح کو استعمال میں لایا گیا۔ اس نئی اصطلاح میں اب اسلام خطرے میں نہیں تھا بلکہ ملک (پاکستان) خطرے میں تھے۔ اس لیے ضرورت اس بات کی تھی کہ ملک کی سالمیت کو برقرار رکھا جائے۔ لیکن اس کے پس منظر میں، اسلام اس نظریہ کا ایک اہم عنصر رہا جو مغربی اور مشرقی حصوں کے اتحاد کی علامت تھا۔

۱۹۷۱ء میں ریڈیو پاکستان نے گیارہ مشہور دانشوروں اور اسکالرز کے لیکچرز کو نشر کیا جو نظریۂ پاکستان سے متعلق تھے۔ ان لیکچرز کے مقاصد کو بیان کرتے ہوئے کہا گیا کہ:

> مشرقی پاکستان میں اس وقت جو کچھ ہو رہا ہے، اس کا تجزیہ پیش کیا جائے اور پاکستان کے ان دشمن عناصر کو سامنے لایا جائے جو اس ملک کے قیام سے ہی اس کی جڑوں کو اکھاڑنے اور ہماری قومیت کو ختم کرنے کی سازش میں مصروف ہیں۔ (۱)

ان تقاریر میں تمام مقررین نے 'نظریۂ پاکستان' کی اصطلاح اور اس کے اغراض و مقاصد کو بتاتے ہوئے، مشرقی پاکستان کی صورت حال کو مدنظر رکھتے ہوئے، دونوں صوبوں کے عوام سے اپیل کی کہ وہ اس ملک کو مشترکہ نظریات کی بنیاد پر متحد رکھیں۔ تقریباً تمام مقررین نے اس نظریہ کو بانئ پاکستان محمد علی جناح کی تقریر کے حوالوں سے لوگوں کے لیے قابل قبول بنانے کی کوشش کی۔ مثلاً آئی۔ اچ۔ قریشی نے اپنی تقریر میں کہا کہ:

> قائداعظم اس بات کو بطور دلیل پیش کر سکتے تھے کہ یہ علاقے جو اس وقت پاکستان میں ہیں، ایک طویل تاریخی عمل کے دوران ان کی تاریخ بالکل مختلف طور پر تشکیل ہوئی ہے۔ اس وجہ سے لوگوں کے کردار کی جو خصوصیات ہیں، وہ برصغیر کے دوسرے لوگوں سے بالکل مختلف ہیں۔ لیکن اس قسم کے دلائل ان کے ذہن میں اس وقت نہیں آئے۔ انھوں نے ایک ہی بات کہی کہ مسلمان دوسروں سے مختلف ہیں، کیوں کہ وہ مسلمان ہیں۔ اس وجہ سے مختلف نہیں کہ وہ بنگالی ہیں، یا سندھی، پنجابی اور پٹھان ہیں؛ ان کے مختلف ہونے کی سادہ دلیل یہ ہے کہ وہ مسلمان ہیں۔ آخر وہ کون سی بات تھی جس کی وجہ سے مسلمان انھیں مختلف نظر آئے؟ اس فرق کی بنیادی بات یہ تھی کہ ان کی زندگی کا پورا لائحہ عمل سچائی پر قائم رہے جو اسلام کی تعلیمات کا اہم نظریۂ حیات ہے۔ (۲)

آئی۔ اچ۔ قریشی نے اس پر بھی زور دیا کہ پاکستان کو ایک نظریہ یا آئیڈیالوجی کی ضرورت ہے تاکہ وہ

ان چیلنجوں کا مقابلہ کر سکے جو اسے درپیش ہیں۔

میں یہ کہتا ہوں کہ بغیر نظریات کے قومیں مردہ اور بے حس ہوتی ہیں۔ قوموں کو اپنے اندر ایک مشن کے احساس کو زندہ رکھنا چاہیے، اگر وہ حقیقتاً ایک زندہ قوم کی مانند رہنا چاہتی ہیں۔ حقیقت یہ ہے کہ اس ملک کی بقا کا انحصار اسلام پر ہے۔ اگر کسی بھی طرح سے اسلام کمزور ہوتا ہے، تو اس کا مطلب پاکستان کی کمزوری ہے۔ اگر ہم چاہتے ہیں کہ ایک مشترکہ کلچر کو پیدا کریں تو ہمیں اس حقیقت سے انکار نہیں کرنا چاہیے کہ وہ کلچر اسلام میں ہے۔ (۳)

ایک دوسرے مقرر جاوید اقبال جو علامہ اقبال کے فرزند ہیں، انھوں نے اس بات پر زور دیا کہ پاکستان کی آئیڈیالوجی میں، اگر مسلمان بحیثیت مجموعی صاحب اقتدار ہوتے ہیں تو ایک جائز عمل ہے۔ ان کا کہنا ہے کہ ''چونکہ مسلمان اکثریت میں ہیں، اس لیے وہ اس مطالبہ میں حق بجانب ہیں کہ مملکت کا صدر صرف مسلمان ہو ......اسی طرح سے یہ ان کا حق ہے اگر وہ یہ مطالبہ کرتے ہیں کہ ریاست اس قسم کے قوانین کا نفاذ کرے، اور ان کے بچوں کے لیے اس قسم کا تعلیمی نظام قائم کرے جو مسلمان شہریوں کی روحانی اور اخلاقی اقدار کی ترویج اور فلاح و بہبود کے لیے ضروری ہو۔'' (۴)

۱۹۷۱ء میں جب پاکستان دو ٹکڑے ہوا، تو اس کے نتیجہ میں دو قومی نظریہ اور اسلام بحیثیت نظریہ کے شدید صدمہ سے دوچار ہوا۔ پاکستان کے دانشور اس مرحلہ پر ایک تذبذب میں مبتلا تھے۔ اگر وہ ان نظریات کی ناکامی کو تسلیم کر لیتے ہیں، تو اس کے نتیجہ میں پوری تحریک پاکستان کی تاریخ متاثر ہوتی ہے۔ اگر اس کی صداقت کو اب تک باقی رکھنا چاہیں تو پھر اس کے لیے کیا دلائل دیں؟ اس لیے نظریات کے تحفظ کے لیے جو دلیل دی گئی، وہ یہ تھی کہ ان کو کبھی بھی حکومت اور حکمران طبقوں نے صدق دل اور خلوص سے نافذ ہی نہیں کیا بلکہ ان کو مفادات کے لیے استعمال کرتے ہوئے ان کو مسخ کیا۔ اس دلیل کو شریف المجاہد نے اس طرح پیش کیا ہے:

پاکستان کی مختلف حکومتوں نے اسلام کو اپنی غیر مقبول پالیسیوں پر عمل درآمد کرنے کے لیے بری طرح سے استعمال کیا، اس میں سرفہرست ایوب خان کی حکومت تھی۔ یہی نہیں، بلکہ اسلام کے ذریعہ حالات کو جوں کا توں رکھنے کی بھی کوشش کی گئی۔ اس کو آمرانہ یا نیم آمرانہ حکومتوں کے قیام کا جواز بھی بنایا گیا اور اس کو حکمران طبقوں نے اپنی ذاتی مفادات پورے کرنے کے لیے بھی استعمال کیا۔ اسلام کا یہ استحصال جو مختلف حکومتوں اور ذاتی مفادات کے حامل لوگوں نے کیا، اس کی وجہ سے لوگ اس نظریہ سے ہی بدظن ہو گئے۔ (۵)

اسلامائزیشن کا عمل

پاکستان میں اسلامائزیشن کی بنیاد ان وعدوں، نعروں اور اعلانات پر تھی جو مسلم لیگ اور اس کے رہنماؤں کی جانب سے تحریک پاکستان کے دوران بار بار کیے گئے تھے کہ پاکستان کے قیام کے بعد ایک اسلامی فلاحی

ریاست کا قیام عمل میں لایا جائے گا۔ پاکستان کے قیام کے بعد منطقی طور پر یہ توقعات کی گئی تھیں کہ مذہب کے نام پر جو ملک بنایا گیا ہے، اب اس میں اسلامی نظام کا نفاذ ہونا چاہیے۔ لیکن تقسیم کے اعلان کے بعد ۱۱ اگست ۱۹۴۷ء کو قائداعظم محمد علی جناح نے دستور ساز اسمبلی میں جو تقریر کی، اس میں انھوں نے مذہبی ریاست کے بجائے ایک سیکولر ریاست کا خاکہ پیش کیا اور ایک ایسی پاکستانی قوم کی بات کی جس میں ہر مذہب و عقیدے کے لوگ شامل ہوں گے اور مذہب لوگوں کا نجی معاملہ ہوگا۔(۶)

جناح کی اس تقریر نے مسلم لیگ حلقوں میں کھلبلی مچادی؛ نہ صرف سیاسی رہنما بلکہ پاکستان کی بیوروکریسی بھی اس تقریر کے بعد پریشان ہوگئی، کیوں کہ اس تقریر نے پاکستان کے نظریہ پر کاری ضرب لگائی جس کے تحت یہ کہا گیا تھا کہ یہ ملک صرف مسلمانوں کے لیے بنایا گیا ہے۔ لہٰذا بیوروکریسی کی جانب یہ کوشش کی گئی کہ اس تقریر کو سنسر کردیا جائے اور اس کی اشاعت کو روک دیا جائے۔ اس مقصد کے تحت اخباروں کو پریس ایڈوئس بھیجی گئی کہ اس تقریر کو نہ چھاپا جائے۔ اس پر ’ڈان‘ اخبار کے ایڈیٹر الطاف حسین نے انفارمیشن ڈیپارٹمنٹ کو دھمکی دی کہ اگر اس پریس ایڈوائس کو واپس نہیں لیا گیا تو وہ جناح صاحب سے مل کر ان کو پوری تفصیلات سے آگاہ کریں گے۔ اس دھمکی کا اثر یہ ہوا کہ اخبارات کو یہ اجازت دے دی گئی کہ وہ اس تقریر کو چھاپ سکتے ہیں۔

اس کے بعد سے جناح صاحب کی یہ تقریر اسلام پسندوں اور سیکولر ذہن رکھنے والوں کے درمیان ایک متنازعہ مسئلہ بنی ہوئی ہے۔ اسلام پسند حلقے اس تقریر کی تاویل اپنے نقطۂ نظر سے کرتے ہیں۔ ان کی ایک دلیل تو یہ ہے کہ اس تقریر کا ایک خاص اور وقتی مقصد تھا اور وہ یہ تھا کہ جناح صاحب پاکستان میں رہنے والی مذہبی اقلیتوں کو ان کے تحفظ کا یقین دلانا چاہتے تھے۔ اس لحاظ سے اس کی حیثیت ایک پیغام کی سی تھی۔ یہ کوئی ملک کی پالیسی کے بارے میں کوئی اعلان نامہ نہیں تھا۔‘‘ اس کے علاوہ یہ ناانصافی ہوگی کہ ان کے خیالات کو ان کے ایک بیان کی بنیاد پر دیکھا اور پرکھا جائے۔ اس سلسلہ میں ان کی دوسری تقاریر کو بھی دیکھنے کی ضرورت ہے۔‘‘ منظور احمد نے اس بات کو کہتے ہوئے جناح صاحب کی تقاریر سے کئی اقتباسات دیے ہیں جن سے ثابت ہوتا ہے کہ وہ پاکستان کو ایک اسلامی ریاست کی شکل میں دیکھنا چاہتے تھے۔(۸)

اس تقریر نے پاکستانی معاشرے میں کافی کنفیوژن پھیلایا ہے، کیوں کہ پاکستان ایک ایسا پسماندہ معاشرہ ہے جہاں نظریات و افکار کو ان کی اپنی تاریخی اور ذہنی حیثیت میں دیکھنے کے بجائے افراد کے نقطۂ نظر سے دیکھا جاتا ہے، اور انھیں اچھا یا برا اس لیے سمجھا جاتا ہے کہ ان کے بارے میں رہنماؤں نے کیا کہا ہے۔ اسی وجہ سے پاکستان میں دائیں اور بائیں بازو کے دانشور نظریات و افکار کی اہمیت سے ہٹ کر، ان کو رہنماؤں کے فرمودات کی روشنی میں دیکھتے ہیں۔ اب ان کے بارے میں جو رائے بڑی شخصیتوں اور لیڈروں نے دے دی ہے، اسے بغیر کسی تنقید اور تجزیے کے تسلیم کر لیتے ہیں۔ اس کا نتیجہ یہ ہے کہ قائداعظم محمد علی جناح کی شخصیت اس قدر عظیم ہوگئی کہ ان کے بیانات اور تقاریر کی روشنی میں یہ فیصلہ کیا جاتا ہے کہ پاکستان ایک سیکولر ریاست ہو یا سلامی؛ جیسا کہ ان حالات میں ہوتا ہے، دونوں جانب سے دانشور اپنے مطلب کی باتیں، ان کی تقاریر اور

بیانات سے اخذ کر کے اپنے ایجنڈے کا پروپیگنڈا کرتے ہیں۔ ان متنازعہ بیانات اور تقاریر کی وجہ سے ایک عام آدمی کے لیے یہ مشکل ہو جاتا ہے کہ وہ یہ فیصلہ کر سکے کہ جناح صاحب آخر کیا چاہتے تھے؟ اس بحث و مباحثہ کے نتیجے میں نظریات و افکار کی روح ختم ہو جاتی ہے اور آخر میں سوائے کنفیوژن کے اور کچھ باقی نہیں رہتا ہے۔

جب ۱۹۴۹ء میں قرارداد مقاصد پاس ہوئی، تو یہ دلیل دی گئی کہ اس قرارداد کے بعد جناح صاحب کی ۱۱ اگست والی تقریر کو رد کر دیا گیا اور یہ فیصلہ ہو گیا کہ پاکستان کی ریاست کیا ہوگی۔ لیکن ان تمام باتوں اور حالات کی تبدیلی کے باوجود یہ تقریر دائیں بازو اور حکمران طبقوں کے لیے ایک مصیبت رہی اور اس کے اثر کو زائل کرنے کے لیے بار بار نئی وضاحتیں دی گئیں۔ کہا یہ گیا کہ یہ ایک تقریر جناح صاحب کے دوسرے بیانات اور تقاریر کو دیکھتے ہوئے ان کے خیالات سے ہٹی ہوئی تھی، اس لیے اس کی کوئی زیادہ اہمیت نہیں۔ ایک بات یہ بھی کہی گئی کہ جب یہ تقریر کی گئی تو اس وقت جناح صاحب شدید بیمار تھے (یعنی بیماری کی حالت میں ان کی دماغی کیفیت درست نہیں تھی)۔ جسٹس منیر نے اس تقریر کے بارے میں کہا کہ ''مجھ سے یہ کہا گیا کہ یہ تقریر شیطان کے اثر سے ان پر نازل ہوئی تھی۔'' (۹)

ذوالفقار علی بھٹو نے سپریم کورٹ میں بیان دیتے ہوئے کہا کہ ''وزیر اطلاعات جنرل شیر علی نے اس بات کی کوشش کی کہ اس تقریر کو جلا دیا جائے یا سرکاری دستاویزات سے اسے غائب کر دیا جائے۔'' (۱۰) ضیاء الحق کے زمانے میں شریف المجاہد جو کہ اس وقت قائد اعظم اکیڈمی کے ڈائریکٹر تھے، انھوں نے قائد اعظم کی جو بائیوگرافی لکھی ہے، اس میں اس تقریر کے تعلق سے وہ جناح کو چیلنج کرتے ہوئے لکھتے ہیں کہ اسلام کے بارے میں ان کو کوئی زیادہ علم نہ تھا، اس لیے وہ اسلام کے بارے میں کوئی رائے دینے یا فیصلہ کرنے کے اہل نہیں تھے:

> اگرچہ وہ اسلام کے پرسنل لاز کے ماہر تھے، لیکن وہ اسلامی فقہ اور قوانین کی پیچیدگیوں اور الجھنوں کے مکمل طور پر واقف نہیں تھے، نہ ہی وہ اسلامی روایات سے آگاہ تھے، نہ ہی شعوری طور پر وہ مختلف اسلامی نظریات و افکار کی پیچیدگیوں اور اسلام کے ارتقا کے دوران جو تاریخی حقائق بر صغیر ہندوستان اور اسلامی دنیا میں وقوع پذیر ہوئے، ان کے بارے میں علم رکھتے تھے...... اس لیے ان سے یہ توقع کرنا کہ وہ اسلامی تصور ریاست اور جدید مغربی سیاسی نظریات کو ہم آہنگ کر سکتے ہیں، یا ان دو نظریات میں جو اختلافات اور علیحدگیاں ہیں، ان کو آپس میں ملا سکتے ہیں، اس کی ان سے توقع کرنا ایک ناممکن کو ممکن بنانا تھا۔ یہ کام ایک نظریہ دان کا ہے اور یہ ایک یقینی بات ہے کہ جناح اس کردار کے لیے نہیں بنائے گئے تھے۔ (۱۱)

ان تمام وضاحتوں اور دلیلوں کے باوجود ۱۱ اگست کی تقریر آج بھی دائیں بازو اور اسلام پسندوں کے لیے ایک مسئلہ بنی ہوئی ہے۔ اس لیے جب بھی اس تقریر کا حوالہ دیا جاتا ہے تو روایت پرست لوگ اس سے پریشان ہو کر اپنے دفاع میں دلیلیں دینے میں مصروف ہو جاتے ہیں۔

جناح کی وفات کے بعد لیاقت علی خاں کی شخصیت بحیثیت وزیر اعظم اور سیاسی رہنما کے اہمیت کی حامل

ہوگئی، مگر وہ سیاسی معاملات اور عوام میں اپنے اثر ورسوخ میں جناح کا مقابلہ نہیں کر سکتے تھے۔اس لیے جب ان پر علما کی جانب سے دباؤ ڈالا گیا کہ ملک کا دستور اسلامی ہونا چاہیے، تو وہ ان کا پوری طرح سے مقابلہ نہیں کر سکے۔ اس سمت میں پہلا قدم یہ اٹھایا گیا کہ ۱۹۴۹ء میں دستور ساز اسمبلی نے 'قرارداد مقاصد' کی منظوری دے دی، جس میں واضح طور پر اس کا اعلان کیا گیا کہ اقتدار اعلیٰ خدا کے پاس ہے۔اس نے عوام کی جانب سے پاکستانی ریاست کو یہ اتھارٹی دی ہے کہ وہ اس کے دیے قوانین کے دائرے میں رہتے ہوئے کام کرے۔قرارداد مقاصد پر جب دستور ساز اسمبلی میں بحث کی گئی تو مشرقی پاکستان کے ہندو ممبران نے اس پر سخت تنقید کی۔بی۔کے۔دت نے ان خطرات کی جانب اشارہ کیا جو مذہب اور سیاست کو آپس میں ملانے کے بعد پیدا ہوں گے۔انھوں نے کہا کہ ''سیاست اور مذہب کا تعلق انسانی ذہن کے دو علیحدہ علیحدہ شعبوں سے ہے......سیاست کا تعلق عقل سے ہے اور آپ اسے مذہب سے ملانا چاہتے ہیں۔''

اقلیتی گروپ سے تعلق رکھنے کی وجہ سے انھوں نے مزید کہا کہ ''اس کے نتیجہ میں آپ بحث کے لیے ہمیں کمتر حیثیت میں رکھنا چاہتے ہیں۔'' ایس۔سی۔چٹو پادھیا جو کہ کانگریس پارٹی کے لیڈر تھے، وہ بھی اس مسئلہ پر بہت تلخ ہو گئے تھے، انھوں نے دستور ساز اسمبلی سے خطاب کرتے ہوئے کہا کہ:

> آپ اس پر مصر ہیں کہ ایک برتر اور افضل مخلوق کو اس کے ذریعہ پیدا کریں۔یہ ریزولیشن اپنی اس شکل میں قدامت پرست عناصر کو پوری طرح سے اپنے اندر سموئے ہوئے ہے۔یہ جذبات اس اسمبلی کے احاطہ تک محدود نہیں رہیں گے، اس کے اثرات دیہاتوں تک میں جائیں گے۔

اقلیتی جماعتوں کے ممبران نے اس کے بارے میں کہا کہ اس کے ذریعہ ''امیدوں کی روشنی اور ایک باعزت زندگی گزارنے کی توقعات پر بھاری پردہ ڈال دیا گیا ہے۔''

ان ممبران کی تنقید اور ان کے خدشات کا ازالہ کرتے ہوئے چودھری ظفر اللہ خاں، وزیر خارجہ نے سخت دفاع کیا (انھیں مستقبل کے پاکستان میں اپنی احمدی کمیونٹی کی حیثیت اور ان کے غیر مسلم قرار دیے جانے کے بارے میں کوئی اندیشہ نہیں تھا) اور یہ دلیل دی کہ پاکستان میں غیر مسلم اقلیتوں کو مکمل حقوق دیے جائیں گے اور ان کا ریاست تحفظ کرے گی۔انھوں نے مزید یہ دلیل بھی دی کہ اسلام میں اقلیتوں کے ساتھ روادارانہ سلوک ہوتا ہے۔(۱۲)

لیاقت علی خاں کی یہ کوشش تھی کہ قرارداد مقاصد کو دستور کی ابتدائیہ (Premble) کے طور پر تسلیم کیا جائے۔اس کے بعد انھوں نے تعلیمات اسلامی کے نام سے علما کا ایک بورڈ تشکیل کیا، تاکہ وہ ان بنیادی کمیٹیوں کو مشورہ دے گا جو دستور کے بارے میں خاکہ تیار کر رہی تھیں۔ان اقدامات کے ذریعہ لیاقت علی خاں کا ایک مقصد تو یہ تھا کہ علما اور دینی حلقوں کو مطمئن کیا جائے، تو دوسری طرف وہ صوبوں کے مقابلہ میں مرکز کے اختیارات کو زیادہ وسیع کرنا چاہتے تھے؛ لیکن قابل ذکر بات یہ ہے کہ اس مرحلہ پر بیوروکریسی، علما اور ان کے اثر ورسوخ کے سخت خلاف تھی اور نہیں چاہتی تھی کہ وہ سیاست اور انتظامیہ کے معاملات میں دخل اندازی کریں۔اسی وجہ سے

مذہبی امور کی وزارت کو قائم کرنے کے فیصلہ کو مسترد کر دیا گیا، کیوں کہ بیوروکریسی کسی بھی صورت میں علما اور مذہبی حلقوں کو کسی بھی قسم کے اختیارات دینے کے حق میں نہیں تھی۔ لیکن علما نے دستور ساز اسمبلی اور اس سے باہر اسلام کے نام پر عوام کے جذبات کو ابھارنے کی کوشش کی۔ منظور احمد نے ایک ایسے ہی عالم جو کہ 'مفکر' کے نام سے لکھتا تھا، اس کے 'پاکستان میں اسلامی دستور کا خاکہ' (۱۹۵۴ء) نامی پمفلٹ کا حوالہ دیا ہے۔ اس میں وہ لکھتا ہے کہ:

> پاکستانی قومیت کی صرف ایک ہی بنیاد ہے اور وہ ہے اسلام، اللہ پر یقین، خاتم النبین محمد صلعم صلی اللہ علیہ وسلم کی شریعت کی اطاعت اور پاکستان کی ریاست سے شرکت کا رضا کارانہ معاہدہ......
> آخر عراق، چین اور الجیریا کے مسلمان پاکستان کے شہری ہونا چاہئیں تو انھیں اس کی اجازت ہونی چاہیے۔ پاکستانی ریاست علاقائی بنیادوں پر قائم نہیں ہے، کیوں کہ اس کا تعلق اسلامی عناصر سے ہے......اس لیے ریاست کی حدود ان باتوں سے بالاتر ہونی چاہیے اور جغرافیائی حدود سے باہر اس کی حدود کا تعین ہونا چاہیے۔ اگر غور کیا جائے تو پوری کائنات کو اس کے ماتحت ہونا چاہیے۔
> (۱۳)

پاکستان کے سیاسی حالات اس قسم کے رہے کہ دستور کی تشکیل اور اس کے نفاذ میں ایک طویل عرصہ لگا، کیوں کہ نہ صرف یہ کہ سوالات یہ تھے کہ کس قسم کا دستور ہونا چاہیے؟ اس میں کس حد تک اسلامی دفعات کو شامل کرنا چاہیے؟ وغیرہ وغیرہ؛ اس کے ساتھ ہی بیوروکریسی کا مفاد یہ تھا کہ دستور نہ ہونے کی صورت میں وہ بے پناہ اختیارات کی مالک تھی، سیاست داں اس کے آگے مجبور تھے۔ اس وجہ سے پاکستان کا پہلا دستور ۲۹ فروری ۱۹۵۶ء کو دستور ساز اسمبلی سے منظور ہوا اور ۲۳ مارچ کو اسے نافذ کیا گیا۔ دستور نے پاکستان کو 'اسلامک ریپبلک آف پاکستان' کا نام دیا۔ قرارداد مقاصد کو اس کی تمہید قرار دیا۔ اس کی اہم دفعات میں یہ تھا کہ جو قانون قرآن اور سنت کی روشنی میں نہیں ہوگا، اس کو نافذ نہیں کیا جا سکتا اور یہ کہ ملک کا صدر صرف مسلمان ہوگا۔ یہ دستور ۳۰ مہینوں تک رہا، اس کا خاتمہ ایوب خاں کے مارشل لا ءنے اس وقت کیا جب اس کے تحت جنرل الیکشن ہونے والے تھے۔

۱۹۶۲ء کا دستور، جو ایوب خان کے دور حکومت میں بنایا گیا، اس میں فوج اور بیوروکریسی کے سیکولر خیالات کے باوجود بہت سی اسلامی دفعات تھیں جن کی وجہ سے اسلامائزیشن کے عمل کو تقویت ملی۔ دستور کا جب اعلان ہوا تو ملک کا نام 'ریپبلک آف پاکستان' شائع ہوا۔ لیکن علما کی جانب سے جب اس پر دباؤ ڈالا گیا تو حکومت نے اس کا دفاع نہیں کیا بلکہ فوراً ہی نام بدل کر اس میں 'اسلامک' کا اضافہ کر دیا۔ دستور کے ایک باب، جو کہ 'پرنسپل آف پالیسی' کے عنوان سے تھا، اس میں کہا گیا کہ ''پاکستان کے مسلمانوں کے لیے قرآن شریف اور اسلامی نظریے کی تعلیم لازمی ہوگی۔'' اس میں مزید کہا گیا کہ ''زکوٰۃ، وقف اور مساجد کے بحسن وخوبی انتظامات کیے جائیں گے۔'' دستور نے 'ایڈوائزری کونسل آف اسلامک آئیڈیالوجی' کے نام سے بھی ایک ادارہ قائم کیا، جس کے اہم فرائض میں ایک یہ تھا کہ وہ مذہبی امور پر حکومت کو مشورے دے اور اس کی رہنمائی کرے۔

۱۹۷۳ء کا دستور مشرقی پاکستان کی علیحدگی اور ۱۹۷۱ء کی فوجی شکست کے بعد بنایا گیا۔ اس نئے دستور میں

بھی مذہبی دفعات کو نہ صرف باقی رکھا گیا بلکہ ان میں اضافہ بھی کیا گیا۔ ایک اضافہ یہ تھا کہ اب اسلام کو ریاست کا مذہب بنا دیا گیا جو پچھلے دساتیر میں نہیں تھا۔ مزید کہا گیا کہ پاکستان دوسرے مسلمان ممالک سے اپنے تعلقات کو بڑھائے گا اور یہ کہ صدر اور وزیر اعظم دونوں مسلمان ہوں گے۔ ۱۹۷۴ء میں دستور میں دوسری ترمیم کے ذریعہ احمدیوں کو غیر مسلم قرار دے دیا گیا۔ اسلامائزیشن کے عمل کو تیز تر کرنے اور اسے قانونی جواز دینے کی غرض سے ذوالفقار علی بھٹو نے مذہبی امور کی وزارت کو قائم کیا۔ لوگوں کے مذہبی جذبات کو مزید ابھارنے اور ان کا سیاسی طور پر استعمال کرنے کی غرض سے نئی حج پالیسی کی تشکیل دی، جس نے قرعہ اندازی کے نظام کو ختم کر دیا اور حج پر جانے کے لیے ہر فرد کو آزادی دے دی گئی۔

۱۹۷۷ء کے الیکشن کے بعد اسلامائزیشن کا یہ عمل اور تیز ہو گیا، کیوں کہ الیکشن میں دھاندلی کی وجہ سے مخالفانہ سیاسی جماعتوں نے بھٹو حکومت کے خلاف زبردست مہم شروع کر دی تھی۔ متحدہ مخالف پارٹیوں نے اس موقع پر جو نعرہ لگایا، وہ یہ تھا کہ اقتدار میں آنے کے بعد وہ 'نظام مصطفیٰ' کا نفاذ کریں گی۔ متحدہ مخالف پارٹیوں کے ردعمل میں بھٹو نے فوراً ہی ان اقدامات کا اعلان کیا جن کی وجہ سے 'نظام مصطفیٰ' کی تحریک کے اثرات کو کم کیا جائے اور لوگوں کو یہ احساس دلایا جائے کہ اس کی حکومت خود اسلامی نظام کا نفاذ کر رہی ہے۔ لہٰذا اس سلسلہ میں شراب اور جوا پر پابندی لگا دی گئی۔ جمعہ کی چھٹی کا اعلان کیا گیا اور مولانا مودودی اور مولانا نورانی کو دعوت دی کہ وہ 'کونسل آف اسلامک آئیڈیالوجی' کے ممبر بن کر اس کے ساتھ اسلامی نظام لانے میں تعاون کریں۔ لیکن بھٹو کا یہ سارا جوش و خروش کہ ان اقدامات سے لوگوں کو خاموش رکھا جائے، ان کی حمایت حاصل کی جائے اور علما کو خوش رکھا جائے؛ یہ سب کامیاب نہیں ہوئے۔ جولائی ۱۹۷۷ء میں جنرل ضیاء الحق نے فوجی مارشل لاء کے ذریعہ اس کی حکومت کا تختہ الٹ کر حکومت پر قبضہ کر لیا۔

ضیاء نے اقتدار میں آنے کے بعد دستور کو منسوخ نہیں کیا، اس کے بجائے انھوں نے جس پالیسی کو اختیار کیا، وہ یہ کہ دستور میں ترمیمات کے ذریعہ اس کو اپنے ایجنڈے کے طور پر ڈھال لیا۔ قرارداد مقاصد جو کہ اب دستور کی محض تمہید تھے، اب اسے دستور کا ایک حصہ بنا دیا گیا۔ چونکہ ضیاء الحق کو اس بات کی اشد ضرورت تھی کہ اسے فوج کے علاوہ شہری حلقوں سے حمایت ملے، اس لیے انھوں نے علما و مشائخ کی حمایت حاصل کرنے کے لیے ترمیمات کے ذریعہ اسلامی دفعات کو دستور میں شامل کیا۔ مثلاً غیر مسلموں کے لیے جداگانہ انتخاب، زکوٰۃ اور عشر کا نفاذ، حدود آرڈی نینس، شریعت کی رٹوں کا قیام، غیر سودی بنکاری جو اب منافع و نقصان کے نام سے رائج ہے۔ احترام رمضان کا آرڈی نینس جاری کیا گیا جس کے تحت رمضان کے مہینے میں کھلے عام کھانے پینے پر پابندی عائد کر دی گئی۔ تعلیمی اداروں میں اسلامیات اور پاکستان اسٹڈی کو لازمی مضامین کی حیثیت سے نصاب میں داخل کیا گیا۔ ضیاء کی اسلامائزیشن پالیسی کے پاکستانی معاشرہ پر گہرے اثرات ہوئے۔ جداگانہ انتخابات کی وجہ سے مذہبی اقلیتیں سیاست کے دھارے سے کٹ کر رہ گئیں، پاکستانی قوم کا ایک حصہ نہ ہونے پر ان میں زبردست احساس محرومی پیدا ہوا ہے، عورتیں حدود اور قانون شہادت کی وجہ سے متاثر ہوئیں، کیوں کہ ان قوانین کی وجہ سے

ان کا قانونی اور سماجی مرتبہ گر گیا۔ کونسل آف اسلامک آئیڈیالوجی اور شرعی عدالتوں نے روایتی علما کو انتہائی طاقتور بنا دیا، جس کی وجہ سے انھوں نے مزید اسلامی قوانین کے نفاذ کا مطالبہ کرنا شروع کر دیا۔ ضیاء الحق نے مجلس شوریٰ قائم کر کے منتخب اسمبلی کی اہمیت کو ختم کر دیا۔ مجلس کے ممبر بننے کی خواہش نے موقع پرستوں کے ایسے گروہ کو پیدا کیا جو ضیاء کی حمایت اور اس کی خدمت کے لیے ہر کام کرنے پر تیار تھے۔ جب تعلیمی نظام کو اسلامی بنایا گیا تو اس کی وجہ سے معیار ایک دم گر گیا۔ تحقیق اور تخلیق دونوں صلاحیتیں نظریے کے بندھنوں میں ایسی جکڑی گئیں کہ ان میں کوئی ندرت اور جدت نہیں رہی۔ اس کے نتیجہ میں ایک ایسا تعلیم یافتہ طبقہ پیدا ہوا جس میں موجودہ حالات کو سمجھنے اور مسائل کو حل کرنے کی صلاحیت ہی نہیں تھی۔ نئے تعلیمی نصاب کی وجہ سے یہ تعلیم یافتہ طبقہ تنگ نظر، متعصب اور مذہبی جنونی بن گیا۔ فرقہ واریت اور غیر مسلموں کے ساتھ نفرت کے نتائج تھے جو ضیا کی اسلامائزیشن کے نتیجہ میں پیدا ہوئے۔ زکوٰۃ نے سنی و شیعہ فرقوں میں تنازعہ پیدا کیا، کیوں کہ شیعوں نے ریاست کے زکوٰۃ کے نظام کو تسلیم کرنے سے انکار کر دیا۔ اس پر یہ صرف سنیوں کے لیے لازمی قرار پایا۔ احمدیوں کو جب غیر مسلم بنا دیا گیا تو اس کے نتیجہ میں ان کی ایک خاصی تعداد ملک چھوڑ کر یورپ اور امریکہ چلے گئے۔ وہ غریب جو نہیں جا سکتے تھے، وہ ان مذہبی دفعات کی وجہ سے معاشرے میں ظلم سہہ رہے ہیں۔

پاکستان میں اسلامائزیشن کا یہ عمل ضیاء کی حکومت کے خاتمے کے بعد بھی رکا نہیں۔ بے نظیر بھٹو نے، جب وہ دوبارا اقتدار میں آئی تو اس نے ضیاء کی اسلامی دفعات اور اس کے قائم کردہ اسلامی نظام کو اسی طرح برقرار رکھا۔ نواز شریف، جو خود کو ضیاء کا وارث کہتے ہیں، انھوں نے مزید اسلامی قوانین کا اضافہ کیا، خاص طور سے توہین رسالت کا قانون جو غیر مسلموں کے لیے عدم تحفظ کا باعث بنا ہوا ہے۔ نواز شریف نے توہین رسالت کے جرم میں سزائے موت کا اضافہ کیا جس کی وجہ سے غیر مسلم اقلیتوں کو شبہ یا ذاتی دشمنی کی وجہ سے اس قانون کا نشانہ بننا پڑ رہا ہے۔ جب نواز شریف دوسری مرتبہ اقتدار میں آئے تو وہ ملک کی معاشی صورت حال کو تو بہتر نہیں بنا سکے، مگر عوام کی بدحالی اور ملک کی پسماندگی کا حل اس میں نکالا کہ شریعت محمدی کے نفاذ کا اعلان کر دیا۔ یہاں اس کی جانب اشارہ کرنا مناسب ہوگا کہ صاحب اقتدار لوگ عوام کو بیوقوف بنانے کے لیے کس طرح سے نعروں کو بدلتے ہیں، کیوں کہ ضیاء کا نعرہ 'نظام مصطفیٰ' بری طرح ناکام ہو گیا تھا۔ اس لیے نواز شریف نے اس کے بجائے 'شریعت محمدی' کا نعرہ لگایا تا کہ لوگ اس نعرہ سے امیدیں وابستہ کر لیں۔ انھوں نے پندرہویں ترمیم کے ذریعہ ملک میں شریعت محمدی کے نفاذ کا اعلان کیا۔ یہ ترمیم اسمبلی میں تو پاس ہو گئی مگر سنیٹ میں اس کو بحث کے لیے جانا تھا، جہاں اس بل کی اس لیے مخالفت تھی کہ اس کے ذریعہ وزیر اعظم کو بے پناہ اختیارات دے دیے گئے تھے اور حزب اختلاف کے لیے کسی سیاسی کردار کی گنجائش نہیں رہ گئی تھی۔ حزب اختلاف کی ان کوششوں کو رد کرنے کے لیے نواز شریف نے اپنی تقریروں میں علما اور عوام کو برانگیختہ کرنا شروع کر دیا کہ وہ شریعت محمدی کے مخالفوں کو سبق سکھائیں اور انھیں مجبور کریں کہ وہ اس بل کی سینٹ میں حمایت کریں۔

یہ بھی ستم ظریفی ہے کہ ضیاء الحق اور نواز شریف دونوں کا شریعت کے بارے میں جو تصور تھا، اس کا زیادہ

تعلق سزاؤں سے تھا۔ ان کا خیال تھا کہ شریعت کے مطابق جرائم کی سزاؤں کے بعد معاشرے سے ان کا خاتمہ ہو جائے گا۔ فوری انصاف اور مثالی سزائیں ان کے نزدیک سارے مسائل کا حل تھیں۔ وہ افغانستان میں طالبان کے اسلامی ماڈل سے بھی متاثر تھے اور اسے پاکستان میں نافذ کرنا چاہتے تھے۔ جنوری ۱۹۹۹ء میں سرحد کو صوبہ میں 'نظام عدل' کے نام سے آرڈیننس کے ذریعہ اس کے ایک علاقہ مالا کنڈ میں شریعت کا نفاذ عمل میں لایا گیا، کیوں کہ یہاں پر تحریک نفاذ شریعت محمدی کے نام سے ایک تحریک اسلامی نظام کے نفاذ کے لیے سرگرم عمل ہے۔ اس سے پہلے پی۔ پی کی حکومت ۱۹۹۴ء میں مالا کنڈ میں اسلامی قوانین کا نفاذ کر چکی تھی، مگر تحریک نفاذ شریعت محمدی اس سے پوری طرح سے مطمئن نہیں تھی، لہٰذا نئے قانون کو ان کی مرضی کے مطابق نافذ کیا گیا۔ (۱۴)

اس پورے تجزیے سے یہ بات واضح ہو کر سامنے آتی ہے کہ جب بھی پاکستان کے دساتیر کو اسلامی بنایا گیا، یا آرڈی نینسوں کے ذریعہ اسلامی قوانین کو نافذ کیا گیا، تو اس کے پس منظر میں سیاست دانوں کے اپنے مفادات تھے۔ جب بھی وہ لوگوں کے مفاد اور ان کی فلاح و بہبود کے لیے کچھ نہ کر سکے اور جب بھی معاشی مشکلات میں اضافہ ہوا تو اس کا سادہ حل یہ نکالا گیا کہ لوگوں کے مذہبی جذبات کو ابھارا جائے اور مذہب کا نام لے کر لوگوں کو خاموش کر دیا جائے۔ مذہب کا نام لے کر پاکستان کے تمام حکمرانوں نے اپنی بدعنوانیوں اور کرپشن کو چھپانے کی کوشش کی۔

مذہب کا جب سے سیاسی استعمال ہونا شروع ہوا ہے، تو اس کا دوسرا اہم اثر معاشرے پر یہ پڑا کہ اب مذہب کے نام پر بنیاد پرست یا مذہبی لوگ معاشرے اور اس کے لوگوں کو مسلسل محاصر کی حالت میں رکھے ہوئے ہیں۔ اگر مساجد میں لاؤڈ سپیکرز کے ذریعہ لوگوں کا چین واطمینان خراب ہوتا ہے تو مذہب کے نام پر انھیں ڈرا کر اور خوف زدہ کر کے خاموش کر دیا جاتا ہے۔ اگر کوئی مولوی پر اعتراض کرتا ہے تو توہین رسالت کے نام پر انھیں جیلوں میں بند کرا دیا جاتا ہے۔ اگر عدالتیں ان کے خلاف فیصلہ دیتی ہیں تو ججوں کو موت کی دھمکی دی جاتی ہے۔ ملک کے معاشی حالات کی وجہ سے طبقۂ اعلیٰ اور امرا اپنی دولت و جائداد کے تحفظ کی فکر میں ہیں، جب کہ غریب لوگ اور ان کے خاندان تحفظ کی تلاش میں مذہب میں پناہ لے رہے ہیں۔ مدرسوں میں غریبوں کے تعلیم یافتہ بچے، جو روزگار اور سماجی مرتبہ سے محروم ہیں، وہ جہادی جماعتوں میں شامل ہو کر ان کی طاقت میں اضافہ کر رہے ہیں۔ ان میں غربت کی وجہ سے جو احساس محرومی پیدا ہوتا ہے، وہ مذہبی جذبہ اور مشن سے بھر جاتا ہے، اور وہ ان تمام غیر اسلامی رسومات اور رواجوں کے خلاف ہو جاتے ہیں جو معاشرہ میں موجود ہیں۔ فروری ۱۹۹۹ء کے 'ہیرالڈ' میگزین نے ایسے ہی مذہبی جذبہ سے بھرپور گروہ کی سرگرمیوں کی رپورٹ شائع کی ہے۔ کوئٹہ میں نوجوانوں کا ایک گروہ جو مذہبی جذبہ سے بھرپور تھا، اس نے اپنے مسلک کے مطابق صوبہ میں شرعی نظام کے نفاذ کے لیے مہم کا آغاز کیا۔ یہ نوجوان لاٹھیوں اور ڈنڈوں سے مسلح تھے۔ انھوں نے سب سے پہلے کوئٹہ شہر میں ٹی وی اور ویڈیو کی دو کانوں پر حملے کیے اور توڑ پھوڑ کی، کیوں کہ ان کے نظریہ کے مطابق یہ شیطانی آلے ہیں جو لوگوں کا اخلاق خراب کر رہے ہیں۔ (۱۵) مالا کنڈ ایجنسی میں جہاں شریعت کا نفاذ عمل میں لایا جا چکا ہے، وہاں تحریک کے کارکنوں نے اعلان کیا کہ

وہ ہر گھر کی تلاشی لے کر دیکھیں گے کہ وہاں ٹی۔وی اور وی۔سی۔آر تو نہیں ہیں۔

اسلامائزیشن کے اس عمل میں مغرب دشمنی سب سے زیادہ نمایاں ہے، کیوں کہ مذہبی جماعتوں کا خیال ہے کہ مغربی کلچر کی وجہ سے اسلامی اقدار تباہ ہو رہی ہیں، نوجوانوں کے اخلاق بگڑ رہے ہیں اور قوم گمراہی کا شکار ہو رہی ہے۔اس کا نتیجہ یہ ہوا کہ پاکستان کا معاشرہ ظاہری طور پر اسلامی ثابت کر کے خود کو مذہبی جماعتوں سے بچانا چاہتا ہے۔لہٰذا پاکستانی معاشرے میں مذہبی رسم و رواج اور عبادات کا زور بہت بڑھ گیا ہے۔قرآنی آیات و احادیث اب جگہ جگہ نمایاں طور پر آویزاں نظر آتی ہیں۔ ریاستی عمارتوں اور نجی مکانوں پر کلمہ طیبہ یا 'ھذا من فضل ربی' وغیرہ بطور کتبات نظر آتے ہیں۔تقریباً تمام اردو اخباروں کے ہفتہ وار مذہبی کالم شائع ہونے لگے ہیں۔محفل میلاد، قرآن خوانی اور مراقبہ کی محفلیں عام ہوگئی ہیں۔ یہ سب کچھ ظاہری طور پر ہے، مگر اندرونی طور پر معاشرہ کھوکھلا اور بے جان ہوگیا ہے۔ بدعنوانیاں، کرپشن، اخلاقی اقدار کا زوال، سیاسی اور معاشی اور سماجی طور پر پسماندگی اس قدر بڑھ گئی ہے کہ اب ان میں اصلاح کی کوئی گنجائش نہیں رہ گئی ہے۔ایسا نظر آتا ہے کہ کسی وژن اور متبادل نظام کے نہ ہونے کی وجہ سے موجود اور آنے والی حکومتیں مذہب پر انحصار کرتے ہوئے اسے اپنے مقاصد کے لیے بار بار استعمال کریں گی، کیوں کہ یہی ایک واحد راستہ ہے جو ان کے اقتدار کو قائم رکھے گا۔

شریعت کے نفاذ، نظام مصطفی یا شریعت محمدی کے نعروں اور لوگوں کے مذہبی جذبات کو ابھارنے کے باوجود مذہبی جماعتوں کا بذریعہ الیکشن اقتدار میں آنا مشکل نظر آتا ہے۔ اس کی وجہ یہ ہے کہ تمام اہم سیاسی جماعتوں نے اپنے ایجنڈے اور منشور میں اسلامی نظام اور اس کے نفاذ کو شامل کر لیا ہے اور اقتدار میں آنے کے بعد وہ اس پر تھوڑا بہت عمل بھی کرتے ہیں۔مذہبی سیاسی جماعتوں کو بھی اس کا احساس ہے کہ الیکشن میں انھیں ووٹ لینا مشکل ہے، اس لیے انھوں نے مسلح جدوجہد کے ذریعہ ریاست پر تسلط جمانے کا پروگرام بنایا ہے۔ پاکستان میں مذہبی جماعتوں کے لشکر اور مسلح جتھے اس ایجنڈے کو پورا کرنے کی طرف ایک اہم قدم ہے۔ اس وقت پاکستان میں حکمران طبقوں اور مذہبی جماعتوں میں تصادم ہوتا نظر آتا ہے۔مذہبی جماعتوں کی ایک دلیل یہ ہے کہ چونکہ یہ ملک اسلام کے نام پر بنایا گیا ہے، اس لیے علما ہونے اور مذہب کا علم رکھنے کی وجہ سے یہ ان کا حق ہے کہ وہ اس ملک پر حکومت کریں۔ان کے اس عویٰ کو مزید تقویت دستور کے اسلامی ہونے سے ملتی ہے۔تحریک پاکستان میں مذہبی عنصر کو شامل کرنے اور لوگوں کے مذہبی جذبات کو ابھارنے کا نتیجہ ہے کہ علما اس ریاست کے وارث بننے کے لیے تیاری کر رہے ہیں۔ یہی وہ پس منظر تھا، جس میں مولانا مودودی، جنھوں نے تحریک پاکستان کی سخت مخالفت کی تھی، مگر ملک کے قیام کے بعد یہاں چلے آئے، تا کہ اس ملک میں اسلامی نظام کو قائم کریں۔ چونکہ اب پاکستان اسلامی ریاست بن چکا ہے اور اسلام یہاں کے لوگوں کا سرکاری مذہب قرار دیا جا چکا ہے، لہٰذا علما اب سیاست دانوں کے ماتحت رہ کر ثانوی کردار ادا کرنے پر تیار نہیں ہیں، بلکہ اقتدار پر تسلط کر کے شریعت کا نفاذ چاہتے ہیں۔ حکمران طبقوں کی نااہلی اور بدعنوانیاں ان کو یہ امید دلا رہی ہیں کہ ان کے اقتدار میں آنے کا وقت قریب آ رہا ہے۔ایران اور افغانستان میں علما کے اقتدار نے انھیں ماڈل فراہم کر دیا ہے جس کو وہ پاکستان میں عملی

جامہ پہنانا چاہتے ہیں۔

دو قومی نظریہ

چونکہ دو قومی نظریہ کو پاکستان کی بنیاد سمجھا جاتا ہے، اس لیے یہ نظریہ پاکستان کا ایک اہم رکن ہے۔ پاکستان کے مطالبہ کی بنیاد اس پر تھی کہ ہندو اور مسلمان دو علیحدہ علیحدہ قومیں ہیں، لہٰذا ان کی تاریخ اور ان کا کلچر بھی ایک دوسرے سے مختلف ہے۔ اس اختلاف کی وجہ سے دونوں قومیں باہم مل کر نہیں رہ سکتی ہیں، اس لیے انھیں ایک ایسے وطن اور خطہ کی ضرورت ہے جہاں وہ اپنے مذہب کی تعلیمات کے مطابق بغیر خوف کے زندگی گزار سکیں۔ یہ وہ سیاسی بیانات تھے جو سیاسی رہنماؤں نے پیش کیے جن میں اقبال، جناح، لیاقت علی خاں اور کئی دوسرے لوگ شامل تھے۔

دو قومی نظریہ کو پاکستان کے قیام کے بعد ایک ٹھوس شکل دی گئی۔ اس کام کو خاص طور سے مورخوں نے سرانجام دیا، جن میں خصوصیت سے آئی۔ ایچ۔ قریشی قابل ذکر ہیں۔ انھوں نے اپنی کتاب 'برصغیر ہندوستان کی مسلمان کمیونٹی' میں مسلمانوں کی تاریخ اور مسلمان کمیونٹی کی تشکیل کے بارے میں بحث کی ہے۔ ان کی دلیل ہے کہ برصغیر ہندوستان میں ابتدا ہی سے مسلمان کمیونٹی نے اپنی علیحدہ شناخت کو برقرار رکھا۔ ان کی دلیل کے مطابق اسلام ایک اتحاد کی ایسی علامت تھا جس نے مسلمان برادریوں کو آپس میں جوڑے اور ملائے رکھا۔

برصغیر کے مسلمان ابتدا ہی سے اپنی پالیسیوں اور تحریکوں میں شدت کے ساتھ اسلام سے متاثر تھے۔...... ان کے شاعروں نے ہیروز کے مقابلہ میں اسلام کی تعریفوں میں گیت گائے، انھوں نے مسلم اتحاد کی تبلیغ کرتے ہوئے جوش و جذبہ کا مظاہرہ کیا۔ مذہب کے مقابلے میں انھوں نے اپنے گھریلو مسائل کو ہمیشہ ثانوی حیثیت دی۔ انھوں نے کبھی بھی خود کی اسلام کی کمیونٹی کے باہر اپنی کوئی شناخت تلاش نہیں کی۔ (۱۶)

قریشی نے اسی کتاب میں سے دلیل بھی پیش کی کہ ہندوستان میں جب مسلمان دوسرے ملکوں سے آئے، تو یہاں آ کر انھوں نے اپنی نسلی اور ملکی شناخت کو ختم کر دیا اور خود کو مسلمان کمیونٹی میں ضم کر کے اپنی واحد مسلمان شناخت کو برقرار رکھا۔ ''مسلمان حکومت کے قائم ہونے کے بعد یہ رجحان رہا۔ سندھ میں جہاں جہاں مسلمان طاقت اور قوت میں آئے، ان کی عربی شناخت ختم ہوتی گئی اور وہ مسلمان پہچان کو اپناتے رہے؛ جس کا نتیجہ یہ ہوا کہ اصل تفریق مسلمانوں اور ہندوؤں میں ہو گئی۔'' (۱۷)

قریشی نے تاریخی طور پر ثابت کیا ہے کہ ہندوستان کی مسلمان کمیونٹی اگرچہ مختلف علاقوں میں رہتی تھی، مختلف زبانیں بولتی تھی، مقامی کلچر، روایات اور رسم و رواج کو بھی اختیار کر لیا تھا لیکن ان تمام باتوں کے باوجود انھوں نے بحیثیت مجموعی اپنی مسلم شناخت کو باقی رکھا اور ان تمام کوششوں کو ناکام بنا دیا جو انھیں ہندو معاشرے اور کلچر میں ضم کرنا چاہتی تھیں۔

مثلاً اکبر نے اقتدار میں آنے کے بعد پہلا کام تو یہ کیا کہ اپنی سلطنت کو ہندوستانی رنگ دیا اور اس

پاکستان میں جمہوریت کا سوال

وسط ایشیائی اور ایرانی اثرات تھے، انھیں کم کیا، پھر اس نے ہندوؤں کو اپنی سلطنت اور ریاستی اداروں کا ایک حصہ بنایا اور کوشش کی کہ ایک ہندوستانی قوم کی تشکیل کی جائے جس میں ہر مذہب کے ماننے والوں کی مساوی حیثیت ہو۔ قریشی کے مطابق اکبر اپنی ان کوششوں میں اس لیے ناکام ہوا کہ اس کی اس پالیسی کے ردعمل میں احمد سرہندی (وفات: ۱۶۲۴ء) نے آواز اٹھائی۔ احمد سرہندی کو خاص طور سے پاکستان میں دوبارہ سے تاریخ سے نکالا گیا، کیوں کہ وہ دوقومی نظریہ کے لیے ایک اہم کردار بن گئے تھے۔ انھیں اکبر کی ایک قومی پالیسی کے مقابلے میں دو قومی نظریہ کا حامی بنا کر ان کے کارناموں کو اجاگر کیا گیا۔ دلچسپ بات یہ ہے کہ ایس۔ ایم۔ اکرام کے مطابق، یہ مولانا ابوالکلام آزاد تھے جنھوں نے اپنی کتاب 'تذکرہ' میں ان کے بارے میں لکھا کہ احمد سرہندی نے تن تنہا اکبر کے الحاد کا مقابلہ کیا۔ (۱۸)

احمد سرہندی کے بعد دوسری اہم شخصیات جو دوقومی نظریہ کی تشکیل میں مددگار رہوئیں، ان میں شاہ ولی اللہ (وفات: ۱۷۶۲ء) کا نام قابل ذکر ہے جنھوں نے ایک کوشش تو یہ کی کہ اسلام کو ہندو رسومات و رواجوں سے پاک صاف کیا جائے اور اسلام کے ارکان کا احیا کیا جائے۔ ان کا دوسرا مقصد یہ تھا کہ ہندوستان میں اسلامی ریاست کو قائم کیا جائے اور اس کے دشمن عناصر جن میں جاٹ، مرہٹہ، سکھ اور راجپوت ہیں، ان کو کچل دیا جائے۔ جب یہ کام ہندوستان کے امرا اور فوجیوں سے نہیں ہوسکا تو انھوں نے احمد شاہ ابدالی (وفات: ۱۷۷۲ء) کو دعوت دی کہ وہ ہندوستان آکر مرہٹوں کی گوشمالی کرے۔

جب ان شخصیات کی کوششوں کے باوجود نہ تو مغل ریاست کا احیا ہوسکا اور نہ ہی مسلمان دشمن قوتیں ختم ہوئیں بلکہ ایسٹ انڈیا کمپنی نے اپنا اقتدار قائم کرلیا تو اس کے ردعمل میں مذہبی اصلاح کی تحریکیں شروع ہوئیں۔ بنگال میں حاجی شریعت اللہ (وفات: ۱۸۴۰ء) کی فرائضی تحریک نے مشرقی بنگال کے مسلمانوں میں خصوصیت سے مذہبی شناخت کو مضبوط کرنے کے لیے مذہبی اصلاحات پر توجہ دی۔ سید احمد شہید (وفات: ۱۸۳۱ء) نے تحریک محمدیہ اور تحریک جہاد کے ذریعہ اول مذہبی احیا کی کوشش کی، پھر سرحد میں ایک اسلامی ریاست قائم کر کے سکھوں سے جہاد کی ابتدا کی، لیکن وہ بھی اپنے مقصد میں کامیاب نہیں ہوسکے۔ ان تحریکوں کے نتیجہ میں مسلمان معاشرہ علما مذہب کے حامی، اس کا دفاع کرنے والے اور ہندوستان میں مسلمانوں کی شناخت قائم رکھنے والے کی حیثیت سے ابھرے۔ ان کی اہمیت کی ایک اور وجہ یہ تھی کہ سیاسی زوال کے بعد بادشاہ اور امرا، جو اب تک مسلمان کمیونٹی کے سربراہ تھے، وہ ایسٹ انڈیا کمپنی کے اقتدار میں آنے کے بعد ختم ہوچکے تھے۔ اب صرف علما ایک ایسی قوت رہ گئے تھے جو مسلمانوں کی رہنمائی کر رہے تھے۔

لیکن بیسویں صدی کے آتے آتے صورت حال بدل گئی۔ مسلم لیگ کے قیام نے جدید تعلیم یافتہ مسلمانوں کو سیاست کے لیے ایک پلیٹ فارم مہیا کردیا۔ انھوں نے دوقومی نظریہ کو اپنے مفادات کے لیے استعمال کرنا شروع کردیا۔ اس طرح سے تحریک پاکستان اور دوقومی نظریہ کی تاریخ میں سرسید احمد خان (وفات: ۱۸۹۸ء) کا نام سرفہرست آتا ہے، جنھوں نے اردو۔ ہندی تنازعہ کے بعد اس خدشہ کا اظہار کیا کہ ہندو اور مسلمان

اب آپس میں مل کرنہیں رہ سکتے ہیں۔ اس کی ترجمانی آگے چل کر اقبال (وفات: ۱۹۳۸ء) اور جناح (وفات: ۱۹۴۸ء) نے کی۔ انھوں نے دوقومی نظریہ کے جواز میں تاریخ کا سہارا لیا اور یہ ثابت کیا کہ یہ دونوں قومیں کبھی متحد نہیں رہی، ان کی علیحدگی ایک تاریخی حقیقت ہے۔

پاکستان کے وجود میں آنے کے بعد دوقومی نظریہ کا تاریخی کردار ختم ہوگیا۔ اس وجہ سے اس میں کوئی مزید اضافہ یا جدت نہیں آئی۔ اس لیے آج پاکستان میں یہ مسئلہ زیر بحث ہے کہ کیا دوقومی نظریہ کی اب ضرورت ہے یا نہیں؟ اصول کے مطابق پاکستان جب ایک قومی ریاست کے طور پر وجود میں آیا، تو اس میں مذہب ورنگ ونسل اور ذات پات سے بالاتر ہو کر ایک قوم کی تشکیل ہونی چاہیے تھی، مگر اسلامائزیشن کے عمل نے قومیت کی اس تشکیل کو روک دیا، کیوں کہ اس میں قومیت کا تصور مذہب ہے، علاقائی یا سیکولر بنیادوں پر نہیں ہے۔ اسی وجہ سے پاکستان کے تمام لوگ اس تذبذب میں مبتلا ہیں کہ ان کی شناخت کیا ہے؟ کیا وہ پہلے مسلمان اور بعد میں پاکستانی ہیں؟ یا پہلے پاکستانی اور پھر مسلمان ہیں؟

جغرافیائی علیحدگی

مذہبی اور تاریخی شناخت کے ساتھ ساتھ پاکستان کو اس بات کی بھی ضرورت ہے کہ اس کی علیحدہ سے جغرافیائی شناخت ہو۔ تقسیم سے پہلے یہ برصغیر ہندوستان کا ایک حصہ تھا اور اس لحاظ سے اس کی علیحدہ سے کوئی جغرافیائی شناخت نہیں تھی۔ ۱۹۴۷ء میں تقسیم کے نتیجہ میں یہ مغربی اور مشرقی حصوں میں بٹ گیا۔ اس وجہ سے اس کی جغرافیائی شناخت کو قائم کرنا مشکل ہوگیا، لیکن ۱۹۷۱ء میں مشرقی پاکستان کی علیحدگی اور بنگلہ دیش کے قیام نے پاکستان کی جغرافیائی شناخت کو قائم کرنا سہل کر دیا۔ علیحدہ شناخت کے لیے ضروری تھا کہ اس علاقہ کو ہندوستان سے علیحدہ کر دیا جائے اور یہ ثابت کی جائے کہ اس خطہ کی ہمیشہ سے علیحدہ شناخت اور خصوصیت رہی ہے۔ احمد علی، جو اردو اور انگریزی کے ادیب ہیں اور جن کا تعلق ترقی پسند مصنفین کی تحریک سے رہا تھا، انھوں نے تقسیم کے بعد رچرڈ سی منڈ (Richard Symond) کی کتاب 'میکنگ آف پاکستان' (۱۹۴۹ء) میں ایک آرٹیکل 'دی کلچر آف پاکستان' لکھا۔ اس آرٹیکل میں انھوں نے ایک جانب تو یہ دلیل دی کہ موجودہ پاکستان درحقیقت اصل انڈیا یا ہندوستان ہے۔ دوسری جانب انھوں نے یہ کوشش کی ہے کہ اس خطہ کو ہندوستان سے علیحدہ اور منفرد کردار کا حامل ثابت کیا جائے۔ وہ لکھتے ہیں کہ:

> ہندوستان میں کانگریس کی حکومت نے اپنے ملک کا نام انڈیا رکھا ہے جو کہ دراصل غلط ہے۔ اگر اس نام سے پکارے جانے کا کسی ملک کو حق ہے تو وہ پاکستان کا ہے، کیوں کہ انڈیا لفظ سندھ سے لیا گیا ہے...... سندھ سے ایرانیوں اور عربوں نے اسے ہند بنایا، جب کہ یونانیوں نے اسے انڈیا کے نام سے پکارا۔ برصغیر کا سب سے قدیم کلچر اس علاقہ میں آج سے چار ہزار سال قبل موجود تھا، جس کی شہادت آثار قدیمہ کے ذریعہ ملتی ہے۔ کوئی ۱۵۰۰ق۔م۔ میں اس کی کلچر کو آریاؤں نے

آ کر اس وقت تباہ و برباد کیا جب یہ کلچر سندھ میں دریائے سندھ کے ساحل پر ترقی کر رہا تھا۔ یہ سمیرین اور الامائیٹ (Elamite) تہذیبوں کا ہم عصر تھا۔ اس وقت یہ کلچر انڈیا کے نام سے موسوم نہیں تھا۔ (۱۹)

احمد علی نے اس سلسلہ میں یہ دلیل دی کہ مسلمانوں نے جب یونانی علوم سیکھے اور ایران کے فتح کے بعد وہاں کے کلچر کو اختیار کر لیا، تو اس کے نتیجہ میں انھوں نے مشرق وسطیٰ اور مغرب کے درمیان دوبارہ سے ان ثقافتی اور علمی رشتوں کو استوار کیا، جو سیاست کے نشیب و فراز اور بدلتے ہوئے حالات میں ٹوٹ چکے تھے۔ یہی نہیں بلکہ جب شام و عراق اور ایران کو فتح کیا تو اس کے نتیجہ میں ''دریائے دجلہ اور فرات کی وادیوں سے جن سے مغربی پاکستان کے لوگوں کے چار ہزار سال سے تعلقات تھے، یہ تعلقات ساتویں اور آٹھویں صدیوں میں دوبارہ سے شروع ہوئے جو بعد میں برابر جاری رہے۔'' (۲۰)

آر۔ای۔ ایم۔ وہیلر نے اپنی کتاب 'فائیو تھاؤزینڈ ایئرز آف پاکستان' (۱۹۵۰ء) میں اس بات کو دہرایا کہ موجودہ مغربی پاکستان کا تعلق قدیم بے بی لولین اور سمیرین تہذیبوں سے تھا۔ اسی بات کو اعتزاز احسن نے اپنی کتاب 'سندھ ساگر اور قیام پاکستان' دہرایا ہے اور ثابت کیا ہے کہ موجودہ پاکستان تاریخی اور جغرافیائی لحاظ سے ہندوستان سے ہمیشہ دور اور علیحدہ رہا ہے۔

> انڈس (پاکستان) کا اپنا شاندار اور زرخیز کلچر ہے۔ یہ کلچرل ورثہ اپنی خصوصیات کی وجہ سے ممتاز ہے، جو یہاں کے رہنے والوں کو ایک ممتاز قوم بناتا ہے۔ اس لیے ان کے لیے کسی خوف اور ڈر کی ضرورت نہیں کہ کوئی دوسری ریاست انھیں ہڑپ کر جائے یا انھیں ختم کر دے۔ چھ ہزار سال کے عرصہ میں انڈس ہندوستان سے علیحدہ ایک آزاد خطہ رہا ہے۔ سوائے تین عظیم سلطنتوں کے دوران یعنی موریہ، مغل اور برطانیہ کہ جنھوں نے اس علاقے کو ہندوستان سے ملا کر ایک ایمپائر کی تشکیل کی تھی۔

اس دلیل کی بنیاد پر وہ موجودہ پاکستان کی تخلیق کا ایک تاریخی جواز بتاتے ہیں کہ عہد برطانیہ میں اس علاقے کو ہندوستان سے ملا دیا گیا تھا جو تقسیم نے دوبارہ سے اس کی اصل شناخت کو قائم کیا اور صوبہ سرحد، سندھ، بلوچستان اور کشمیر ایک بار پھر آپس میں متحد ہو گئے۔ جہاں تک مہاجروں کا تعلق ہے، جو ہندوستان سے ہجرت کر کے آئے تو درحقیقت یہ ان لوگوں کی نسل سے ہیں جو یہاں سے ہی ہجرت کر کے مختلف عہدوں میں ہندوستان گئے تھے۔ ''ان کی دوبارہ سے واپسی ایسا ہی ہے جیسے اس سرزمین کے بیٹے اور بیٹیاں ایک طویل جدائی کے بعد اپنی ماں سے مل گئے ہوں۔'' (۲۲)

۱۹۷۰ء کی دہائی میں بنگلہ دیش کے آزاد ہونے اور اس میں ہندوستان کی مداخلت ہونے کی وجہ سے ملک میں انڈیا کے خلاف سخت جذبات پیدا ہو گئے تھے۔ لہٰذا اس مرحلہ پر سرکاری طور پر اس قسم کی کوششیں کی گئیں کہ پاکستان کو ہندوستان سے جدا کر کے اس کو عالم اسلام سے منسلک کر دیا جائے۔ یہ وہ وقت تھا جب مشرق وسطیٰ کے

مسلمان ملکوں میں تیل کی فروخت سے کافی پیسہ آ رہا تھا جس کی وجہ سے وہاں ملازمتوں کے مواقع پیدا ہو گئے تھے۔ اس سے فائدہ اٹھاتے ہوئے پاکستان نے اپنی اسلامی شناخت کو معاشی فوائد کے لیے استعمال کیا اور بڑی تعداد میں مزدور، دستکار، ڈاکٹرز اور دوسرے پروفیشنل مشرق وسطیٰ میں گئے، جس کی وجہ سے پاکستان کو غیر ملکی زرِ مبادلہ حاصل کرنے میں کامیابی حاصل ہوئی۔ اس نئی صورت حال نے پاکستان کو اس معاشی اور سیاسی بحران سے نکال دیا جو بنگلہ دیش اور ہندوستان سے جنگ کی وجہ سے ہوا تھا۔ ذوالفقار علی بھٹو نے ان تعلقات کو مزید بہتر بنانے کے لیے ۱۹۷۴ء میں لاہور میں دوسری اسلامی کانفرنس کا انعقاد کیا۔ انھوں نے پاکستان کی اسلامی حیثیت کو اور زیادہ ابھارا۔

ضیاء الحق نے اپنے گیارہ سالہ دورِ حکومت میں 'مسلم امہ' کے اس کارڈ کو خوب کھیلا۔ عرب ملکوں سے ان تعلقات کی وجہ سے، اور خصوصیت سے سعودی عرب سے جو مذہبی و سیاسی رشتے جوڑے گئے، اس نے ایک طرف تو پاکستان کی معیشت کو سہارا دیا، دوسری طرف سعودی عرب کا اثر پاکستان کی سیاست اور معاشرے پر اس قدر ہوا کہ وہ پاکستان کے لیے ایک مثالی ماڈل بن گیا۔ ضیاء الحق نے اسی ماڈل کو اپناتے ہوئے اسلامی سزاؤں کا یہاں نفاذ کیا۔ پاکستان کے عوام کے ذہن میں بھی یہ تاثر بیٹھ گیا کہ ان سزاؤں کے ذریعہ ہی پاکستان کو سعودی عرب کی طرح جرائم سے پاک کیا جا سکتا ہے۔

روس کے زوال اور وسط ایشیا کی ریاستوں کی آزادی کے بعد پاکستان کے سرکاری حلقوں میں یہ رائے زور پکڑ گئی کہ پاکستان کو اپنے کلچرل رشتوں کو وسط ایشیا میں تلاش کرنا چاہیے۔ سرکار کی تائید میں پاکستان کے دانشوروں نے اخبارات و رسالوں میں مضامین لکھنا شروع کر دیے جن کا موضوع یہ تھا کہ پاکستان اور وسط ایشیا ثقافتی طور پر باہم ملے ہوئے ہیں۔ یہ ثقافتی رشتے اس قدر گہرے اور مضبوط ہیں کہ ان کی جڑیں صدیوں تک جاتی ہیں۔ اس ضمن میں اس بات کو بھی دہرایا گیا کہ ثقافتی لحاظ سے پاکستان، ہندوستان کے مقابلہ میں وسط ایشیا سے زیادہ قریب ہے۔ کئی دانشوروں نے یہ مشورہ بھی دیا کہ اگر فارسی کو پاکستان کی سرکاری زبان بنا دیا جائے تو ہم وسط ایشیا سے اور زیادہ قریب ہو جائیں گے۔

تاریخی شناخت

پاکستان کو اپنے قیام کے وقت سے ہی اس مسئلہ سے دوچار ہونا پڑا کہ وہ اپنی تاریخ کی کس انداز سے تشکیل کرے۔ اس سلسلہ میں تین آراء سامنے آئیں: ایک رائے تو یہ تھی کہ چونکہ پاکستان ۱۹۴۷ء میں وجود میں آیا، اس لیے اس کی تاریخ اسی سنہ سے شروع ہونی چاہیے اور اس سے پہلے کہ جو قدیم یا قرونِ وسطیٰ کی تاریخ ہے، اسے ہندوستان کی تاریخ کے طور پر دیکھنا چاہیے۔ دوسری رائے یہ تھی کہ پاکستان کی تاریخ کو ۷۱۱ء سے شروع کرنا چاہیے، کیوں کہ اس سال عربوں نے سندھ کو فتح کیا تھا۔ لہٰذا تاریخ کی یہ تشکیل پاکستان کو اس کا اسلامی کردار دے گی۔ اس سے پہلے کی تاریخ کو نظرانداز کر دینا چاہیے، کیوں کہ یہ اسلام سے پہلے کی تاریخ ہے، اس لیے پاکستان

سے اس کا کوئی تعلق نہیں بنتا ہے۔ تیسرے نقطہ نظر میں پاکستان کی تاریخ کو ابتدا سے لے کر اب تک شامل کرنا چاہیے۔ یہ قدیم تاریخ بھی اس ملک کا ایک حصہ ہے۔ اس نقطۂ نظر کے تحت وادیٔ سندھ کی تہذیب کو بہت اہمیت دی گئی ہے، کیوں کہ اس تہذیب میں پاکستانی کلچر کی جڑیں ہیں۔ اس نقطۂ نظر کے حامی پاکستانی قوم پرستی کی بنیاد مذہب پر نہیں بلکہ علاقائی حدود پر رکھتے ہیں۔

اس قسم کی متضاد آراء قدیم آثاروں کی کھدائی کے سلسلہ میں پیدا ہوئیں۔ یہ سوالات اٹھائے گئے کہ کیا ان آثاروں کی کھدائی کرنی چاہیے جو عربوں کی فتح سے قبل یہاں تھے، یا صرف ان کی دریافت کرنا چاہیے جن کا تعلق مسلمانوں سے رہا ہے؟ اس ضمن میں تاریخی یادگاریں بھی زیر بحث آئیں کہ کون سی یادگاروں کو محفوظ رکھنا چاہیے اور کن کو نظر انداز کر دینا چاہیے۔ اسلامائزیشن کے عمل نے نہ صرف تاریخ کو متاثر کیا بلکہ اس کا اثر آثار قدیمہ اور تاریخی یادگاروں پر بھی ہوا۔

تاریخ کی تشکیل کے سلسلہ میں ایک اور نقطہ نظر بھی ہے؛ وہ یہ کہ پاکستان کی تاریخ کو ہندوستان کی تاریخ سے علیحدہ کر کے صرف اس خطہ کی تاریخ لکھی جائے جو اب پاکستان ہے؛ یعنی صرف ان تاریخی واقعات اور تاریخی عمل کو، جو پاکستان میں وقوع پذیر ہوا۔ اس مقصد کے تحت ایوب خاں کے زمانے میں 'تاریخ پاکستان' کے نام سے سرکاری طور پر تاریخ لکھوائی گئی۔ اس کے ایڈیٹر جنرل آئی۔ ایچ۔ قریشی تھے، اگرچہ اس کے مختلف ابواب لکھنے والوں میں پاکستان کے اہم مورخ تھے، مگر وہ نہ تو تاریخ کو کوئی نئی شکل دے سکے اور نہ ہی تاریخ کا کوئی نیا مکتبہ فکر قائم کر سکے۔

پاکستان کی تاریخ لکھتے ہوئے جو مشکلات ہیں، وہ یہ کہ عہد سلاطین اور عہد مغلیہ کو کس طرح سے لکھا جائے کہ وہ ہندوستان کی تاریخ نہ رہے، بلکہ اسے پاکستانی بنایا جا سکے۔ اگر اس تاریخ کو ہندوستان کی تاریخ تسلیم کر لیا جائے تو پھر اس کا پاکستان سے کیا تعلق رہے گا؟ اس مسئلہ کو دیکھتے ہوئے ایک حل تو یہ نکالا گیا کہ اسے 'تاریخ پاک و ہند' کے نام سے پکارا جاتا ہے۔ اس نام میں ہندوستان کے ساتھ ساتھ پاکستان بھی تاریخ کا حصہ بن جاتا ہے۔ دوسرے قرون وسطیٰ کی تاریخ کو بھی ہندو و مسلمان تصادم و کشمکش کے طور پر دیکھا جاتا ہے۔ جن حکمرانوں اور فاتحوں نے ہندوؤں کو شکستیں دیں، ان کی حیثیت ہیروز کی ہے جنھوں نے اسلام کی خاطر خونریز جنگیں لڑیں اور کافروں کو کچل کر رکھ دیا۔ ان فاتحین میں محمد بن قاسم، محمود غزنوی اور شہاب الدین غوری قابل ذکر ہیں۔ مغل بادشاہتوں میں اکبر کے مقابلے میں اورنگ زیب کو ترجیح دی جاتی ہے۔ ہندوستان میں انگریزوں کے اقتدار کے بارے میں یہ نقطہ نظر ہے کہ ہندوؤں اور انگریزوں نے سازش کر کے مسلمانوں کو اقتدار سے محروم کر دیا۔

تقسیم کے بعد جدید تاریخ کو لکھتے ہوئے اسے 'تحریک پاکستان' کا نام دیا گیا ہے۔ اس تاریخ نویسی میں شخصیتوں کو اہمیت دیتے ہوئے یہ ثابت کیا ہے کہ ہر مرحلہ پر تحریک کی کامیابی اس کے رہنماؤں کی وجہ سے ہوئی ہے۔ تحریک کی کامیابی میں دوسری سیاسی، معاشی اور سماجی قوتوں کو نظر انداز کر دیا گیا ہے۔ اسی طرح سے عوام کا کردار بھی ان تحریکوں میں نمایاں نہیں ہے۔

چونکہ تحریک پاکستان کی ابتدا شمالی ہندوستان سے ہوئی، جب کہ سندھ اور پنجاب اور دوسرے صوبوں کے لوگوں کا اس تحریک میں زیادہ حصہ نہیں تھا، اگر اس حقیقت کو سامنے لایا جاتا تو پنجاب اور سندھ کی لیڈرشپ اس نقطہ نظر سے متاثر ہوتی، کیوں کہ انھوں نے اس تحریک میں ۱۹۴۶ء میں شمولیت کی تھی۔ لہٰذا اس جدید تاریخی تحریک کی ابتدا اور اس کی کامیابی کا سہرا شمالی ہندوستان کے لوگوں کو نہیں دینا تھا۔ اس لیے ان کے کردار کو جدید تاریخ نویسی میں بالکل نظرانداز کردیا گیا۔ اس طرح پنجاب کی لیڈرشپ نہیں چاہتی تھی کہ پاکستان کے قیام کو صرف محمد علی جناح کے کھاتے میں ڈال دیا جائے۔ اس لیے اس نظریہ کو پھیلایا گیا کہ علامہ اقبال نے پاکستان کا خواب دیکھا یا اس کے تصور کے بارے میں ایک خاکہ پیش کیا۔ جناح نے اس تصور کو عملی جامہ پہنایا۔ اس نقطہ نظر سے اقبال کی پوزیشن اول اور جناح کی ثانوی ہوجاتی ہے۔ مزید یہ کہ اقبال کی شمولیت کی وجہ سے اہل پنجاب کو پاکستان کی سیاست پر قبضہ کرنے کا اخلاقی جواز مل جاتا ہے۔

پاکستان کی جدید تاریخ نویسی میں ایسی کتابوں اور مقالات کی اشاعت ہو رہی ہے جن میں ہر صوبہ اس کو ثابت کرنے میں مصروف ہے کہ سب سے زیادہ اس نے تحریک پاکستان میں حصہ لیا۔ صرف یہی نہیں بلکہ معاشرے کے مختلف طبقے بھی اپنی اہمیت ثابت کرنے کے لیے تحریک میں شمولیت کے دعویدار ہیں، جیسے طلبا، عورتیں، صحافی اور دانشور۔ اس سلسلہ میں سب سے زیادہ دلچسپ سیاسی کردار جماعت اسلامی کا ہے جس نے پاکستان کی تحریک کی مخالفت کی تھی۔ مولانا مودودی نے اپنی ایک کتاب 'مسلمانوں کی سیاسی کشمکش' میں اپنی مخالفت کا پوری طرح سے اظہار کیا تھا۔ چونکہ اب جماعت اسلامی پاکستان کی سیاست میں اہم کردار ادا کر رہی ہے، لہٰذا وہ پاکستان کی مخالفت کے داغ کو دھونا چاہتے ہیں۔ چنانچہ جب اس کتاب کا نیا ایڈیشن چھاپا گیا تو اس میں سے وہ سارا مواد حذف کردیا گیا جو پاکستان کے خلاف تھا۔ اب اس کے بعد کوشش یہ ہو رہی ہے کہ مولانا مودودی کو پاکستان بنانے والوں میں شامل کیا جائے۔ جماعت کا نقطۂ نظر یہ ہے کہ پاکستان کا قیام اس لیے عمل میں آیا تھا کہ یہاں ایک اسلامی ریاست کا قیام ہو، نہ کہ معاشی اور سیاسی مقاصد کی خاطر۔ اس نقطۂ نظر کے تحت اگر مقصد اسلامی ریاست کا قیام تھا، تو جماعت اسلامی سے بڑھ کر اور کون اس کا رہنما ہوسکتا تھا اور آج اس کو عملی جامہ پہنانے کے لیے جماعت کے علاوہ اور کون ہوسکتا ہے۔

نظریۂ پاکستان کا تحفظ

کسی بھی نظریاتی ریاست میں نہ صرف یہ کوشش کی جاتی ہے کہ اس کے نظریہ کا تحفظ کیا جائے، بلکہ یہ پلان بھی ہوتا ہے کہ نظریہ کو کس طرح پھیلایا جائے اور اس کی سچائی کو لوگوں کے دل و دماغ میں بٹھایا جائے۔ اس مقصد کے لیے ریاست ذرائع ابلاغ اور نصاب کو منتخب کرتی ہے۔ خاص طور سے ضیاء الحق نے اس سلسلہ میں خاص اقدامات کیے۔ اس نے 'جغرافیائی اور نظریاتی سرحدوں' کا تصور پیش کیا اور اپنی اور اپنی حکومت کو یہ ذمہ داری دی کہ وہ ملک کے باہر اور ملک کے اندر نظریاتی دشمنوں کا قلع قمع کرکے اس کا دفاع کرے۔ اس نقطہ نظر کی وجہ سے

پاکستانی معاشرے کے تمام سیکولر ذہن رکھنے والے اور روشن خیال لوگ نظریہ کے دشمن ہو گئے؛ نہ صرف نظریہ کے بلکہ ملک کے دشمن بھی قرار پائے۔ اس تعلق سے حکومت کی یہ ذمہ داری ٹھہری کہ انھیں قرار واقعی سزا دے۔ حکومت کی جانب سے ان حلقوں کو کئی بار تنبیہ کی گئی کہ اگر انھوں نے نظریہ پاکستان کی ذرا بھی مخالفت کی، تو وہ سخت سزا کے مستحق ہوں گے۔

نوجوانوں کو نظریۂ پاکستان سے متعلق باشعور بنانے کے لیے یونیورسٹی گرانٹس کمیشن نے اسلامیات اور مطالعۂ پاکستان کو تمام تعلیمی اداروں میں لازمی قرار دے دیا۔ یہاں تک کہ پروفیشنل اداروں میں، جیسے کہ میڈیکل یا انجینئرنگ کالجوں؛ وہاں بھی طالب علموں کے لیے ان دو مضامین میں امتحان پاس کرنا ضروری ہو گیا۔ ضیاء حکومت نے O لیول اور A لیول کے پاکستانی طالب علموں کے لیے لندن اور کیمبرج یونیورسٹیوں سے کہہ کر ان مضامین کو لازمی کروایا۔

مطالعۂ پاکستان کے مضمون کے ذریعہ سرکاری حلقوں نے اس بات کی شعوری کوشش کی کہ طالب علموں کو اسکول سے لے کر یونیورسٹی تک وہ تاریخ پڑھائی جائے جو سرکاری تاریخ ہے۔ خاص طور سے نظریۂ پاکستان کے بارے میں یہ نقطۂ نظر پیش کیا گیا کہ اس کی وجہ سے پاکستان کی اسلامی ریاست کا قیام عمل میں آسکا۔ (۲۳)

عملی طور پر اسلامیات اور مطالعہ پاکستان، یہ دونوں مضامین طالب علموں میں بے انتہا غیر مقبول ہیں، کیوں کہ ان میں نہ تو کوئی نئی بات ہے اور نہ ہی دلچسپی و علم کے اضافے کا نیا مواد۔ گھسے پٹے خیالات اور دلائل کے ذریعہ ایک ہی بات کو بار بار دہرایا گیا ہے۔

نظریۂ پاکستان کی اس تشہیر اور تبلیغ کے ساتھ ہی حکومت نے اس بات کی بھی کوشش کی کہ اسے تنقید سے بچانے اور اس کا تحفظ کرنے کے لیے قانون بنایا جائے۔ پاکستان پینل کوڈ آرٹیکل اے۔ ۱۲۳ اور کوڈ ۱۸۶۰ کے تحت اس بات کی وضاحت کی گئی ہے کہ یہ قانون ''پاکستان کی تخلیق اور اس کے اقتدار اعلیٰ کو ختم کرنے سے متعلق ہے۔'' ۱۹۹۲ء میں اس میں جو ترامیم کی گئی، ان کے تحت اگر کسی بھی تحریری، زبانی، اشاروں و کنایوں کے ذریعہ نظریۂ پاکستان کے خلاف کچھ کہا جائے یا اس کے اقتدار اعلیٰ پر حملہ کیا جائے، یا تقسیم پاکستان کی مخالفت کی جائے تو اس صورت میں وہ شخص دس سال قید با مشقت اور جرمانہ کی سزا کا مستحق ہو گا۔

نتائج

اپنی شناخت کی تلاش اور اس کو ثابت کرنے کے سلسلہ میں پاکستان مشکل حالات اور تذبذب کا شکار ہے۔ اگر وہ نظریۂ پاکستان سے انکار کرتا ہے تو اس صورت میں ہندوستان سے علیحدگی کے دلائل اور اسباب رد ہو جاتے ہیں اور تقسیم برصغیر بے معنی ٹھہرتی ہے۔ اگر نظریۂ پاکستان اور قومیت کو مذہب کی بنیاد پر تسلیم کر لیا جائے تو پھر پاکستان کی غیر مسلم اقلیتیں اس قومیت سے خارج ہو کر اپنی اہمیت اور حقوق کھو بیٹھتی ہیں۔

اس پورے تجزیے سے یہ بات واضح ہو کر سامنے آتی ہے کہ نظریۂ پاکستان کو سِول اور ملٹری دونوں

حکومتوں نے مضبوط مرکز کے لیے استعمال کیا اور اپنے آپ کو اس کے محافظ کے طور پر پیش کر کے اپنے مفادات کو پورا کیا، لیکن اس کے نتیجہ میں چھوٹے صوبے اپنی خود مختاری اور حقوق سے محروم ہو گئے۔ ان کے نزدیک نظریۂ پاکستان ایک ایسا ہتھیار اور حربہ ہے جسے استعمال کر کے مرکز ان کی صوبائی شناخت اور کلچرل ورثہ کو ختم کر رہا ہے۔ اس صورت حال کو دیکھتے ہوئے کچھ پاکستانی اسکالرز نے یہ دلیل دی ہے کہ پاکستان کو اپنی قومیت کی بنیاد مذہب کے بجائے علاقہ پر رکھنی چاہیے۔ اس سلسلہ میں حمزہ علوی نے لکھا ہے کہ ''صرف اس طریقہ سے ہم نظریۂ پاکستان کے بندھنوں اور پیچیدگیوں سے خود کو آزاد کر سکیں گے اور اس صورت میں اس کنفیوژن سے نجات پا سکیں گے جو نظریہ اور مذہب کے ملاپ نے پیدا کیا ہے، کیوں کہ اس نے سوائے تصادم و کشمکش اور بے چینی کے اور کچھ پیدا نہیں کیا ہے۔''(۲۴)

حوالہ جات:

۱۔ مہاجر، ایم۔ او:

Ideology of Pakistan, Radio Pakistan Publication, 1971, p.II

۲۔ آئی۔ ایچ۔ قریشی:

Ideology of Pakistan In: Ideology of Pakistan, Radio Pakistan Publication, 1971, p.2

۳۔ قریشی: ایضاً؛ ص ۵

۴۔ جاوید اقبال؛ ایضاً، ص ۱۷-۱۸

۵۔ شریف المجاہد:

Ideology of Pakistan, Lahore, 1976, p.23

۶۔ منیر:

Report of the Court of Inquiry, Lahore, 1954, p.202

۷۔ ضمیر نیازی:

Press in Chains, Karachi, 1986, p.34-35.

۸۔ منظور احمد:

Pakistan, The Emerging Islamic State, Lahore, 1866, p.100

۹۔ ضمیر نیازی؛ ص ۳۶

۱۰۔ ایضاً؛ ص ۳۶

۱۱۔ شریف المجاہد:

Jinnah: Studies in Interpretation, Karachi, 1981, p.255-256

۱۲۔ رچرڈ سی منڈ:

Making of Pakistan, Karachi, 1966, p.100-101

۱۳۔ منظور احمد؛ ص ۹۷

۱۴۔ 'ہیرالڈ'، کراچی، فروری ۱۹۹۹ء

۱۵۔ ایضاً

۱۶۔ آئی۔ ایچ۔ قریشی:

Muslim community of the Indo-Pakistan Sub-continent, Karachi, 1977, p.95.

۱۷۔ قریشی، ایضاً، ص ۹۳

۱۸۔ ایس۔ ایم۔ اکرام:

Muslim Rule in India and Pakistan, 1991, p.338-342

۱۹۔ احمد علی:

The Culture of Pakistan, In: *Making of Pakistan,* Karachi, by R. Symond, Karachi, 1966, p.197.

۲۰۔ احمد علی: ص ۱۹۳

۲۱۔ اعتزاز احسن:

Indus Saga and the Making of Pakistan, OUP, Karachi, 1996, p.8

۲۲۔ احسن؛ ص ۸

۲۳۔ جی۔ ایس۔ سرور

Pakistan Studies, Karachi, 1989, p.23

۲۴۔ حمزہ علوی:

The Territorial basis of Pakistan Nationhood, Lahore 1997, p.21

[بشکریہ 'تاریخ کی تلاش'، تاریخ پبلی کیشنز، لاہور، ۲۰۱۲ء]

پاکستان: ایک غیر یقینی ریاست

جان۔آر۔شمٹ

ترجمہ: اعزاز باقر

جان۔آر۔شمٹ (John R. Schimdt) واشنگٹن یونیورسٹی میں درس وتدریس کے شعبہ سے منسلک رہ چکے ہیں۔ اسلام آباد میں امریکی سفارت خانے میں وہ 'نائن الیون' تک سیاسی مشیر کے فرائض بھی انجام دے چکے ہیں۔ ان کا زیر نظر مضمون ان کی معروف تصنیف 'The Unraveling: Pakistan in the age of Jihad' سے ماخوذ ہے۔

پاکستان ایک ایسا ملک ہے جہاں صورت حال ہمیشہ غیر یقینی رہتی ہے۔ ملک پر اس وقت جن لوگوں کا سیاسی اور فوجی تسلط قائم ہے، ان کے آباواجداد نے پاکستان کے قیام کی جدوجہد میں محض تماشائی کا کردار ادا کیا تھا۔ اس کی تخلیق کی اصل ذمہ دار شخصیات کا تعلق اس سرزمین سے نہیں تھا جس پر اب پاکستان قائم ہے۔ مسلم لیگی رہنما اور قوم کے قائد محمد علی جناح بمبئی سے تعلق رکھنے والے ایک وکیل تھے جو برصغیر کے مسلمانوں کے لیے ایک علیحدہ ملک اس لیے بنانا چاہتے تھے کیوں کہ انھیں خدشہ تھا کہ مسلمان ایک ایسے متحدہ ہندوستان میں دوسرے درجے کے شہری بن کر رہ جائیں گے جہاں ہندوؤں کی اکثریت ہوگی۔ ان کا تصور ایک ایسی ریاست کا تھا جہاں مذہب فرد کا نجی معاملہ ہوگا؛ بالکل وہی تصور جس کی بنیاد پر اسرائیل کا قیام بھی ایک ایسے ملک کے طور پر عمل میں لایا گیا جہاں یہودی ہر طرح کے ظلم وجبر سے آزاد زندگی گزار سکیں۔ لیکن ہمیشہ اس طرح سے نہیں تھا۔ اپنی سیاسی سرگرمیوں کے آغاز کے وقت جناح، گاندھی اور نہرو کی سیاسی جماعت کانگریس کے رکن تھے اور ان کے ساتھ ہندوستان کو برطانیہ سے آزاد کرانے کی جدوجہد میں شریک عمل رہے تھے، تاہم بعدازاں ایک آزاد ہندوستان کے اندر مسلمانوں کی حیثیت کے حوالے سے نظریاتی اختلاف پیدا ہو جانے کی نتیجے میں انھوں نے اپنے سابقہ ساتھیوں کو حتمی طور الوداع کہہ کر مسلم لیگ میں شمولیت اختیار کر لی۔ جناح کا خیال تھا کہ مسلمان اپنی ایک علیحدہ

شناخت رکھتے ہیں اور ان کے لیے انھوں نے 'قوم' کی اصطلاح استعمال کی جس کی بنیاد پر وہ ہندو اکثریت کے برابر مقام رکھتے تھے، جب کہ کانگریس کا اصرار تھا کہ آزاد ہندوستان ایک ایسی متحدہ ریاست ہوگی جہاں کسی فرقے کو بھی مذہب کی بنیاد پر کوئی خصوصی حیثیت عطا نہیں کی جائے گی۔ یہ ایک ایسا اختلاف تھا جس کے حل کی کوئی صورت نظر نہیں آتی تھی اور ۱۹۴۰ء میں لاہور میں ہونے والے مسلم لیگ کے عظیم الشان عوامی جلسے سے خطاب کرتے ہوئے قائد اعظم نے ایک قدم اور آگے بڑھاتے ہوئے آزاد ہندوستان میں محض مسلمانوں کے علیحدہ تشخص پر ہی زور نہیں دیا بلکہ فرقہ وارانہ بنیادوں پر ہندوستان کی تقسیم کی تجویز بھی پیش کر دی۔

دوسری جنگ عظیم کے اختتام تک یہی صورت حال برقرار رہی۔ اس وقت جنگ کے نتیجے میں شکستہ اور تباہ حال برطانیہ نے برصغیر کی آزادی کے حوالے سے تیزی سے پیش رفت شروع کر دی۔ چنانچہ اس حوالے سے بعد میں جس مذاکراتی عمل کا آغاز ہوا، اس میں مسٹر جناح نے اپنی چالیں بڑی احتیاط سے چلیں۔ بعض مورخوں کی دلیل کے مطابق جناح دراصل ایک علیحدہ مسلم ریاست کے حق میں بالکل نہیں تھے بلکہ ریاستوں کا ایک ایسا الحاق (confederation) چاہتے تھے، جس میں مسلمان اکثریت والے علاقوں پر مبنی اکائی کی نمائندگی کرنے والے مسلمانوں کو اسی طرح ہندو اکثریت والے علاقوں پر مبنی اکائی کے نمائندوں کے مساوی حیثیت یا اختیارات حاصل ہوں گے۔ اس تصور کے مطابق پنجاب اور بنگال کو مرکزی حیثیت حاصل ہونی تھی۔ یہ دونوں علاقے مسلمان اکثریت والے علاقوں میں سب سے زیادہ گنجان آباد اور سیاسی لحاظ سے سب سے زیادہ اہمیت کے حامل تھے، اگرچہ ہر ایک صورت حال میں اکثریت کا فرق معمولی نوعیت کا تھا۔ جناح ان دونوں صوبوں کو مسلمان علاقے میں محض اس لیے شامل نہیں رکھنا چاہتے تھے کہ وہ مسلم اکثریت کے علاقے ہیں، بلکہ اس لیے بھی کہ دوسرے مسلم اکثریتی صوبوں کے برعکس یہاں ہندوؤں کی بھی اچھی خاصی آبادی موجود تھی۔ مسلم اکائی کے اندر ہندوؤں کی موجودگی سے یہ یقین دہانی حاصل ہوجاتی تھی کہ ہندو اکثریت کے صوبوں میں مسلمانوں کی ان اقلیتی آبادیوں کے ساتھ، جو ان صوبوں کے اندر رہ جاتی تھیں، کوئی امتیازی سلوک نہیں کیا جائے گا۔ جناح کسی بھی ایسی تجویز کے سخت مخالف تھے جس کے مطابق پنجاب اور بنگال کو جہاں ہندو اور مسلمان دونوں تقریباً برابر تعداد میں تھے، فرقہ وارانہ بنیادوں پر تقسیم کیا جا سکتا ہے، کیوں کہ ان کی دلیل کے مطابق اس کا نتیجہ 'ایک مسخ شدہ اور شکستہ حال' مسلم اکائی کی صورت میں نکلے گا جس کا اپنا وجود ہی مشکوک ہو جائے گا۔

کانگریس کو اس سے کسی طرح بھی اتفاق نہیں تھا۔ وہ ایک ایسی مسلم آبادی کو مساوی حیثیت دینے پر کسی طرح آمادہ نہیں تھی، جو کُل ہندو آبادی کا محض ایک چوتھائی تھی اور اس کا اصرار تھا کہ ایک آزاد و خود مختار ہندوستان میں ایک ایسی مضبوط مرکزی حکومت ہونی چاہیے جو تمام ہندوستانیوں کی بلا تفریق مذہب و عقیدہ نمائندگی کرتی ہو۔ تاہم اگر حالات کے دباؤ کے تحت جب برطانوی حکومت نے ان پر ایک علیحدہ مسلم اکائی مسلط کرنے کا فیصلہ کر لیا تو انھوں نے پنجاب اور بنگال کی تقسیم کا مطالبہ کر دیا۔ دو نا موافق قسم کے مطالبات کے درمیان انتخاب کی مجبوری کے تحت برطانیہ نے درمیانی راستہ نکالنے کی کوشش کی۔ کانگریس کو اس کی خواہش کے مطابق ایک متحدہ ہندوستان

دینے کی بجائے انھوں نے ہندوستان کو فرقہ وارانہ بنیادوں پر تقسیم کرنے کا فیصلہ کیا۔ جناح کو ایک عدد مسلم اکائی مل گئی، مگر ایک مکمل آزاد ریاست کی صورت میں، نہ کہ الگ الگ اکائیوں پر مشتمل وفاقی ہندوستان کے اندر ایک ایسی مساوی اکائی کی صورت میں، جہاں انھیں سارے ہندوستان کے مسلمانوں کے جذبات کی ترجمانی کا موقع مل جاتا۔ جناح کے لیے اتنی ہی تکلیف وہ دوسری حقیقت یہ تھی کہ برطانیہ نے کانگریس کے پُرزور مطالبے کے آگے جھکتے ہوئے پنجاب اور بنگال کی تقسیم پر رضامندی ظاہر کر دی اور یوں جناح کے پاس 'مسخ شدہ اور شکستہ حال' ریاست کے سوا کوئی چارہ نہ رہ گیا۔ یہ ریاست دو تقسیم شدہ صوبوں کے بچے کھچے حصوں اور غیر متنازعہ طور پر مسلم اکثریت کے حامل تین دیگر صوبوں پر مشتمل تھی جو سب کے سب برطانوی ہندوستان کی مغربی حدود کی سمت واقع تھے؛ سندھ شمالی مغربی سرحدی صوبہ (اب خیبر پختونخواہ) اور بلوچستان۔ اور یوں ایک نیا ملک اس حالت میں پاکستان کے طور پر وجود میں آ گیا۔

اکثریت کی توقعات کے برعکس جو کہ بعد ازاں احمقانہ ثابت ہوئیں، تقسیم ایک خونچکاں واقعہ ثابت ہوئی۔ یہ خاص طور پر پنجاب کے حوالے سے واضح حقیقت تھی جہاں پاکستانی مغرب میں رہنے والے ہندو اور سکھ بھاگ کر مشرقی سمت چلے گئے، جب کہ ہندوستانی مشرق میں رہنے والے مسلمان بھاگ کر مغرب کی طرف آ گئے۔ راستے میں ہر ایک فرقے کے لوگوں کا سامنا فسادات کے ایسے ہزاروں انفرادی واقعات کی صورت میں دوسرے فرقے کے لوگوں سے ہوتا رہا جن میں لاکھوں افراد کو اپنی جان سے ہاتھ دھونے پڑے۔ برطانوی ہندوستان کی تقسیم کے نتیجے میں قائم ہونے والی پاکستانی ریاست ایسے نصف مغربی اور مشرقی حصوں پر مشتمل تھی جن کے درمیان ہزاروں میل پر محیط ہندوستانی علاقہ آ جاتا تھا۔ جیسا کہ جناح کو علم ہونے کے ساتھ ساتھ شکایت بھی تھی کہ یہ دونوں نصف حصے برطانوی ہندوستان کے انتہائی دور دراز علاقوں پر مشتمل ہونے کے علاوہ نسبتاً پسماندہ بھی تھے۔ جو علاقہ مغربی پاکستان بنا تھا اور بعد ازاں مشرقی پاکستان کے بنگلہ دیش کی صورت میں الگ ہو جانے پر موجودہ پاکستان بن چکا ہے، برطانوی ہندوستان کی حدود میں نسبتاً دیر سے شامل ہوا تھا۔ پنجاب جو کہ دو حصوں میں تقسیم ہونے کے باوجود مغربی پاکستان کے دل کی شکل اختیار کر گیا تھا اور اس کا سب سے گنجان آباد صوبہ بھی تھا، مغلیہ سلطنت کا ایک ناگزیر جزو تھا۔ اس کا دارالحکومت لاہور مغلیہ دور کی بعض عظیم الشان یادگاروں کا منظر پیش کرتا ہے۔ جب اٹھارویں صدی کے شروع میں مغلیہ سلطنت اپنے زوال کی طرف گامزن ہو رہی تھی تو پنجاب ذرا کمتر قسم کے حکمرانوں کے زیر تسلط آنا شروع ہو گیا اور آخر کار ایک ایسی سکھ سلطنت کی مرکزی صورت اختیار کر گیا جو انیسویں صدی کے آغاز میں تشکیل پائی تھی۔ مغربی پاکستان کا حصہ بننے والے دوسرے علاقوں؛ یعنی سندھ، بلوچستان اور صوبہ سرحد (پختونخواہ) کا بھی یہی انجام ہوا، موخر الذکر کا بھی اچھا خاصہ حصہ سکھوں کے زیر انتظام آ گیا تھا۔

اس خطے میں برطانیہ کے عمل دخل کا آغاز انیسویں صدی کے وسط میں کئی عشروں اور بعض صورتوں میں ایک صدی سے زائد عرصے کے بعد اس وقت ہوا، جب وہ برصغیر کے مرکزی یا وسطی علاقوں کو اپنے زیر انتظام

32

پاکستان میں جمہوریت کا سوال

لا چکے تھے۔ ان کے اس علاقے تک رسائی کا مقصد صرف اپنے جغرافیے کو وسیع کرنا نہیں تھا، بلکہ بعدازاں اس منصوبے کے ایک حصے کے طور پر روس کے خطے میں سرایت کر جانے کے خطرے کے خلاف انھیں روک کے طور پر بھی استعمال کرنا تھا جسے اب 'گریٹ گیم' کہا جاتا ہے۔ سندھ پر قبضہ ۱۸۴۳ء میں عمل میں آیا۔ پنجاب بعدازاں صوبہ سرحد کہلانے والے علاقے کے بڑے بڑے حصے سکھوں سے ۱۸۴۹ء میں چھین لیے گئے۔ بلوچستان کے اکثر علاقوں کو اس سے اگلے عشرے میں شامل کیا گیا۔ خطے میں برطانیہ کو ہمیشہ آسانی سے راستہ نہیں ملا۔ برطانیہ نے سکھوں سے دو خونی جنگیں لڑیں۔ افغانستان کو فتح کرنے کی کوششیں بری طرح سے ناکام ہوگئیں، اور کابل میں تعینات سارے کے سارے برطانوی فوجی دستے کا ۱۸۴۲ء میں افغان دارالحکومت سے دلدوز قسم کی پسپائی کے دوران پشتون قبائلی مجاہدین کے ہاتھوں ذلت آمیز طریقے سے صفایا دیکھنے میں آیا۔

برطانیہ کے ان علاقوں کو بنیادی طور پر روسی توسیعی منصوبے کے خلاف ایک روک کے طور پر استعمال کرنے کی خواہش دراصل ان کے طرزِ حکومت کی عکاس تھی۔ اگرچہ پورا علاقہ ہی روسی سرایت کے خطرے کے خلاف ایک عظیم فوجی چھاؤنی بن کر رہ گیا تھا، تاہم برطانیہ کے نقش قدم یہاں دوسرے علاقوں کی نسبت کم نمایاں تھے۔ پنجاب میں برطانیہ نے مسلم زمیندار اشرافیہ کو، جو خود کو سکھا شاہی دور کے اثرات سے بھی الگ تھلگ رکھنے میں کامیاب ہوگئی تھی، لازمی طور پر ان کے اپنے حال پر ہی چھوڑ دیا تھا۔ بیسویں صدی کے اوائل میں اس کے مغربی سرحدی علاقوں کو جہاں زیادہ پشتون آباد تھے، افغانستان سے چھینے گئے اضافی علاقے سمیت شمال مغربی سرحدی صوبے میں ضم کر دیا گیا اور یوں روک والے علاقوں میں ایک تہہ یا پرت کا اضافہ ہوگیا۔ حتمی روک کے طور پر برطانیہ نے اپنے زیرِ انتظام علاقوں اور افغانستان کے علاقے کے درمیان صوبہ سرحد کے مغرب میں سرحدی قبائلی علاقے قائم کر دیے تھے جن کے حکمران دونوں علاقوں کے درمیان اس سرحد کو تسلیم کرنے کے پابند تھے جسے بعد میں 'ڈیورنڈ لائن' کہا جانے لگا۔ اسی طرح بلوچوں کو بھی خود اپنے معاملات کا نگران رہنے دیا گیا، جب کہ صدی کے زیادہ حصے میں سندھ پر ایک استثنا کے طور پر ہمسائے بمبئی کے ذریعہ حکومت کی گئی۔

فوج کی بڑی تعداد میں موجودگی کے ساتھ ایک روک کا کام کرنے والا یہ زیادہ تر خودمختار علاقہ جو کہ برطانوی راج کی انتہائی مغربی حدوں پر واقع تھا، مرکزی علاقوں کے ان سیاسی ہنگاموں سے بہت دور تھا جن کے نتیجے میں ایک وقت ایسا آیا جب ملک کی آزادی اور تقسیم عمل میں آ گئی۔ بنگال کے برعکس جہاں جناح کی مسلم لیگ کو اچھی طرح مقبولیت حاصل تھی، ان علاقوں میں جو بعد میں مغربی پاکستان بن گئے تھے، مقامی اشرافیہ کا تسلط تھا۔ پنجاب اور سندھ میں مسلم لیگی قیادت دیہی زرعی علاقوں کی ان ممتاز شخصیات کے سپرد کی گئی تھی جو 'جاگیردار' کے طور پر معروف تھے۔ اس کی سیاست کے اطوار جو کہ طویل عرصے سے رائج مربی۔ طفیلی رشتے کی عکاسی کرتے تھے، شہری ماحول میں پروان چڑھنے والی مسلم لیگی قیادت کے لیے اجنبی تھے جس کی توجہ کا واحد مرکز یہی مقصد تھا کہ مسلمانوں کے شہری اور سیاسی حقوق کو پروان چڑھایا جائے۔ پنجاب میں مقامی یونینسٹ پارٹی کی سرپرستی میں فعال جاگیردار زمینداروں نے ۱۹۳۷ء میں برطانوی حکومت کی طرف سے تازہ تازہ نافذ کردہ گورنمنٹ آف انڈیا ایکٹ کے تحت

کرائے گئے انتخابات میں مسلم لیگی امیدواروں کو شکست فاش دے دی۔ سندھ میں بھی یہی نتائج سامنے آئے۔ مسلم لیگی قیادت کو کوئی اندازہ نہیں تھا کہ جاگیردارانہ سیاست کے اصول کیا ہوتے ہیں اور نہ ہی انھیں سمجھ آئے گی۔ تاہم دوسری جنگ عظیم کے اختتام پر سر پر منڈلاتے ہوئے آزادی کے بادلوں کے ساتھ ہی انھوں نے ان بااثر مقامی شخصیات کے تعاون میں کامیابی حاصل کرلی، جنھوں نے مسلم لیگی جھنڈے تلے ۱۹۴۶ء کے صوبائی انتخابات میں اسی روایتی طرز کی جاگیردارانہ سیاست کے ذریعے مخالفین کو عبرت ناک شکست دے ڈالی۔

نئی وجود میں آنے والی قوم پر اصل میں راج کرنے والوں کا تعلق ان علاقوں سے نہیں تھا۔ محمد علی جناح کراچی میں پیدا ہوئے تھے مگر ان کی تعلیم 'انز آف کورٹ' لندن میں ہوئی تھی پیشہ ورانہ سرگرمیوں کا مرکز ممبئی تھا۔ مسلم لیگ کی زیادہ تر قیادت اسی پس منظر کی حامل تھی اور ان کا تعلق شمالی اور مغربی ہندوستان کے بڑے بڑے شہروں میں مثلاً نئی دہلی، کلکتہ اور بمبئی سے تھا۔ اور یہی فطری طور پر ان کے سیاسی حلقہ ہائے انتخاب اور ووٹ بینک تھے۔ تاہم ان کی تعداد میں نسبتاً کم سیاسی حمایتی ایسے تھے جنھوں نے ان کے ساتھ نئے ملک میں جانے کا فیصلہ کرلیا تھا۔ زیادہ تر کے پاس غالباً اتنے وسائل ہی نہیں تھے کہ وہ اتنا طویل سفر کرسکتے یا پھر وہ اجنبی دین کی سرزمین پر نئے سرے سے زندگی بسر کرنے کا خطرہ مول لینے پر تیار نہیں تھے۔ برطانوی ہندوستان میں بسنے والے مسلمانوں کی پوری ایک تہائی تعداد جو کہ کوئی ساڑھے تین کروڑ بنتی تھی، وہیں رہ گئی۔ مغرب کی طرف نقل مکانی کرنے والی ۶ کروڑ سے زائد کی اکثریت کو تقسیم کے وقت ہونے دو طرفہ خونی فسادات کے دوران مشرقی سے مغربی پنجاب کی طرف بہت مختصر سفر کرنا پڑا۔ ایسے لوگ بہت تھوڑی تعداد میں تھے، نئی ریاست کی آبادی کا صرف ۳ فیصد، جنھوں نے برطانوی ہندوستان کے مرکزی شہری علاقوں سے نئے قیام میں آنے والے ملک کی طرف ہجرت کی، اور ان میں سے اکثر نے نئے دارالحکومت کراچی میں سکونت اختیار کرلی۔

یہ مہاجرین، جیسا کہ انھیں بعد میں نام دیا گیا، شروع ہی سے باہر کے علاقوں سے تعلق رکھتے تھے۔ ان کو ایک پہلو سے جو برتری حاصل تھی اور وہ بھی اچھی خاصی؛ وہ یہ تھی کہ ان کی رسائی مسلم لیگ کے بالائی طبقوں اور یوں سول سروس تک تھی۔ جب تک محمد علی جناح سیاسی منظر چھائے رہے، اس وقت تک ان کی تھوڑی تعداد اور مہاجرانہ حیثیت پر کوئی خاص فرق نہیں پڑا۔ تاہم جناح آزادی کے وقت سے پہلے ہی تپ دق اور موت کے منہ میں جانے سے قبل ہی نیم جاں ہو چکے تھے۔ تقسیم کے بمشکل ایک برس بعد ہی ان کی موت سے ایک ایسا خلا پیدا ہوگیا جسے ان کے سیاسی وارثوں کے لیے جن میں سے کوئی ان کی قد آور شخصیت سے دور کی مماثلت بھی نہیں رکھتا تھا، پُر کرنا انتہائی مشکل ہوگیا تھا۔ تین برس کے بعد ان کے بااعتماد نائب اور جانشین لیاقت علی خاں کے قتل کے نتیجے میں اقتدار کے سنگھاسن پر نسبتاً غیر اہم قسم کی شخصیات براجمان ہوگئیں۔ خواجہ ناظم الدین، غلام محمد اور اسکندر مرزا جیسے نام تاریخ کے صفحات ہی سے مٹ چکے ہیں، حتیٰ کہ پاکستان کے اندر بھی ان کی کوئی یاد باقی نہیں رہی۔ ایک نئی قوم کی بنیاد رکھنے جیسے کام کی مشکلات کے بوجھ کے ساتھ ہی ریاستی امور کے تجربے کے فقدان کی بنا پر بچی کھچی مسلم لیگی قیادت کا افسر شاہی کے کرتا دھرتا لوگوں پر انحصار بڑھتا چلا گیا، جن میں سے اکثر خود مہاجر تھے اور

پاکستان آنے سے پہلے برطانوی نو آبادیاتی انتظامیہ کے تحت خدمات سرانجام دے چکے تھے۔ پاکستان کی سرزمین پر چونکہ ان دونوں گروہوں میں سے کسی کا بھی سیاسی حلقۂ انتخاب موجود نہیں تھا، اس لیے ان میں سے کسی کو بھی ووٹ کی طاقت یا سیاست پر اپنا سکہ جمانے سے کوئی حقیقی دلچسپی نہیں تھی۔

آئین کی تیاری و نفاذ کے لیے ایک عدد آئین ساز اسمبلی موجود تھی جس میں مغربی پاکستان کے اندر اکثریت انھی جاگیرداروں کی تھی جو ۱۹۴۶ء کے صوبائی انتخابات کے دوران مسلم لیگی جھنڈے تلے جمع ہو گئے تھے۔ تاہم اس اسمبلی کو کوئی اہمیت نہ دی گئی اور ۱۹۵۴ء میں اسے برخواست کر دیا گیا۔ حقیقت تو یہ ہے کہ ۱۹۵۶ء سے پہلے کوئی آئین ہی نہیں بنایا گیا اور آزادی کے تقریباً ایک عشرے بعد یہ مقصد ایک نئی تشکیل کردہ اسمبلی کے ذریعے پورا کیا گیا۔ اس سے قبل پارلیمانی نظام کے حامل ملک میں جس چیز پر تقریباً اتفاق رائے ہو چکا تھا، وہ ۱۹۴۹ء میں قرارداد مقاصد کی منظوری تھی جو کہ نصف سے بھی کم صفحہ لیتی ہے۔ یہ صورت حال انتظامیہ میں اکثریت رکھنے والے مہاجر سیاست دانوں اور افسر شاہی کے کارندوں کے لیے موافق تھی، کیوں کہ اس طرح سے وہ ملک کو کم یا زیادہ اپنی مرضی سے چلانے کے قابل ہو گئے تھے۔ تاہم انھیں اس وقت اس امر کا احساس ہوا یا نہیں، مگر یہ ایک حقیقت ہے کہ حکومت کے اہم ترین عہدوں پر ان کا اختیار یا قبضہ ایک تیزی سے تباہ ہوتے ہوئے ورثے کی طرح تھا، کیوں کہ اس کو سنبھالنے یا درست طریقے سے چلانے کے لیے نہ تو ان کے پاس کوئی ذاتی صلاحیت تھی اور نہ ہی سیاسی بنیاد۔ مہاجروں کے مقدر میں پہلے ہی کمتر درجے کی ایک ایسی طاقت بن کر رہ جانا تھا جو گلی محلے کی لڑائیوں کا ذوق رکھنے والے سابقہ شدت پسند طلبا کی قیادت میں کراچی تک محدود ہو کر رہ گئی تھی۔ تاہم ان کے انجام کا سامان جھگڑالو قسم کے وہ جاگیردار نہیں بننے لگے تھے جو سب سے پہلی قانون ساز اسمبلی میں مغربی پاکستان کی ساری نشستوں پر قابض تھے۔ سیاسی اقتدار تک عروج کے لیے انھیں بنگلہ دیش کی صورت میں مشرقی بازو کی علیحدگی کے بعد سندھی جاگیردار ذوالفقار علی بھٹو کے سیاسی عروج کے ساتھ ہی برسرِاقتدار آجانے کے وقت کا انتظار کرنا تھا۔ تاہم اس میں ابھی ایک عشرے سے زیادہ وقت لگا۔

جس طاقت نے مہاجروں کے اقتدار پر گرفت ختم کرنے کے ساتھ ہی اصل مسلم لیگ کے حتمی زوال کے عمل کو تیزی عطا کی، وہ پاکستانی فوج تھی۔ مہاجروں کے برعکس فوج زیادہ تر ایک مقامی جڑیں رکھنے والی طاقت تھی۔ شمالی پنجاب میں راولپنڈی، اٹک اور جہلم کی نام نہاد فوجی تکون سے تعلق رکھنے والے پنجابی سپاہی، برطانوی دورِ حکومت میں ہندوستانی فوج میں غالب حیثیت رکھتے تھے۔ تاہم تقسیم کے وقت جناح نے نئی تشکیل کردہ پاکستانی فوج میں برطانوی سینئر افسران سے درخواست کی تھی کہ سینئر عہدوں کو پُر کرنے کے لیے وہ کچھ عرصہ فوج میں رہیں۔ فوج کے پہلے دو سربراہان برطانوی تھے؛ تیسرا سربراہ ایوب خان تھا جو پاکستان کا پہلا فوجی آمر تھا۔ یہ ایوب ہی تھا جس کی تعلیم برطانوی طرز پر سینڈ ہرسٹ میں ہوئی تھی اور جو اپنے اردگرد موجود سیاست دانوں اور سرکاری عہدیداروں کے باہمی تنازعات سے تنگ آیا ہوا تھا جس نے مہاجر زوال سے پیدا ہونے والے خلا کو پُر کرنے کی طرف پیش قدمی کی۔ تاہم اگر انڈیا کے ساتھ کشمیر کے مسئلے پر جو کہ تقسیم کے وقت ہی سے چلا آرہا تھا،

کوئی جھگڑا نہ ہوتا تو شاید اسے کوئی موقع فراہم نہ ہوتا۔

جموں و کشمیر، جیسا کہ اس کا پورا نام ہے، ایک ایسی شاہانہ ریاست تھی جس میں غالب اکثریت والی مسلمان آبادی پر ہندو مہاراجہ کی حکومت تھی۔ برطانوی حکومت کے زیر اہتمام ایسی سینکڑوں ریاستیں تھیں، جن میں سے ہر ایک کو نام کی آزادی تو حاصل تھی مگر دراصل وہ پوری طرح حکومت برطانیہ کی فرمانبردار تھیں۔ آزادی کے وقت برطانوی حکومت نے خصوصی حیثیت عطا کرنے کا ڈرامہ جاری رکھتے ہوئے ہر خودمختار شاہانہ ریاست کو انڈیا یا پاکستان کے ساتھ الحاق کرنے کا نام نہاد حق دے دیا تھا۔ تقریباً ہر ایک مثال میں یہ حکمت عملی اس بنیادی اصول کے لیے کسی طرح کے خطرے کا باعث نہیں تھی جس کے مطابق تقسیم کے وقت مسلمان اکثریت کے علاقے پاکستان کے پاس اور ہندو اکثریت کے علاقے ہندوستان کے پاس چلے جانے تھے۔ تاہم اس حوالے سے تین استثنائی صورتیں موجود تھیں۔ دو شاہانہ ریاستوں؛ حیدرآباد اور جوناگڑھ میں اگرچہ ہندوؤں کی بھاری اکثریت تھی مگر ان پر مسلمانوں کی حکومت تھی۔ تیسری ریاست کشمیر تھی۔ جوناگڑھ کے مسلمان حکمران نے پاکستان کے حق میں فیصلہ دیا مگر اسے انڈیا کے دباؤ کے باعث فرار ہونا پڑا۔ اس کے حیدرآبادی ہم منصب نے ایک برس کی مہلت مانگ لی مگر اس سے پہلے ایک انڈین حملے کے نتیجے میں اسے انڈیا کے ساتھ الحاق پر مجبور ہونا پڑا اور یوں سب سے بڑی شاہانہ ریاست بھی انڈیا کے قبضے میں آگئی۔ تاہم کشمیر کے واقعات نے ذرا مختلف رنگ اختیار کر لیا تھا۔

کشمیر کا راجہ ہری سنگھ ایک ہندو تھا۔ اس شاہانہ ریاست کا مسلم مرکز جو کشمیر کی خوبصورت وادی کے عین وسط میں واقع تھا، صرف ایک صدی تک ہندوؤں کی تحویل میں رہا تھا۔ ہری سنگھ کا مہم جو دادا گلاب سنگھ جو کشمیر کے عین جنوب میں واقع نسبتاً کم ہندو اکثریت کی وادی جموں کا حکمران تھا، برطانوی حکومت کو اس لاگت کی ادائیگی پر رضامند ہو گیا تھا جو انھوں نے کشمیر کی حکمرانی کے حصول میں برطانیہ کو دی جانے والی مدد کے بدلے پہلی سکھ جنگ کے اخراجات کی صورت میں کی تھی۔ یہ وادی اس زمانے میں ابھی تک سکھوں کی اس سلطنت کا حصہ تھی جسے برطانیہ نے تازہ تازہ شکست دی تھی اور ایک ایسے مسلمان گورنر کے زیر انتظام تھی جس کی تقرری اوپر سے کی گئی تھی۔ پیسے کے لیے بے چین برطانوی حکومت نے علاقے میں دس ہزار سپاہی روانہ کر کے گورنر کو وہاں سے چلتا کیا اور تخت گلاب سنگھ کے حوالے کر دیا۔

اس واقعہ کی بدولت، جو 'گریٹ گیم' کی تاریخ میں بظاہر ایک معمولی سا اتفاق نظر آتا ہے، ہری سنگھ کو تقسیم کا وقت آنے پر انڈیا یا پاکستان میں سے کسی ایک کا انتخاب کرنا تھا۔ اس نے بڑی احتیاط کا مظاہرہ کرتے ہوئے نئی ظہور میں آنے والی پاکستانی حکومت سے ایک مہلت طلب معاہدے کی گفت و شنید شروع کر دی جس کے تحت کشمیر کے محکمہ ڈاک اور مواصلات کے خلاف ایک طرح بے ساختہ تحریک نظر آتی تھی۔ نئی پاکستانی حکومت نے اس خدشے کے پیش نظر کہ کہیں بنا بنایا کھیل بگڑ نہ جائے، کشمیر پر بذریعہ طاقت قبضہ جمانے کے لیے جلد بازی میں صوبہ سرحد سے بے قاعدہ یا عارضی طور پر تعینات پشتون مغربی دستے اس شاہانہ ریاست کی طرف روانہ کر دیے۔ جیسے ہی ان غیر منظم گنوار قسم کی فوج نے کشمیر کے دارالحکومت سری نگر کی طرف پیش قدمی شروع کی، تو حواس باختہ

ہر سنگھ نے فوراً انڈیا سے مدد طلب کی۔ انھوں نے اس شرط پر حامی بھر لی کہ ہری سنگھ انڈیا کے ساتھ الحاق کے معاہدے پر دستخط کر دے اور اس کی طرف سے رضامندی پاتے ہی ہندوستانی فوجیں سری نگر کے ہوائی اڈے پر پہنچنا شروع ہو گئیں۔

ہندوستانی فوجوں نے پشتونوں کے حملے کو نہ صرف ناکام بنانے میں کامیابی حاصل کر لی بلکہ اصل میں انھیں پیچھے دھکیلنا شروع کر دیا۔ جلد ہی پاکستان سے بھی باقاعدہ فوجیوں نے وہاں پہنچنا شروع کر دیا مگر وہ صورت حال کو صرف تعطل کی حد تک ہی لے جا سکے۔ دوئی اور تیزی سے تھکی ہوئی فوجوں کے درمیان ایک برس سے زائد عرصہ تک لڑائی جاری رہنے کے بعد آخر کار دونوں فریق جنگ بندی پر رضامند ہو گئے۔ تاہم اصل چیز یعنی مسلم اکثریتی وادی کشمیر، بدستور انڈیا کے قبضے میں رہی۔ پاکستان کو محض جنوب مغرب میں کشمیر کے علاقے کے اندر چھوٹے سے ٹکڑے پر ہی اکتفا کرنا پڑا جس کا نام اس نے آزاد جموں و کشمیر رکھ دیا اور اس کے ساتھ ہی شمال میں قراقرم کے پہاڑوں کے اندر ایک وسیع مگر کم آباد علاقہ بھی اس کے قبضے میں آ گیا۔ تاہم یہ امر ہونے کے ابھی ابھی دور دور تک بھی امکانات نظر نہیں آ رہے تھے کہ کشمیر پر آخر کس کی حکمرانی ہوگی۔ پاکستان اور انڈیا اس مسئلے کو اقوام متحدہ کے پاس لے جانے کے لیے تیار ہو گئے جس نے استصواب رائے کرانے کا فیصلہ دے دیا۔ اس پر عملدرآمد کی راہ میں ایک بڑی رکاوٹ یہ مطالبہ تھا کہ پاکستان اپنے زیر انتظام آنے والے علاقوں سے فوجیں واپس بلا لے۔ تاہم پاکستان نے اس خدشے کے پیش نظر انکار کر دیا کہ اگر اس نے اپنی فوجیں واپس بلا لیں تو ہندوستان اپنی فوج داخل کر دے گا جو کہ ہندوستانیوں کے خیال میں ان کا حق تھا۔ چنانچہ نتیجہ یہ نکلا کہ استصواب رائے آج تک نہ ہو سکا۔

اس شاہانہ ریاست پر دونوں فریق اپنے اپنے دعوؤں پر ابھی تک برقرار چلے آ رہے ہیں۔ ہندوستان کا موقف ہے کہ ہری سنگھ کی طرف سے الحاق کی دستاویز پر دستخط ہو چکنے کے بعد سارے جموں و کشمیر پر اب اس کا حق بنتا ہے، جب کہ پاکستان کا دعویٰ ہے کہ اب معاملہ اقوام متحدہ کے پاس چلے جانے اور اس حقیقت کے پیش نظر کہ ہندوستان نے ایک مرتبہ استصواب رائے پر اصولی رضامندی ظاہر کر دی تھی، اب اس حق کا کوئی جواز نہیں بنتا۔ تاہم پاکستان کے دعوے قانونی نزاکتوں کو نظر انداز کرتے نظر آتے ہیں۔ ان کی دلیل یہ ہے کہ چونکہ تقسیم کے وقت اصولی طور پر طے کر لیا گیا تھا کہ مسلم اکثریت کے علاقے پاکستان کے پاس جائیں گے، اس لیے کشمیر پر ان کا حق بنتا ہے۔ وہ ہندو اکثریت پر مشتمل ریاستوں؛ حیدر آباد اور جونا گڑھ کا اس حقیقت کے باوجود کہ ان کے حکمران مسلمان تھے، ہندوستان کے ساتھ ان کے الحاق اور کشمیر کے حوالے سے یہی حق پاکستان کو دینے سے انکار کی منافقت کی طرف اشارہ کرتے ہیں۔ بہت سے پاکستانیوں کے نزدیک کشمیر پر انڈیا کا تسلط بالکل واضح اور کھلم کھلا طور پر زمین کے اس ٹکڑے پر ناجائز قبضے کی طرح اور وہ اس ناانصافی کو کبھی بھی دل سے تسلیم نہیں کر سکے۔ اس امر سے قطع نظر کہ کون غلط ہے اور کون صحیح، قانونی یا اخلاقی دونوں پہلوؤں سے اصل حقیقت یہ ہے کہ مسئلہ کشمیر شروع ہی سے انڈیا اور پاکستان کے تعلقات میں زہر گھولتا جا رہا ہے۔ اس حقیقت کی بنا پر بھی

تعلقات میں بہتری نہ آسکی کہ انڈیا نے تقسیم کے معاہدے کی شرائط کے تحت پاکستان کے حصے میں آنے والے بعض مادی اور مالی اثاثوں کی منتقلی میں تاخیر اور بعض اوقات تو نرا انکار کر دیا۔ بہت سے پاکستانی اس نتیجے پر متفق نظر آتے ہیں کہ انڈیا پر اعتماد نہیں کیا جا سکتا اور انھیں شک ہے کہ اس نے ایک علیحدہ مسلمان ریاست کے وجود کو کبھی دل سے تسلیم نہیں کیا۔ چنانچہ انھیں ہوشیار رہنے کی ضرورت کے ساتھ ہی ایک طاقتور فوج رکھنے پر مجبوری کا سامنا بھی ہے۔

اس کے بعد آگے جا کر ہم دیکھتے ہیں کہ پاکستان کے حصے میں آنے والے چند قلیل وسائل کا اچھا خاصا تناسب فوج کو منتقل ہونا شروع ہو گیا۔ ایوب خان نے، جو پاکستان کا پہلا مقامی چیف آرف آرمی اسٹاف تھا، سیاسی اقتدار کے عروج پر مسٹر جناح اور لیاقت علی خاں کے جانشینوں کے ساتھ جلد ہی اپنی جگہ بنانی شروع کر دی۔ مسٹر جناح اور تحریک پاکستان کے دور کے دوسرے رہنماؤں کی طرح ایوب خان بھی غیر مذہبی نظریات اور عزائم رکھتا تھا۔ اپنی سینڈ ہرسٹ کی تعلیم اور اس نظریے کے باوجود کہ فوج کو سیاست سے دور رہنا چاہیے، وہ اپنے سوملین رفقائے کار کے مفاد پرستانہ اور متعصّبانہ طرز عمل سے سخت نالاں رہنے لگا تھا۔ اس کی یادداشتیں ان کی حرام خوری اور ضمیر فروشی کے فسانوں سے بھری پڑی ہیں۔ اس کے تنفر میں اضافہ اس وقت ہوا جب مغربی اور مشرقی پاکستان کے باہم دست و گریبان سیاست دان اپنے تازہ تازہ منظور کردہ ۱۹۵۶ء کے آئین کی شقوں کے تحت قومی انتخابات کروانے کے کسی کلیے پر بھی متفق ہوتے نظر نہ آئے تھے۔ اس نے یقیناً یہ بھی محسوس کر لیا ہوگا کہ اگرچہ اس کے سو ملین رفقائے کار 'وزیر اعظم' اور 'صدر' جیسے متاثر کن سیاسی خطابات لیے پھرتے تھے مگر وہ سیاسی طور پر مقبول نہیں تھے اور پھر اس کے علاوہ ساری فوج بھی اس کے ماتحت تھی۔ اکتوبر ۱۹۵۸ء میں اس نے صدر اسکندر مرزا کے ساتھ سازش کر کے جو کہ ایک سرکاری عہدیدار تھا، نہ کہ سیاست دان؛ مارشل لاء نافذ کرنے کا اعلان کر دیا۔ صرف تین ہفتوں کے بعد ہی ایوب نے سکندر مرزا کو برطرف کرتے ہوئے اقتدار پر خود قبضہ جما لیا۔ فوج اب ملک کے سب سے بڑے عہدیدار پر براجمان ہو چکی تھی اور اس کے بعد وہ اس سے کبھی بھی دور نہیں کی گئی۔

ایوب نے ایک مغرب نواز اور کاروباری طبقے کے اس خیر خواہ رہنما کے طور پر حکومت کی، جوان مہاجرین کی طرح کافی حد تک غیر مذہبی خیالات رکھتا تھا جنھیں اس نے بعد ازاں ایک طرف دھکیل کے رکھ دیا تھا۔ اس کے غیر مذہبی رویے اس حد تک مضبوط تھے کہ ایک مرتبہ تو اس نے ریاست کے سرکاری نام سے لفظ اسلامی بھی خارج کر دینے کی کوشش کی تھی۔ سیاست دانوں سے اس کی بیزاری کی عکاسی اس نئے آئین سے ہوتی تھی جس کے ذریعے اس نے ایک ایسا سیاسی نظام تشکیل کرنے کی کوشش کی تھی جس کو اس نے بنیادی جمہوریتوں کا نام دیا تھا، جس میں براہ راست انتخابات صرف بہت ہی نچلے مقامی حکومت کے اداروں کی سطح پر ہوتے تھے۔ چالیس برس کے بعد جنرل پرویز مشرف جو بالکل ایسا ہی مزاج رکھتا تھا، انھی وجوہات کی بنا پر اسی طرح کے ادارے تشکیل کر رہا تھا۔ ایوب خان کو پاکستان کا کشمیر پر دعویٰ بھی یاد تھا اور اس نے پاکستان کو انڈیا کے ساتھ ایک اور جنگ میں جھونک دیا تھا۔ سابقہ شاہانہ ریاست میں پہلی جنگ عظیم کے اختتام کے وقت سے ہونے والے واقعات کے نتیجے

میں ہندوستانی حکومت کے خلاف نفرت میں اضافہ ہوتا جا رہا تھا۔ پہلے پہل جموں و کشمیر کے مسلمانوں کے مانے ہوئے لیڈر شیخ عبداللہ نے ہندوستانی حکمرانوں کے ساتھ تعاون کا مظاہرہ کیا تھا۔ کشمیر کا شہر کہلانے والی یہ شخصیت نہرو کے ساتھ ہی دوستی کا دم بھرتی تھی اور کانگریس کے لیے دل میں نرم گوشہ رکھتی تھی۔ اس کے زرعی اصلاحات کے پروگرام نے اسے اپنے مسلمان ووٹروں میں بے پناہ مقبول کر دیا تھا اور اس نے ہندوستانی آئین کی دفعہ ۳۷۰ کے تحت کشمیر کے لیے تقریباً مکمل ۱۹۵۳ء تک اسے یہ سب کچھ بہت کم محسوس ہونے لگا تھا۔ شاید خود ہی اپنی ہی قائدانہ صلاحیتوں سے ضرورت سے زیادہ متاثر ہو کر اس نے مکمل آزادی کے لیے حمایت کے حصول کی کوششیں کرتے ہوئے یہ تجویز پیش کر دی کہ کشمیر کو اقوام متحدہ کی قراردادوں کے مطابق انڈیا یا پاکستان سے الحاق کرنے کا حق استعمال کرنے کی آزادی دینے کے ساتھ ہی یہ اختیار حاصل کرنے کی آزادی بھی دی جائے کہ وہ دونوں سے علیحدہ ایک آزاد و خود مختار ریاست بننے کا فیصلہ بھی کر سکتا ہے۔ حالات کو اس رخ پر جاتا دیکھ کر ہندوستانی حکومت کو خطرے کا احساس ہوا تو اس کے بلند عزائم رکھنے والے ماتحت ساتھیوں کے ذریعے اس کا تختہ الٹوا دیا گیا اور بعد ازاں اسے ریاستی وجود کے لیے خطرہ قرار دے کر پابند سلاسل کر دیا گیا۔

ایک اور عشرے تک معاملات یوں ہی چلتے رہے۔ ۱۹۶۳ء کے اواخر میں کشمیر کی سب سے زیادہ مقدس یا متبرک مذہبی یادگار یعنی حضور پاکؐ کی ریش مبارک کا ایک بال سری نگر کی اس مسجد سے غائب پایا گیا جہاں یہ محفوظ کر کے رکھا گیا تھا۔ اس کے نتیجے میں مسلمان بڑی تعداد میں مشتعل ہو کر گھروں سے باہر نکل آئے اور کشمیر کے علاوہ ہندوستان کے دیگر شہروں میں بھی ہندوؤں پر حملے شروع ہو گئے۔ حواس باختہ ہندوستانی حکومت نے حالات کو ٹھنڈا کرنے کے لیے شیخ عبداللہ کو جیل سے رہا کر دیا اور حتیٰ کہ اسے ایوب خان سے مل کر بحران کے خاتمے کے حوالے سے تبادلہ خیال کرنے کے پاکستان کے اندر سفر کرنے کی اجازت بھی دے دی۔ آخر کار موئے مبارک کشمیر میں واپس اپنے محفوظ مقام پر آ گیا اور حالات واپس معمول پر آ گئے، جب کہ ندامت سے عاری عبداللہ ہندوستان سے لوٹتے ہی دوبارہ جیل میں چلا گیا۔ تاہم اس واقعہ سے پاکستان نے جو نتائج اخذ کیے، ان کا انجام جلد ہی ایک جنگ کی صورت میں سامنے آیا۔ ایوب اور اس کے ساتھ فوجی ۱۹۶۲ء میں چین کے ساتھ سرحدی جھڑپوں میں ہندوستان کی شکست سے حوصلہ مند اور ۱۹۶۵ء کے اوائل میں 'رن آف کچھ' کے متنازعہ سرحدی علاقوں میں چھوٹی چھوٹی جھڑپوں میں ہندوستانی فوجوں کو مات دینے کی اپنی مہارت پر نازاں دکھائی دیتے تھے۔ انھوں نے ایک تجویز سوچی کہ کشمیر میں غیر رسمی یا بے قاعدہ فوجیں بھیج کر وہاں کے مسلمانوں کو بغاوت پر اکسایا جائے، نوجوان پاکستانی کارجہ ذوالفقار علی بھٹو اس تجویز کے بڑے حامیوں میں سے ایک تھے۔ یہ کوئی نئی تجویز نہیں تھی۔ سابقہ عشرے کے دوران پاکستانی فوج نے کم شدت کی گوریلا لڑائیوں کو ہندوستان میں کشمیر کے خلاف ایک ممکنہ ہتھیار کے طور پر استعمال کرنے کے حوالے سے تحقیق و جائزے کا کام شروع کر دیا تھا۔ اس کی تحریک انھیں دوسری جگہوں، خاص طور پر الجیریا، یوگوسلاویہ، شمالی کوریا اور چین میں ہونے والی بے شمار کامیاب بغاوتوں کے مطالعہ سے حاصل ہوتی تھی۔

تاہم یہ چال بری طرح ناکام ہوگئی۔ بہت سے دراندازوں کو راستے میں ہی دھر لیا گیا اور باقی جو پہنچنے میں کامیاب ہو گئے تھے، وہ کسی بھی قسم کی مسلم بغاوت کی آگ بھڑکانے میں ناکام و نامراد رہے۔ بعدازاں پاکستان کی سرکاری فوج کی طرف سے کیا جانے والا باقاعدہ حملہ بھی زیادہ کامیابی حاصل نہ کرسکا اور جب ہندوستانی فوج کی طرف سے کیا جانے والا باقاعدہ حملہ بھی زیادہ کامیابی حاصل نہ کرسکا اور جب ہندوستانی فوجوں نے جنوب کی طرف مزید پیش قدمی کرتے ہوئے پنجاب کے دارالحکومت لاہور کے قریب پاکستان پر حملہ کردیا تو پاکستانی خواب خرگوش کے مزے لے رہے تھے۔ اس کا نتیجہ ایوب کی سیاسی شکست کی صورت میں برآمد ہوا، جسے امریکہ کی طرف سے اسلحہ کی بندش کے بعد فوج کو فالتو پرزوں کی قلت کا سامنا کرنا پڑ گیا تھا، ایک ذلت آمیز جنگ بندی پر مجبور ہونا پڑا۔ ۱۹۶۵ء کی جنگ انڈیا اور پاکستان کے مابین کشمیر پر لڑی جانے والی دوسری جنگ تھی اور یہ دوسرا موقع تھا جب پاکستان مے متنازعہ علاقے میں غیر رسمی یا بے قاعدہ فوجیں روانہ کی تھیں، جب کہ اس سے قبل ایسا ۱۹۴۷ء میں ہوا تھا جب غیر تربیت یافتہ پشتونوں کو وادی میں دھکیل دیا گیا تھا۔ تاہم ہماری کہانی کے لیے اس کی خاص اہمیت اس حقیقت میں مضمر ہے کہ ایسا پہلی مرتبہ ہوا تھا کہ پاکستان نے کشمیر میں اس کی طرف سے لڑنے والی غیر رسمی فوجوں کے لیے 'مجاہدین' کی اصطلاح استعمال کی تھی۔

اس اصطلاح کا منسوب کیا جانا، جس کا آغاز بھٹو کے ساتھ ہی ہوا تھا، اس لیے بھی اہمیت رکھتا تھا کیوں کہ یہ مذہبی مفہوم کی حامل تھی۔ اسلامی بول چال میں مجاہدین سے مراد ایسے جنگجو ہیں جو جہاد کے ذریعہ اسلامی نظریات کا فروغ و اطلاق چاہتے ہیں۔ تاہم یہ تعریف ۱۹۶۵ء کے واقعات پر بالکل صادق نہیں آتی۔ اس امر کا ثبوت نہیں ملتا کہ کشمیر میں داخل ہونے والی غیر رسمی فوجیں یا درانداز انتہا پسند اسلامی نظریات رکھتی تھیں یا پھر ان کو تحریک دینے والا مذہبی تصور ایوب جیسی غیر مذہبی شخصیت کے تصور سے زیادہ گہرا و سیع تھا۔ زیادہ تر بیانات و شواہد سے یہی ثابت ہوتا ہے کہ درانداز وہ کشمیری تھے جو اصل جنگ بندی لائن کی پاکستانی سمت رہ رہے تھے اور مذہب کی نسبت اپنی مادرِ وطن کو دوبارہ متحد کرنے اور اپنے ساتھی کشمیریوں کو انڈیا کے تسلط سے آزاد کرانے کے جذبے سے زیادہ سرشار تھے۔ ہوسکتا ہے کہ انھیں مجاہدین کا خطاب دے کر پاکستانی حکام انھیں جھنڈے کے اسلامی مترادف کی شناخت دے رہے ہوں جس سے ظاہر ہوتا تھا کہ حتیٰ کہ نسبتاً ابتدائی عرصے میں بھی جہادی محرکات کا تقدس اور تحسین کے پہلو سے دیکھا جا رہا تھا۔ یہاں تک کہ ایوب اور بھٹو جیسے لوگ بھی جو کہ ریاستی معاملات کو مذہب سے الگ رکھے ہوئے تھے، جہاد کو تعظیم و ستائش کی نگاہ سے دیکھتے تھے۔ چنانچہ اس طرح کا تاثر پیدا کر کے یہ لوگ مذہبی محرکات کی بنا پر خود اپنے طور پر ہی جہاد کر رہے ہیں، ان کو رسمی طور پر تسلیم بھی نہیں کیا جا رہا تھا۔

اگرچہ ۱۹۶۵ء کی جگ سے ایوب کو زبردست سیاسی دھچکا لگا مگر اس نے ذوالفقار علی بھٹو کی سیاست میں جوش اور ولولہ پیدا کردیا، جن کی دلیل یہ تھی کہ پاکستان کو ہر حال میں جنگ جاری رکھنی چاہیے تھی۔ اس سے اگلے برس انھوں نے وزیر خارجہ کے عہدے سے استعفیٰ دے دیا اور اس سے ایک برس بعد پاکستان پیپلز پارٹی کی بنیاد رکھ دی۔ ۱۹۶۵ء کی جنگ سے جو اور بڑا نقصان ہوا، وہ مغربی اور مشرقی پاکستان کے درمیان پہلے سے ہی کشیدہ

تعلقات میں مزید بگاڑ کا پیدا ہونا تھا۔ ان دونوں اکائیوں یا وحدتوں کے درمیان جو ایک دوسری سے انڈیا جیسے ملک کی چوڑائی کے فاصلے پر تھیں، کوئی قدر مشترک نہیں تھی ماسوائے اس کے کہ دونوں مسلمان اکثریت کے علاقے تھے۔ آزادی سے قبل کا بنگال برطانوی راج کے باقی علاقوں میں سے ایک تھا اور اس کا اہم ترین شہر کلکتہ ۱۹۱۱ء تک برطانوی حکمرانوں کا دارالحکومت بھی رہا تھا۔ جناح کو کلکتہ کی شدید تمنا تھی اور اس کا اظہار انھوں نے ایک موقع پر یہ کہہ کر کیا تھا کہ کلکتہ کے بغیر پاکستان ایسے ہی ہوگا جیسے دل کے بغیر کوئی انسان۔ تاہم برطانیہ نے اسے نصف مغربی بنگال سمیت انڈیا کے حوالے کر دیا تھا؛ اس امر کو تسلیم کرنے کے باوجود کہ اس کا باقی نصف جو کہ ڈھاکہ کے گرد پایا جاتا تھا، ایک 'پسماندہ دیہی علاقے' سے ذرا ہی بہتر ہوگا۔ چنانچہ یہی رویہ نئی تخلیق کردہ پاکستان ریاست میں بھی سرایت کر گیا تھا جہاں سیاسی طاقت تیزی سے مغربی حصے کی طرف مرکوز ہوگئی۔ کچھ حد تک یہ انڈیا کے ان شمالی اور مغربی علاقوں کی جہاں سے مہاجروں نے نقل مکانی کی تھی، مغرب کے بالکل قریب واقع پنجاب اور سندھ کے متصل علاقوں کے ساتھ ثقافتی ہم آہنگی کی عکاسی بھی تھی؛ اور اس صورت حال کی عکاسی آزادی کے بعد فوج اور سِول انتظامیہ کے پروان چڑھتے ہوئے شعبوں میں مغربی پاکستان کے غلبے سے بھی ہوتی تھی۔ حتیٰ کہ خالص پاکستانی تناظر میں بھی مشرقی پاکستان کو پسماندہ علاقہ سمجھا جاتا تھا۔

یہ صورت حال بنگالیوں سے پوشیدہ نہیں تھی۔ وہ کراچی کی حکمران مہاجر اشرافیہ کی طرح سے بنگالی کو اردو کی طرح سرکاری زبان کا درجہ نہ دینے پر پہلے ہی ناخوش تھے۔ چنانچہ ۱۹۵۲ میں ڈھاکہ میں ہڑتالوں اور پُرتشدد مظاہروں کا سلسلہ شروع ہوگیا تھا۔ بنگالیوں کے مفادات کے ترجمان یک نئی سیاسی جماعت ۱۹۵۰ء میں عوامی لیگ کے نام سے منظر عام پر آگئی تھی جس نے مسلم لیگ کو تیزی سے گمنامی کی سرحدوں کی طرف دھکیل دیا۔ تاہم یہ جماعت مشرقی پاکستان کی اقتصادی حالت سدھارنے میں ناکام رہی، کیوں کہ ایوب دور میں ہونے والی بے پناہ اقتصادی ترقی کے ثمرات سے فائدہ نہ اٹھایا جا سکتا۔ ۱۹۶۵ء میں انڈیا کے ساتھ کشمیر کے مسئلے پر ہونے والی جنگ کے دوران مشرقی پاکستان کو عملی طور پر بغیر کسی دفاع کے یک وتنہا چھوڑ دیا گیا تھا جو ایک ایسی حقیقت تھی جس سے وہ لوگ اچھی طرح باخبر تھے۔ چنانچہ یہ ایک ایسا فیصلہ کن موڑ ثابت ہوا جس نے بنگالیوں کے اندر شدت سے یہ احساس پیدا کر دیا کہ انھیں اپنے معاملات خود چلانے پڑیں گے۔ ان خواہشات کا عملی اظہار ایک برس بعد اس وقت دیکھنے میں آیا جب عوامی لیگ کے رہنما شیخ مجیب الرحمٰن نے اپنا چھ نکاتی منشور پیش کرتے ہوئے مشرقی پاکستان کی مکمل خود مختاری کا مطالبہ کر دیا۔ یہ واقعہ اصل پاکستانی ریاست کی الجھن کے حتمی حل کا پیش خیمہ ثابت ہوا۔

ہر طرف سے محصور، بیمار اور دل گرفتہ ایوب خان نے آخر کار ۱۹۶۸ء میں استعفیٰ دے دیا اور اس کے ساتھ ہی اس کا بنیادی جمہوریتوں کا محل بھی دھڑام سے نیچے آ گرا۔ اس کی جگہ لینے والے ایک غیر معروف جنرل بنام یحییٰ خان نے قومی سطح کے پہلے عام انتخابات کا اعلان کر کے مشرقی پاکستان کی جلتی ہوئی آگ کو ٹھنڈا کرنے کی کوششوں کا آغاز کر دیا۔ اس نے یہ فیصلہ بھی کیا کہ نئی قومی اسمبلی میں نشستوں کی تقسیم آبادی کی بنیاد پر ہوگی۔ چنانچہ اس طرح بنگالیوں کو اپنے سامنے ایک بھرپور موقع دکھائی دیا، کیوں کہ اس وقت مشرقی پاکستان کی آبادی مغربی پاکستان سے

زیادہ تھی۔ چونکہ نئی وجود میں آنے والی اسمبلی کا پہلا اہم فریضہ ایوب کے مسترد کردہ آئین کی جگہ نئے آئین کی تشکیل کرنا تھا، اس لیے بہت سی چیزوں کا انحصار نتائج پر تھا۔ تاہم مشرقی پاکستان کی زیادہ نشستوں کے باوجود یحییٰ خان اور انتخابات میں حصہ لینے والے مغربی پاکستان کے دوسرے سیاست دان جن میں ذوالفقار علی بھٹو پیش پیش تھے، ایسے ملے جلے نتائج کی توقع کر رہے تھے جن کا فائدہ دونوں حصوں میں سے کسی کو بھی نہیں ہوگا، مگر جب آخر کار ۱۹۷۰ء کے آخر میں نتائج سامنے آئے تو مجیب الرحمٰن کی عوامی لیگ نے مشرقی پاکستان سے ماسوائے دو نشستوں کے باقی ساری نشستیں جیت لیں اور یوں اسے نئی اسمبلی میں مطلق اکثریت حاصل ہوگئی۔

چنانچہ مغربی پاکستان نے ہٹ دھرمی کا مظاہرہ کرتے ہوئے نتائج کو تسلیم کرنے سے انکار کر دیا۔ یحییٰ نے بھٹو کو شہ دیتے ہوئے نئی اسمبلی کا اجلاس بلانے سے یہ کہہ کر انکار کر دیا کہ پہلے مجیب اس امر کی یقین دہانی کروائے کہ وہ نئے آئین میں اپنے چھ نکات داخل نہیں کرے گا۔ مجیب اس کے لیے تیار نہیں تھا اور یہاں سے حالات مزید بگاڑ کی طرف چل پڑے جن کا نتیجہ مشرقی پاکستان میں بغاوت اور فوج کی طرف سے باغیوں کو کچلنے کے لیے ایک خون آشام دھاوے کی صورت میں نکلا۔ چنانچہ اس صورت حال میں مشرقی پاکستان سے بہت سے باشندے سرحد پار کر کے انڈیا فرار ہو گئے۔ مہاجرین کی یلغار سے بوکھلا اٹھنے کے ساتھ ہی اپنے پریشان ہمسائے کو سبق سکھانے کا موقع دیکھتے ہوئے انڈیا نے مداخلت کا فیصلہ کر لیا۔ چنانچہ اس صورت حال کے نتیجے میں ہونے والی جنگ میں جو تقسیم کے بعد دونوں ملکوں کے درمیان تیسری جنگ تھی، انڈیا نے پاکستانی فوج کو شکست سے دوچار کرتے ہوئے نوے ہزار سے زائد پوری کی پوری مورچہ بند فوج کو ہتھیار ڈالنے پر مجبور کر دیا۔ انھوں نے کشمیر پر جلد بازی میں کیے جانے والے اس حملے کو بھی ناکام بنا دیا جس کا مقصد ہندوستانی فوج کی توجہ مشرقی پاکستان سے ہٹانا تھا۔ ان واقعات کے نتیجے میں بنگلہ دیش کے نام سے ایک نیا ملک وجود میں آ گیا۔ پاکستانی فوج کا اپنا وقار پہلی مرتبہ مجروح ہوتا نظر آیا اور یحییٰ خان کو بطور فوجی سربراہ صدر پاکستان استعفیٰ دینے پر مجبور ہونا پڑا۔ چنانچہ ایک نئے کٹے پھٹے ملک میں اس خلا کو پُر کرنے کے لیے سب سے نمایاں و مقبول رہنما ذوالفقار علی بھٹو کو آگے آنا پڑا۔

بھٹو، جن کی پیپلز پارٹی نے مغربی پاکستان سے بھاری اکثریت حاصل کی تھی، پاکستان میں سیاسی اقتدار کی بلندی پر پہنچنے والا مقامی جاگیردار اشرافیہ کا پہلا نمائندہ تھا۔ وہ وزارت کارجہ میں وزارت کے ذریعے سرکاری ایوانوں میں داخل ہوا تھا اور تیزی سے ترقی کے مدارج طے کرتا ہوا وزیر خارجہ بننے سے قبل کئی وزارتوں کی سربراہی کر چکا تھا۔ اس کا شہرت کی بلندیوں تک پہنچنا اپنے طبقے کی بحیثیت مجموعی نمائندگی کے مترادف تھا، کیوں کہ اس کے مربی ایوب خان کا اپنی حکومت کے لیے سیاسی جماعت کے حصول کی خاطر مغربی پاکستان کی مقامی شخصیات پر انحصار بڑھتا جا رہا تھا۔ کنونشن مسلم لیگ میں بہت سے لوگوں نے شمولیت اختیار کر لی تھی، جو ایوب خان نے قریب المرگ مگر اصل مسلم لیگ کی فوج نواز جانشین کے طور پر تیار کی تھی۔ بھٹو اگرچہ جاگیردار خاندان سے تھا مگر وہ اپنے دور کے تقاضوں سے بخوبی آگاہ تھا۔ جہاں ایوب کاروباری طبقے کا نمائندہ تھا، وہاں بھٹو تیسری دنیا کا سوشلسٹ نمائندہ تھا۔ جہاں ایوب امریکہ نواز تھا، وہاں بھٹو چین نواز تھا اور اس نے پاکستان کو غیر جانب دار تحریک

(NAM) میں شامل کر دیا تھا۔ ایک کرشماتی مگر بے رحم شخصیت کا مالک اتنا ہی تحکم آمیز مزاج رکھتا تھا جتنا کسی فوجی آمر کا ہوتا ہے۔ اس نے ایک بچے کھچے نئے پاکستان میں طاقت کے دیگر مراکز کو محدود تر کر دینے یا اپنے زیر اختیار رکھنے کی شعوری کوشش کی مگر اسے یہ دیکھ کر سخت کوفت ہوئی کہ ان کے بغیر نظام حکومت چلانا آسان نہیں تھا۔ اس نے سول سروس کی از سر نو تنظیم کر کے بہت سے افسران اعلیٰ کو برخواست کرتے ہوئے اس کا حجم کر دیا مگر اسے جلد ہی احساس ہو گیا کہ وہ جن صنعتی اور مالیاتی اداروں کو قومیانے پر تلا ہوا تھا، ان کو چلانے کے لیے اسے افسر شاہی کی ضرورت تھی۔ اس نے اپنی پیراملٹری فورس بنا کر پہلی سے ہی شکست خوردہ فوج کا حجم مزید کم کرنے کی کوشش کی، مگر اسے جلد ہی یہ اندازہ ہو گیا کہ بلوچستان میں علیحدگی کی تحریک کو کچلنے کے لیے فوج کی ضرورت تھی۔ یوں اس مداخلت کی بدولت فوج کے اعتماد اور طاقت دونوں میں اضافہ ہوا۔ ۱۹۷۲ء میں اس نے انڈیا کے ساتھ مقابلہ کرتے ہوئے ایک ایٹمی پروگرام کی بنیاد رکھنے کا نتیجہ خیز فیصلہ کیا اور اگرچہ اس کی سوشلسٹ مقبولیت اداروں کو قومیانے کے جنون نے اسے غریب اور محروم طبقوں کی حمایت سے نوازا، تاہم اس کی اپنی پالیسیوں کی بدولت پاکستانی معیشت کو ایسا ناقابل تلافی نقصان پہنچا کہ وہ آج تک بحالی کی راہ پر گامزن نہیں ہو سکی۔

۱۹۷۷ء میں ہونے والے قومی انتخابات میں جو بھٹو کے برسر اقتدار آنے کے چھ برس بعد ہوئے تھے، پیپلز پارٹی نے ناقابل یقین حد تک بھاری اکثریت حاصل کر لی تھی۔ چنانچہ دھاندلی کے الزامات کی بوچھاڑ میں پورے ملک میں ایک تشدد سے بھرپور احتجاجی تحریک شروع ہو گئی جس میں سارے کے سارے سیاسی مخالفین شامل ہو گئے اور فوج کو قائل کیا گیا کہ اس کی مداخلت ناگزیر ہو گئی ہے۔ بھٹو کو اقتدار سے ہٹا کر جیل میں ڈال دیا گیا اور بعدازاں بڑی آسانی دریافت کردہ الزامات قتل عائد کر کے اسے پھانسی پر لٹکا دیا گیا۔ اس کے زوال میں اہم کردار جنرل ضیاء الحق نے ادا کیا جو ایسا ناشکرا فوجی تھا جسے بھٹو نے کئی سینئر جرنیلوں کو نظر انداز کر کے فوج کا سربراہ بنایا تھا۔ کہا جاتا ہے کہ بھٹو نے اس کے خوشامدانہ طرز عمل سے متاثر ہو کر اسے فوج کی سربراہی عنایت کی تھی جو بعدازاں ایک مہلک غلطی ثابت ہوئی۔ اگرچہ جنرل ضیا پاکستان کو ایک مختلف راستے پر لے گیا مگر بھٹو بھی اپنے پیچھے ایک قابل ذکر ورثہ چھوڑ گئے تھے۔ اگرچہ اس کی سوشلسٹ پالیسیاں اپنے عہد کے تقاضوں سے مطابقت نہیں رکھتی تھیں مگر وہ اپنے جاگیردارانہ پس منظر کے ساتھ اس طرف پہلے ہی بڑی ثابت قدمی سے گامزن ہو چکا تھا۔ ہر طرف سے بڑھتی ہوئی مخالفت میں گھر جانے کے بعد اس نے حمایت و تعاون کے لیے اپنے ساتھی جاگیرداروں سے ہی رجوع کیا جنھوں نے تازہ تازہ قومیائے گئے بنکوں سے بہت سستے قرضے حاصل کر رکھے تھے۔ تیسری دنیا کے دوسرے ممالک کی طرح قومیائی گئی صنعتوں کی بدولت حکومت کے پاس اچھے خاصے وسائل جمع ہو گئے جو سیاسی تعاون حاصل کرنے کا بہترین وسیلہ ثابت ہوئے۔ یوں یہ حکمت عملی بعدازاں پاکستانی سیاست کا ایک اہم جزو بن کے رہ گئی۔

تاہم بھٹو کا سب سے اہم ورثہ کوئی پالیسی یا پروگرام نہیں بلکہ خود اس کے اپنے سماجی و اقتصادی طبقے کا عروج تھا۔ اس کے دور حکومت میں نہ صرف پنجاب اور سندھ کے روایتی جاگیردار طبقے کی طاقت میں اضافہ دیکھا گیا بلکہ

اس کے ساتھ ہی ایک ایسا نیا مالدار شہری صنعتی طبقہ بھی ابھر کر آیا جس کے اندر سے نکلنے والی قیادت اسی روایتی جاگیردارانہ سیاست کی پیروکار بن گئی۔ خود اس کی اپنی سیاسی جماعت نے اس کی بیٹی بے نظیر بھٹو کی قیادت میں اس کے دقیانوسی قسم کے سوشلزم کو مسترد کر دیا اور پاکستانی سیاست میں لاہور کے صنعت کار نواز شریف کی جماعت کے ساتھ، جس نے مسلم لیگ کا نام غصب کر لیا تھا، مرکزی مقام حاصل کر لیا۔ تاہم یہ مسلم لیگ جناح والی مسلم لیگ نہیں تھی۔ وہ لیگ اور پاکستان جس پر اس کا راج تھا، اب کہیں نہیں پائے جاتے تھے۔ نیا پاکستان جو منظر عام پر آ رہا تھا، برصغیر کے مسلمانوں کا وہ عظیم الشان وطن نہیں تھا جس کا جناح نے خواب دیکھا تھا بلکہ صحیح معنوں میں اس کی تبدیل شدہ شکل، جس پر ان دو سیاسی گروہوں کا قبضہ تھا، جو پہلے ہی سے اپنے میں جڑیں پکڑ چکے تھے۔

ان میں سے ایک تو ان دولت مند زمینداروں اور ان کے صنعتی اہم منصوبوں پر مشتمل سویلین سیاسی جماعت تھی جو ایک ایسی مخصوص طرز کی سیاست کرنے لگی جس کا براہ راست ماخذ ان کا جاگیردارانہ ماضی تھا۔ دوسرا گروہ، یعنی فوج، جس کی قیادت کافی حد تک ایک کمتر وسائل کے مالک طبقے سے ابھری تھی، اس تصوراتی صورت حال کے خلاف، جس کو وہ مشتمل ہندوستانی خطرہ کہتی ہے، قوم کے محافظین کے طور پر اپنے خودساختہ عظیم یا مقدس مقاصد کی پیروی میں مصروف رہتے ہوئے اپنے سے برتر سویلین سیاست دانوں کو لگام ڈال کر رکھنے لگی۔ عزائم میں پُرجوش مگر قوت مشاہدہ سے محروم یہ دو گروہ پاکستان کو جہاد کے دور میں لے جاتے ہیں۔

[بشکریہ 'گرہ کھلتی ہے: جہاد کے دور کا پاکستان'؛ مشعل بکس، لاہور، ۲۰۱۴ء]

پاکستان: اسلام کا قلعہ بنانے کی کوشش

اشتیاق احمد

ترجمہ: ایم وسیم

پاکستانی فوج ساڑھے چھ سال کے جاں گسل سویلین اقتدار کے بعد سیاسی میدان میں داخل ہوئی۔ یہ سویلین اقتدار جمہوری، مقبول، مطلق العنان اور سیاسی انتقام سے بھرپور تھا۔ جب بھٹو اقتدار میں تھے تو صرف ان کی اپنی ذات پورے سیاسی منظرنامے پر حاوی تھی، لیکن پاکستان میں ہندوستان سے متعلق سیاست کو مرکزی حیثیت بدستور حاصل رہی۔ اصل میں بھٹو نے اس نظریے کو تقویت دینے کے لیے کئی اقدامات کیے کہ مشرقی سرحدوں پر کئی گنا بڑے دشمن کے خلاف مضبوط دفاع پاکستان کی بقا کے لیے ضروری ہے۔ یہ کہنے کی ضرورت نہیں کہ یہ سوچ مشرقی پاکستان الگ ہونے کے تناظر میں پروان چڑھی تھی۔ چنانچہ اسٹیبلشمنٹ کو ہندوستان کے عزائم اجاگر کرنے میں نہایت آسانی پیش آئی۔ بہرحال بھٹو جب تک حکومت میں رہے تو پاکستان اور ہندوستان کے درمیان کوئی فوجی تصادم نہ ہوا۔ اس کے برعکس شملہ معاہدے اور جنگی قیدیوں کی واپسی سے کشیدگی کو کم کرنے میں مدد ملی۔ ذوالفقار علی بھٹو اور اندرا گاندھی دونوں داخلی ملکی حالات کی وجہ سے اندرونی محاذ پر توجہ دینے پر مجبور تھے۔

جنرل ضیاء کو ورثے میں انتہائی آتش فشاں پاکستان ملا اور ان کا فوری مقصد سیاسی عمل پر گرفت قائم کرنا تھا۔ انھوں نے ایک منتخب وزیر اعظم کا تختہ الٹا جو اگرچہ مارچ ۱۹۷۷ء کے بعد پی این اے کی تحریک سے لرزہ براندام تھا، لیکن اس کی مقبولیت میں اس وقت ڈرامائی انداز میں اضافہ ہوگیا جب اسے رہا کیا گیا اور اس نے ملک گیر جلسے شروع کردیے۔ ان حالات میں پاکستان ایک انتہائی یک قطبی معاشرہ بن گیا اور جنرل ضیاء کو ایسے ہتھکنڈے اور حکمت عملی اپنانا تھی جس سے فوجی حکومت کا تسلسل جاری رہتا۔ اس کے بعد پاکستان کے کسی بھی حکمران سے زیادہ انھوں نے دو قومی نظریے کو اجاگر کرنے کی مہم شروع کی جس کا مطلب صرف پاکستان کی ہندوستان سے شناخت الگ ہونا نہیں تھا بلکہ وہ اپنے دائیں بازو کے دھڑے میں پُرعزم نظریاتی مجاہد بھی نظر آنا چاہتے تھے۔ ان مقاصد

کے حصول کے لیے ضیاء نے فوج کی ایک ایسی فوج کے طور پر نظریاتی اور ثقافتی تربیت کا آغاز کیا جو ایک اسلامی فوج ہو اور ایسے ہتھیاروں سے لیس ہو جو اسے ہندوستان پر حملہ کرنے اور اس کے خلاف دفاع کے قابل بنا دے۔ یہ اقدامات اسی دوران کیے گئے، جب کہ جنرل ضیاء قوم میں تبدیلی اور ریاست کی تعمیر کے خواہاں تھے۔

فوری سیاسی چیلنج

اپنے کام کا آغاز جنرل ضیاء نے آئین کو ختم کرنے کی بجائے اسے معطل کرنے سے کیا۔ انھوں نے اقتدار میں آنے کے بعد ۹۰ روز کے اندر صاف اور شفاف انتخابات کرانے اور حکومت عوام کے منتخب نمائندوں کے سپرد کرنے کا اعلان کیا۔ پورے ملک میں مارشل لاء نافذ کر دیا گیا۔ چونکہ سیاسی جماعتوں پر پابندی نہیں لگائی گئی تھی، اس لیے انھوں نے الیکشن میں حصہ لینے کی تیاریاں شروع کر دیں لیکن ضیاء الحق نے ارادہ بدلتے ہوئے یہ بہانہ شروع کر دیا کہ پیپلز پارٹی کے دور حکومت میں ہونے والے بے شمار بے ضابطگیاں سامنے آئی ہیں۔ اس موقف سے پی این اے بالخصوص اصغر خان نے اتفاق کیا۔ بھٹو کی عوامی حمایت میں ڈرامائی اضافے کے بعد پی این اے کی قیادت کو یقین ہو گیا کہ صاف اور شفاف انتخابات سے ان کی دال نہیں گلے گی، چنانچہ انھوں نے یک زبان ہو کر یہ راگ الاپنا شروع کر دیا کہ نئے انتخابات سے قبل ایسے عناصر کا راستہ روکا جائے جو اختیارات کے غلط استعمال میں ملوث تھے اور ان کا احتساب کیا جائے۔ (باکسٹر ۱۹۹۹:۳۱ء)

یکم مارچ ۱۹۷۸ء کو حکومت نے ایک قدم اور اٹھاتے ہوئے سیاسی سرگرمیوں پر پابندی لگا دی۔ البتہ سیاسی پارٹیوں پر پابندی نہ لگائی گئی۔ پیپلز پارٹی کے حامی کئی اخبارات بند کر دیے گئے۔ ایسے صحافی جنھوں نے فوجی حکومت پر کڑی تنقید کی، انھیں سخت سزائیں دی گئیں اور کوڑے بھی لگائے گئے۔ ادیبوں، شاعروں اور دانشوروں کے خلاف ظالمانہ انداز میں کارروائیاں کی گئیں۔ (بھٹو: ۲۰۰-۲۰۲، ۲۰۱۰ء) انھی حالات میں حکومت نے اعلان کر دیا کہ عام انتخابات ۱۹۷۹ء میں ہوں گے۔ مسلم لیگ اور جماعت اسلامی سمیت پی این اے کی متعدد جماعتوں کو کابینہ میں شمولیت کی اجازت دے دی گئی۔

جس روز ذوالفقار علی بھٹو کو پھانسی دی گئی، اس روز ان کے صاحبزادے میر مرتضیٰ بھٹو نے بی بی سی سے انٹرویو میں اپنے والد کی موت کا انتقام لینے کا عہد کیا۔ انھوں نے 'الذوالفقار' کے نام سے ایک تنظیم بنائی جس کے ہمسایہ ملک افغانستان میں اڈے قائم کیے گئے۔ ۱۹۸۱ء میں 'الذوالفقار' کے عسکریت پسندوں نے پی آئی اے کا ایک طیارہ اغوا کر لیا اور طیارہ کابل پہنچنے سے پہلے اس میں سوار فوجی افسر میجر شاہد رحیم کو گولی مار کر ہلاک کر دیا گیا۔ اس کے بعد طیارے کو شام جانے کی اجازت دے دی گئی جہاں اس نے حکام کی منظوری سے دبئی ایئرپورٹ پر لینڈنگ کر لی۔ یہ ڈرامہ اس وقت اختتام کو پہنچا جب ۱۵ مارچ کو جنرل ضیا نے جیلوں میں قید پیپلز پارٹی کے ۵۴ کارکن رہا کرنے پر آمادگی ظاہر کر دی جس کے بعد مغوی طیارہ پاکستان واپس آ گیا۔

اس تنظیم کی طرف سے ضیاء الحق کے قریبی معتمدین اور مارشل لاء لگانے کے منصوبے میں ملوث افراد پر

حملے سمیت دہشت گردی کی کئی سرگرمیاں کی گئیں۔ جنرل ضیا پر بھی حملے کی کوششیں کی گئی اور فروری ۱۹۸۲ء کو روسی ساختہ طیارے SAM7 پر بھی فائرنگ کی گئی جس میں جنرل ضیاء الحق سوار تھے۔ پاکستان نے الزام لگایا کہ 'الذوالفقار' نے ہندوستان، لیبیا اور افغانستان میں تربیتی کیمپ قائم کر رکھے اور مبینہ طور پر سوویت یونین اور شام 'الذوالفقار' کی معاونت بھی کر رہے تھے۔

البتہ 'الذوالفقار' پاکستانی معاشرے میں مقبول بنیاد حاصل کرنے میں ناکام رہی اور ایسی مقبول مزاحمتی تحریک بھی شروع نہ کر سکی جس سے معاشرے میں بڑے پیمانے پر اتھل پتھل ہو سکے۔ اس کے علاوہ ۲ صوبوں؛ سرحد اور بلوچستان جن کے مرکز سے ہمیشہ تعلقات خراب رہے، وہاں کی قیادت نے ضیاء الحق کا خیر مقدم کیا، کیوں کہ بھٹو نے جہاں صوبائی قوم پرستوں کو جیل میں ڈالا، وہاں ضیاء الحق نے انھیں رہا کر دیا۔ ستمبر ۱۹۷۹ء میں غیر جماعتی بنیادوں پر مقامی حکومتوں کے انتخابات کرائے گئے۔ یہ ضیاء الحق کے لیے ایک اصول کا مسئلہ بن کر رہ گیا جو سمجھتے تھے کہ سیاسی جماعتیں اسلام کے متفقہ سیاسی نظام کے برعکس قوم کو تقسیم کرتی ہیں۔ (ایضاً: ۲۷۳) بہر حال اس کے باوجود پیپلز پارٹی کے حمایت یافتہ کئی امیدوار کامیاب ہو گئے۔ اس کے ردعمل میں حکومت نے ۱۷ اور ۲۰ نومبر ۱۹۷۹ء کو طے پانے والے قومی اور صوبائی اسمبلیوں کے الیکشن ملتوی کرنے کا اعلان کر دیا۔ اس بار بھی امن و امان کی صورت حال کو جواز بنایا گیا۔ علاوہ ازیں سیاسی جماعتوں پر بھی پابندی لگا دی گئی۔

بیگم نصرت بھٹو نے مارشل لاء کے نفاذ کے خلاف سپریم کورٹ میں اپیل دائر کی۔ عدالتی بنچ نے فیصلہ دیا کہ مارشل لاء حکومت ایسے تمام اقدامات کرے جو نظریۂ ضرورت کے قانون کی حدود میں آتے ہوں، حتیٰ کہ آئین میں ترمیم بھی کی جا سکتی ہے۔ جہاں ضیاء الحق کے مخالفین نے عدالتی فیصلے کو مارشل لاء حکومت کی حمایت کے مترادف سمجھا، وہاں خود حکومت اس بات پر جز بز تھی کہ کون سا اقدام نظریۂ ضرورت کے قانون کے اندر آتا ہے اور کون سا متصادم ہے۔ اس تناظر میں جنرل ضیاء الحق نے عبوری آئینی حکم نامہ (پی سی او) ۱۹۸۰ء جاری کر دیا؛ جس کے تحت مارشل لاء حکومت کے تمام اقدامات عدالتی دائرۂ اختیار سے باہر ہوں گے۔ مستقبل میں جو قوانین اور آرڈیننس مارشل لاء حکومت نے تیار کیے، ان پر عدالتوں نے نظر ثانی نہیں کی۔ یہ اقدام بلوچستان ہائی کورٹ نے غیر آئینی قرار دے دیا لیکن حکومت نے ۱۹۸۱ء میں ایک اور عبوری حکم نامہ جاری کر دیا جس کے تحت سپریم کورٹ اور ہائی کورٹ کے جج صاحبان کا پی سی او کے تحت حلف اٹھانا ضروری قرار دے دیا گیا۔ اس پر چند ججوں نے احتجاجاً استعفیٰ دے دیا لیکن دیگر نے نئے قانون کو قبول کر لیا۔ اس حکومتی اقدام کا مجموعی حاصل یہ رہا کہ عدالتی نظام مکمل طور پر مارشل لاء نظام کے تابع ہو گیا۔

اگر چہ سیاسی جماعتوں پر پہلے ہی پابندی لگائی جا چکی تھی لیکن پیپلز پارٹی اور کئی چھوٹی جماعتوں نے تحریک بحالیٔ جمہوریت (ایم آر ڈی) کے نام سے فروری ۱۹۸۱ء میں ایک محاذ قائم کر لیا۔ اس تحریک کا بڑا مقصد ملک سے مارشل لاء کا خاتمہ کرنا اور معطل شدہ ۱۹۷۳ء کے آئین کے تحت عام انتخابات کا انعقاد کرانا تھا۔ ان دنوں ایم آر ڈی کا زیادہ تر زور سندھ میں تھا لیکن پنجاب میں بھی کسی حد تک سرگرمیاں پائی گئیں۔ حکومت نے بھی پوری طاقت

سے جواب دیا۔ مزدور یونین پر پابندی لگا کر محنت کش رہنماؤں کو گرفتار کرلیا گیا، بالخصوص ’الذوالفقار‘ کے مشتبہ کارکنوں اور ہمدردوں کو پورے ملک میں نشانہ بنایا گیا۔ تشدد کا بے دریغ استعمال کیا گیا۔ چنانچہ ریاستی جبر کے باعث سندھ سمیت ہر جگہ پر اس تحریک کو کچل دیا گیا۔ اس دوران پولیس اور فوج کے چھاپوں میں ۳۰۰ سندھی ہلاک ہوگئے۔ (کاردار: ۳۱۳، ۱۹۹۲ء: ۱۶۸-۱۷۰، ۱۹۸۳ء) سندھ کے جو علاقے نسبتاً پُرسکون رہے، وہ مہاجروں کے مضبوط مراکز کراچی اور حیدرآباد تھے۔ ’ایم آرڈی‘ کو کچلنے کے بعد جنرل ضیاء الحق نے ۱۹۸۴ء میں پاکستان کے اسلامی تشخص پر ایک ریفرنڈم کا اہتمام کیا۔ عوام سے ریفرنڈم میں یہ سوال پوچھا گیا کہ کیا آپ قوانین کو اسلامی بنانے کے لیے حکومتی اقدامات کی حمایت کرتے ہیں؟ حکومت نے دعویٰ کیا کہ ریفرنڈم میں ٹرن آؤٹ ۶۴ فیصد رہا، جس میں ۹۶ فیصد افراد نے جنرل ضیاء کی اصلاحات کے حق میں ووٹ دیا۔ البتہ برطانوی نیوز ایجنسی اور اخبار مانچسٹر گارڈین جیسے میڈیا اداروں نے ٹرن آؤٹ کی شرح صرف ۱۰ فیصد بتائی۔ (بھٹو: ۲۷۰، ۲۰۰۸ء اے) اس کے بعد جنوری ۱۹۸۵ء میں ضیاء الحق نے غیر جماعتی بنیادوں پر عام انتخابات کا اعلان کردیا۔ سیاسی جماعتوں کی عدم موجودگی میں انتخابی اجتماعات کے لیے برادری، نسلی اور لسانی اختلافات بنیاد بن گئے۔ (مہدی: ۳۱، ۱۹۸۸ء) مجلس شوریٰ کے لیے جو ارکان منتخب ہوئے، ان میں سے ایک سندھی لیڈر محمد خان جونیجو کو جنرل ضیاء الحق نے وزیر اعظم نامزد کردیا۔

جونیجو کو اقتدار سونپنے کے بعد جنرل ضیاء نے مارشل لاء اٹھالیا اور پارلیمنٹ سے کہا کہ وہ ۱۹۷۷ء کی بغاوت سمیت ان کے گزشتہ ۸ برسوں کے اقدامات کی توثیق کرے۔ اس سے بڑھ کر اہم یہ تھا کہ انھوں نے آٹھویں ترمیم سمیت کئی ترامیم کے ذریعے خود کو سیاسی نظام پر بالادست بنالیا۔ آئین کے آرٹیکل بی (۲) ۵۸ کے تحت وہ قومی اسمبلی کو برخواست کرسکتے تھے، تاہم سنیٹ تحلیل کرنے کا انھیں اختیار نہیں تھا۔ ”ان کے بقول اگر ایسی صورت حال پیدا ہوجائے، جس میں حکومت آئین کے مطابق کام نہ کرسکے تو نئے انتخابات کے لیے رجوع کرنا ضروری ہوتا ہے۔“

’ایم کیو ایم‘ اور ’آئی ایس آئی‘

ایسی سیاسی پیش رفت کے باوجود جنرل ضیاء کو سندھ کی آتش فشاں صورت حال پر تشویش بدستور جاری رہی۔ اس صوبے میں مقامی سندھیوں اور اردو بولنے والے مہاجروں کے درمیان ۱۹۷۰ء کے عشرے سے اختلافات ابھرنا شروع ہوگئے اور دونوں طرف سے مسلح افراد کی متعدد جھڑپیں بھی ہوئی تھیں۔ پاکستان کی آزادی کے فوراً بعد اگرچہ سندھ میں علیحدگی پسندی کے جذبات پیدا ہونا شروع ہوگئے تھے لیکن ان کی شدت محدود تھی۔ سندھی لیڈر ذوالفقار علی بھٹو کی زیر قیادت پیپلز پارٹی کے عروج سے اس شدت میں مزید کمی آگئی لیکن اس سوچ نے اس وقت پھر سر اٹھایا جب بھٹو کا تختہ الٹ کر انھیں پھانسی پر چڑھا دیا گیا۔ سندھیوں میں بنیاد پرستی جڑ پکڑنے پر خدشات کے شکار مہاجروں نے بھی خود کو نسلی بنیاد پر منظم کرنا شروع کردیا۔ یوں ۱۸ مارچ ۱۹۸۴ء کو الطاف حسین

نے مہاجر قومی موومنٹ (ایم کیو ایم) کی بنیاد رکھی۔ وہ کوئی عہدہ رکھے بغیر پارٹی کے سپریم لیڈر رہیں۔ اب یہ بات کھلا راز ہے کہ ایم کیو ایم دراصل آئی ایس آئی کی تخلیق تھی اور جنرل ضیاء اس کے ماسٹر مائنڈ تھے۔ اس بات کی تصدیق سابق آرمی چیف اور جنرل ضیاء کی طیارے کے حادثے میں اچانک موت پر فوج کے سربراہ بننے والے جنرل اسلم بیگ نے کی۔ (حسن: ۷، ۲۰۰۷ء) مہاجروں کو شہ دی گئی کہ وہ اپنی الگ قومیت کا اعلان کریں۔ اس طرح سندھ کی لسانی بنیادوں پر تقسیم کے امکانات واضح ہو گئے۔ مضحکہ خیز بات یہ ہے کہ جنرل ضیاء نے سندھی میں علیحدگی پسندوں کے سرخیل جی ایم سید کی اشک شوئی کی تھی جن سے پیپلز پارٹی نے ۱۹۷۲ء میں قوم پرستی کا علم چھین لیا۔ یوں ایم کیو ایم کی حمایت اور سندھی سیاسی دھڑوں میں تقسیم سے سندھی علیحدگی پسند سوچ کو دھچکا لگا اور اس کے ساتھ ساتھ پیپلز پارٹی سے متعلقہ عسکریت پسندی (مراد الذوالفقار وغیرہ) بھی کمزور ہو گئی۔ بالخصوص مہاجروں کے اکثریتی آبادی والے شہروں؛ کراچی اور حیدرآباد میں۔ بہرحال ضیاء دور کی سیاسی میدان میں ایسی حکمت عملی فوجی اقتدار کو دوام بخشنے کے مجموعی ایجنڈے کا محض ایک حصہ تھی۔

عسکری ریاست کی اسلامائزیشن

ضیاء الحق تبدیلی کا ایک وسیع النظر پروگرام نافذ کرنے میں بھی پُرعزم تھے، جس سے معاشرے کا ہر طبقہ متاثر ہو۔ ان کی سرپرستی میں ایک عسکری ریاست؛ ایک ایسا طرز حکومت جس میں فرضی بیرونی اور اندرونی خطرات کے تناظر میں شناخت متعارف کرائی جاتی ہے؛ اس نے ناقابل تغیر اسلامی خدوخال اختیار کر لیے۔ اسٹیفن کوہن نے دعویٰ کیا ہے کہ پاکستانی فوج شروع سے ہی خود کو اسلامی فوج سمجھتی تھی۔ فوج کے زیر اہتمام شائع ہونے والے پیشہ ورانہ جرائد فوج کی اسلامائزیشن کے سوال سے متعلق مواد سے بھرے ہیں اور ان سب میں یہ سوال بھی کیا جاتا ہے کہ کس طرح ہندوستان کی روایتی فوج کی جگہ اسلامی اصولوں پر مبنی انداز متعارف کرایا جائے۔ (کوہن: ۷۳، ۱۹۹۲ء) ضیا دور میں فوجی یونٹوں میں تعینات مولویوں کو ترقی دیتے ہوئے جونیئر کمیشنڈ آفیسر کا رینک دے دیا گیا۔ (نائب خطیب، خطیب) جیسا کہ امریکی فوج میں فوجی مذہبی ٹیچر ہوتے ہیں، کوہن یہ بھی لکھتے ہیں کہ مسلح افواج کو اسلام پسندی کی طرف راغب کرنے کے نظریے کی اتنی شدومد سے ترویج غیر ضروری تھی، کیوں کہ 'اسلام فطری طور پر عسکری پیشے کے تصور کی حمایت کرتا ہے۔'' (ایضاً ۱۳۹) کوہن کے تجزیے سے پتہ چلتا ہے کہ ایسا ذاتی تشخص (self image) اعتدال پسندی سے انتہا پسندی تک متغیر امر ہے لیکن فوج نے ایک مجموعی تنظیمی ڈھانچہ اور روایات کو برقرار رکھا جو اسے نوآبادیاتی دور سے ورثے میں ملا۔ کوہن نے یہ بات واضح نہیں کی کہ اسلام پسند فوج کی نشوونما کو امریکی رضامندی حاصل تھی، کیوں کہ اس نے افغان جہاد کے دوران پاکستان کا بطور فرنٹ لائن اسٹیٹ کردار تسلیم کیا تھا۔

بہرحال ضیاء الحق دور میں اس کی ترویج اس سے زیادہ جوش وجذبے سے کی گئی، جیسا کہ اسٹیفن کوہن نے دعویٰ کیا ہے۔ اس عمل کا ان بدلتے تناظر کی روشنی میں جائزہ لیا جانا چاہیے جن میں جنرل ضیاء اقتدار میں آئے

تھے۔ انگریز دور کی سینڈ ہرسٹ اکیڈمی کے تربیت یافتہ افسروں کی پرانی کھیپ کی جگہ بتدریج مقامی پاکستانی افسروں کی کلاس لے رہی تھی۔ یہ عمل اگر چہ کچھ عرصہ قبل دھیرے دھیرے شروع ہو چکا تھا لیکن ۱۹۴۷-۴۸ء، ۱۹۶۵ء اور ۱۹۷۱ء کی ہندوستان کے ساتھ جنگوں کے بعد کے حالات میں اس میں توسیع پسندانہ تیزی واقع ہوگئی۔ نئے افسروں کا تعلق مڈل کلاس اور لوئر مڈل کلاس سے تھا اور اب ان کا تعلق خالصتاً شمالی پنجاب اور صوبہ سرحد سے باقی نہیں رہا تھا۔ آفیسر میسوں میں پُرتعیش طرز زندگی، جس میں موسیقی، رقص وسرود اور الکوحل جیسا سماجی ماحول شامل تھا، جس سے پہلے ہی بھٹو دور میں جھٹکا لگ چکا تھا جب انھوں نے فوجی میسوں میں شراب کا استعمال ممنوع قرار دے دیا تھا۔ فوج کو اسلام پسند سمت پر گامزن کرنے کے لیے ایک مہمیز کی ضرورت تھی۔ یہ کام بھلا جنرل ضیاء سے بہتر اور کون کرسکتا تھا۔

ضیاء الحق کی طرف سے پاکستانی ریاست اور معاشرے کو اسلام پسند خطوط پر استوار کرنے کا مجموعی عمل ایک ایسی عسکری ریاست کے قیام کا شاخسانہ تھا جس میں بجا طور پر فوج کو ایک نظریاتی ادارے کا مقام حاصل ہو۔ ایسے مخصوص نظریے کو سماجی تشکیل کے بڑے پیمانے پر عمل کے بغیر تسلیم نہیں کیا جاسکتا تھا۔ تاہم جیسا کہ کچھ مصنفین نے کہا ہے کہ ضیاء کے معاملے میں یہ الزام اس دانش مندانہ تخمینے سے مسخ کیا گیا کہ دراصل مثالی طور پر کیا واقع ہونا چاہیے کی جگہ کیا ممکن ہے۔ اپنے بنیاد پرستانہ رجحان کے برعکس ضیا الحق ایک عملی اور ماڈرن انسان تھے۔ انھوں نے محسوس کیا کہ پاکستان ثقافتی، لسانی اور فرقہ وارانہ طور پر متنوع اور پیچیدہ ملک ہے۔ اس لیے بڑے پیمانے پر ایرانی یا سعودی ماڈل کا پاکستان میں نفاذ ممکن نہیں۔ چنانچہ انھوں نے ایک ایسی عسکری ریاست کے قیام کی ٹھان لی جو اسلام کے پھیلاؤ کے سنہرے دور کی تصویر ہو اور جس میں اسلام کے ابتدائی دور کا منصفانہ سماجی نظام رائج ہو۔

اس بات میں کوئی شبہ نہیں کہ پاکستان میں تمام حکومتوں نے ایک ایسے مثالی طرز حکومت کا عزم کیا جو انصاف، ترقی کے اسلامی نظریات یا زیادہ بنیاد پرست اقسام پر مبنی ہو۔ یہ نعرہ تمام حکومتوں کا سرکاری نعرہ رہا۔ البتہ ماضی کی کسی حکومت نے ایسی قومی شناخت کے احیا کے ضروری اور کافی اقدامات نہیں کیے جو اسلامی ریاست کے تصور کی جامع عکاسی کرتی ہو۔ اس کی بجائے ضیاء الحق کے برسر اقتدار آنے سے پہلے مضحکہ خیز اور ایڈ ہاک اقدامات کیے گئے۔

اب تک جدت پسند اشرافیہ جمہوریت اور سیاسی اسلام میں کسی ایک کا انتخاب کرنے میں گومگو کا شکار رہی تھی۔ یہ تضاد اب ضیاء الحق کے یکسو ذہن سے بالکل غائب تھا جو اینٹی لبرل، جمہوریت مخالف، اقلیت مخالف اور خواتین مخالف ایجنڈے پر کاربند تھا۔ وہ ایک ایسا سماجی نظام قائم کرنا چاہتے تھے جس میں انتظامیہ، عدلیہ، بینکاری، تجارت، تعلیم، زراعت، صنعت اور خارجہ امور سمیت زندگی کے تمام شعبے اسلامی اصولوں سے ہم آہنگ ہوں۔ (نعمان: ۱۴۱، ۱۹۸۸ء) اسی تناظر میں پاکستان میں ایک اسلام پسند عسکری ریاست کی بالادستی یقینی بنانے کے لیے متعدد 'اصلاحات' کا عمل شروع کیا گیا۔

جنرل یحییٰ خان نے بطور مارشل لاء ایڈمنسٹریٹر جو لیگل فریم ورک آرڈر جاری کیا تھا، اس میں انھوں نے

'نظریۂ پاکستان' کا ذکر کیا۔ بھٹو دور میں اسلام پسندی کا پھیلاؤ شروع ہوا لیکن یہ صرف ضیاء الحق تھے جنھوں نے مناسب طریقے سے یہ عمل مکمل کیا۔ انھوں نے اگرچہ کئی علما سے مشاورت کی لیکن جماعت اسلامی کے امیر سید ابوالاعلیٰ مودودی کا نظریہ اس کامل اور بے داغ اسلامی طرز حکومت پر استوار تھا جس کی بنیاد حضور اکرمؐ نے رکھی اور ان کے خلفائے راشدین بالخصوص پہلے دو خلفا؛ حضرت ابوبکر صدیقؓ اور حضرت عمر فاروقؓ نے اسے آگے بڑھایا۔ اس دور کے قوانین اور ثقافتی روایات میں مردوں اور خواتین میں واضح تفریق کی گئی اور جزیہ ادا کرنے والے غیر مسلموں کو نسل در نسل جزیہ کی ادائیگی کا پابند بنایا گیا۔ (مودودی: ۱۹۷۹ء ے؛ ۱۹۷۹ء بی؛ ۱۹۸۰ء) اس کے علاوہ مولانا مودودی نے بنیاد پرست کتاب 'الجہاد فی الاسلام' بھی لکھی، جس میں انھوں نے اسلام کے ابتدائی دور کے ماہرین فقہ کے بیان کردہ نظریات کی روشنی میں دنیا کو دارالسلام اور دارالحرب میں تقسیم کیا۔ اس نظریے کے مطابق اسلامی ممالک اور غیر مسلموں میں امن صرف عارضی طور پر قائم ہوسکتا ہے، کیوں کہ غیر مسلم دنیا مسلسل حالت جنگ میں ہے۔ اسلام اور اسلامی کمیونٹی کو لاحق خطرات میں جہاد کو جائز قرار دینے کی پُر پیچ دلیلیں دینے کے ساتھ انھوں نے ایسی صورت میں جہاد کو جائز قرار دیا ہے جب غیر مسلم اسلام قبول نہ کریں۔ وہ غلاموں اور کنیزوں کے نظام میں بھی کوئی عار محسوس نہیں کرتے۔ (مودودی: ۱۹۸۱ء)

مولانا مودودی کے نظریات مصر کی اخوان المسلمون کے رہنما سید قطب کے خیالات سے انتہائی ملتے جلتے ہیں، جب کہ شیعہ مکتبہ فکر کے رہنما امام خمینی کی طے کردہ تفصیل سے محض دیکھنے کی حد تک مختلف ہیں۔ مودودی، سید قطب اور خمینی کے بین الاقوامی تعلقات کے بارے میں خیالات میں کافی یکسانیت پائی جاتیi ہے۔ فقہی شریعت میں امن کی تعریف اقوام متحدہ کے چارٹر میں ممالک کی علاقائی سالمیت اور خودمختاری کے احترام پر مبنی تعریف سے مختلف ہے۔ (۱۹۴۵ء) جہاں تک جنرل ضیاء کے ذاتی عقیدے اور مذہبی رسومات کی ادائیگی کا تعلق تھا تو ان کے بارے میں خیال ہے کہ وہ بنیاد پرست دیوبند مکتبہ فکر کے پیروکار تھے۔ جو لوگ انھیں نجی طور پر جانتے ہیں، وہ بتاتے ہیں کہ جنرل ضیاء مختلف مزاروں بالخصوص داتا گنج بخش (لاہور) کے مزار پر گھنٹوں قیام کرتے تھے۔ اگر یہ بات درست ہے تو اس کا مطلب یہ ہے کہ بظاہر وہ وسیع الذہن انسان تھے جنھوں نے بنیاد پرست اسلام کو تصوف والے بریلوی مکتبہ فکر سے باہم ملا دیا۔ ستم ظریفی ملاحظہ کریں کہ جنرل ضیاء الحق کو ہندوستانی سپر اسٹار شتروگھن سنہا کو اپنے گھر مدعو کرنے اور اپنی ذہنی طور پر معذور بیٹی زین ضیاء سے ملاقات کرانے میں کوئی عار محسوس نہیں ہوتا تھا، جو ہندوستانی فلم اسٹارز بالخصوص شتروگھن سنہا کی زبردست مداح تھی۔ شتروگھن سنہا، ضیاء خاندان کے فیملی فرینڈ بن گئے اور بار بار پاکستان آتے جاتے۔ یہ تعلق جنرل ضیاء کی موت کے بعد بھی جاری رہا۔ (دی ٹربیون: ۴ اگست ۲۰۰۵ء)

قانونی اصلاحات

اس سے پہلے ضیاء الحق کئی جرائم کی قرآن میں دی گئی سزاؤں کے نفاذ کا اعلان کر چکے تھے۔ طویل

تیاریوں اور اسلامی اسکالروں سے مشاورت کے بعد بالآخر حکومت نے ۱۹۷۹ء میں حدود آرڈیننس کا اجرا کر دیا، جس میں زنا کی سزا سنگسار کرنا، ایک سو کوڑے زنا کے جھوٹے الزام کی سزا ۸۰ کوڑے، شراب نوشی کی سزا ۸۰ کوڑے، چوری کی سزا ہاتھ کاٹنا، رہزنی کی سزا ہاتھ اور پاؤں کاٹنا، ڈکیتی قتل کی سزا پھانسی یا سر قلم کرنا مقرر کی گئی۔ (منیر ۱۹۸۰ء؛ ۱۲۴-۳۲)

۱۹۸۰ء میں حدود مقدمات کی سماعت کے لیے وفاقی شریعت کورٹ قائم کی گئی۔ اس عدالت کے فیصلوں کے خلاف سپریم کورٹ کے ۳ مسلمان ججوں پر مشتمل شریعت اپیلٹ بنچ بھی تشکیل دیا گیا۔ (عثمانی ۱۹۹۹ء؛ ۶۸-۷۱) اگرچہ کافی لوگوں کے خلاف حدود آرڈیننس کے تحت مقدمات چلا کر ہاتھ کاٹنے اور سنگسار کرنے کی سزائیں سنائیں گئیں، تاہم اپیلٹ بنچ میں سزاؤں کو قید میں تبدیل کر دیا گیا۔ بین الاقوامی برادری کے دباؤ اور تعلیم یافتہ طبقوں پر مشتمل این جی اوز کے احتجاج نے اعلیٰ عدلیہ کا ذہن تبدیل کرنے میں اہم کردار ادا کیا۔ دوسری طرف شروع شروع میں کئی مجرموں کو ہجوم کے سامنے سرعام کوڑے مارے گئے۔ تاہم بعد ازاں یہ کام عوامی مقامات کی بجائے جیلوں کے اندر کیا گیا۔ البتہ فوجی حکومت خواتین اور غیر مسلموں سے امتیازی سلوک کو ادارہ جاتی شکل دینے پر ڈٹی رہی تاکہ ایک خالص اسلامی قوم وجود میں آسکے۔

خواتین

۱۹۸۰ء میں حکومت کی طرف سے تمام سرکاری دفاتر کو ایک سرکلر جاری کیا گیا، جن میں خواتین ملازمین کے لیے اسلامی طرز لباس پر عملدرآمد یقینی بنانے کی ہدایت کی گئی۔ خواتین کے لیے چادر اوڑھنا لازمی قرار دے دیا گیا۔ فحاشی اور عریانی کی روک تھام کی مہم چلانے کا بھی اعلان کیا گیا۔ تاہم یہ دراصل خواتین کی کھلی آزادی اور ان کے مساوی حقوق کے خلاف مہم بن گئی۔ خواتین پر پابندیوں کو جائز قرار دینے کے لیے سرکاری ٹی وی پر ممتاز شعلہ بیان خواتین اسکالروں کو بلایا گیا۔ اس کے علاوہ حدود آرڈیننس اور شرعی عدالتوں سے اس کی تشریحات کے باعث خواتین کے حقوق اور ان کی قانونی حیثیت پر زبردست زد پڑی۔ مثال کے طور پر خاتون سے زبردستی زیادتی کا قرآن میں ذکر نہیں لیکن مسلمان فقہا نے اسے زنا بالجبر قرار دیا۔ نوآبادیاتی دور کے اینگلو محمڈن کوڈز، جو پاکستان کو ورثے میں ملے، میں بھی زیادتی کے مقدمات میں متاثرہ خاتون کے ثبوت کو تسلیم کیا گیا تھا، جب کہ ضیاء الحق کے آرڈیننس کے تحت متاثرہ خاتون سمیت کسی عورت کی گواہی قابل قبول نہیں۔ زیادتی کی شکار یا زنا کی مرتکب خواتین کو الزام ثابت کرنے کے لیے چار مرد گواہ پیش کرنا لازمی قرار دیا گیا۔ اس کے علاوہ قبل ازیں رائج پاکستان پینل کوڈ (ضابطہ فوجداری) کی دفعہ ۳۷۵ کے تحت ۱۴ سال سے کم بچیوں کو یہ تحفظ دیا گیا تھا کہ ان کی مرضی کے ساتھ جنسی فعل ہونے کے باوجود اسے زیادتی قرار دیا جائے گا، تاہم یہ تحفظ آرڈیننس میں شامل نہیں۔ (مہدی: ۱۹۹۴ء، ۱۲۳) ۱۹۸۴ء میں ایک نیا قانون شہادت منظور کیا گیا، جس کے تحت عدالت میں مالیاتی لین دین کے مقدمات میں خاتون کی گواہی نصف قرار دی گئی۔ (ایضاً ۲۳۱-۲۳۲؛ وائس ۱۹۸۶ء) ایسے اقدامات

کے مضر اثرات یہ مرتب ہوئے کہ خواتین کی قانونی اور سماجی حیثیت انتہائی کمزور ہوگئی۔

حقوق نسواں کی ممتاز علمبردار عاصمہ جہانگیر اور حنا جیلانی بتاتی ہیں کہ ضیاء دور کی ایسی قانون سازی کا نتیجہ یہ نکلا کہ الٹا ان خواتین کو سخت سزائیں دی گئیں جو یہ ثابت کرنے کے لیے مرد گواہ نہ پیش کرسکیں کہ ان کے سامنے دخول کیا گیا تھا۔ (عاصمہ اور حنا جیلانی: ۲۰۰۳ء) ہیومن رائٹس کمیشن آف پاکستان کہتی ہیں کہ ضیا دور کے اسی قانونی اور سماجی جبر کے نتیجے میں خواتین کی ان کے رشتہ داروں یا کرائے کے قاتلوں کے ذریعے ہلاکتوں کے واقعات میں زبردست اضافہ ہوا۔ (انسانی حقوق کی صورت حال: ۱۹۹۱ء-۲۰۰۶ء) جس وقت خواتین کی عمومی حالت بدترین کیفیت میں تھی، اس وقت لاہور، کراچی اور اسلام آباد جیسے بڑے شہروں سے تعلق رکھنے والی تعلیم یافتہ خواتین نے مظاہرے کیے اور خواتین کے خلاف مہم بند کرنے کا مطالبہ کیا۔ خواتین کی ان کوششوں کا کم ہی اثر پڑا۔ (ممتاز اینڈ شہید: ۱۹۸۷ء)

غیر مسلم

۱۹۸۲ء میں ضیاء الحق کی طرف سے توہین مذہب قانون نافذ کرنے کے بعد پاکستان میں غیر مسلموں کے خلاف ماحول ڈرامائی انداز میں جارحانہ ہوگیا۔ اس قانون کے تحت رسول اکرم حضرت محمدؐ یا اسلام کے خلاف توہین آمیز اقدام کو بڑا جرم قرار دیا گیا۔ اس جرم کی زیادہ سے زیادہ سزا عمر قید مقرر رہوئی۔ ۱۹۸۶ء میں سزا کو مزید سخت کرتے ہوئے سزائے موت میں تبدیل کردیا گیا۔ ضابطہ فوجداری کی دفعہ ۲۹۵ سی میں قرار دیا گیا کہ:

> حضور اکرمؐ کی شان اقدس میں زبانی، تحریری، اشاروں کنایوں، بالواسطہ یا بلاواسطہ گستاخی اور حضرت محمدؐ کے مقدس نام کی بے حرمتی کی سزا موت، عمر قید ہوگی اور جرمانہ بھی ہوگا۔ (احمد: ۲۰۳، ۲۰۰۵ء)

اس کے بعد آنے والے برسوں میں مبینہ ملزموں، جن کی اکثریت عیسائیوں کی تھی، کے خلاف اس قانون کا کئی بار استعمال کیا گیا۔ اس کیس کی سماعت کا طریقہ کار نہایت غیر محفوظ اور خامیوں سے بھرپور تھا۔ تقریباً ہر کیس میں ماتحت عدلیہ نے ملزموں کو سخت سزائیں سنائیں۔ البتہ پاکستان کی انسانی حقوق کی تنظیموں، دیگر این جی اوز، مغربی ممالک، اقوام متحدہ اور ایمنسٹی انٹرنیشنل کے احتجاج کے باعث اعلیٰ عدالتوں نے یا تو تکنیکی سقم کی بنیاد پر ملزموں کو بری کردیا یا انھیں مغربی ملکوں میں پناہ لینے کا موقع فراہم کیا۔ بعض اوقات توہین مذہب یا توہین رسالت کے ملزموں کو بے دردی سے قتل کردیا گیا۔ ماورائے عدالت ایسی ہلاکتوں کے مقدمات میں صرف ۲ ملزموں کو سزائیں ملیں۔ چرچوں کو نذر آتش کرنے یا بموں کا نشانہ بنانے کے کئی واقعات ہوچکے ہیں اور عیسائیوں (بالخصوص خواتین) کو جبراً تبدیلیٔ مذہب پر مجبور بھی کیا گیا۔

۱۹۷۴ء میں احمدیوں کو غیر مسلم قرار دینے سے پاکستان کے مذہبی تعصب کا کردار مزید نمایاں ہوگیا۔ ۱۹۸۳-۸۴ء میں احمدی کمیونٹی پر مزید پابندیاں عائد کردی گئیں۔ ان کو عبادت گاہوں کے لیے اسلامی نام

استعمال کرنے سے روک دیا گیا۔ اس کے نتیجے میں احمدیوں کی عبادت گاہوں پر حملوں میں تیزی آ گئی۔ اس کے بعد آنے والے برسوں میں احمدیوں کے خلاف قانون سازی کے نتیجے میں مہلک حملے تیز ہوئے جن میں سینکڑوں اموات واقع ہوئیں۔

۱۹۸۵ء میں اقلیتوں کے لیے جداگانہ طرز انتخاب متعارف کرایا گیا۔ غیر مسلموں کے لیے عام نشستوں پر کھڑے مسلمان امیدواروں کو ووٹ ڈالنے سے روک دیا گیا۔ وہ صرف غیر مسلم امیدواروں کو منتخب کر سکتے تھے۔ اس بارے میں جنرل ضیاء نے یہ عذر تراشا کہ اس طرز انتخاب سے غیر مسلموں کا انتخاب زیادہ بہتر طریقہ سے ہوگا اور وہ زیادہ مؤثر انداز میں قانون سازی کے عمل میں حصہ لے سکیں گے، کیوں کہ عام نشستوں سے الیکشن لڑنے کی صورت میں ان کی کامیابی کے امکانات نہ ہونے کے برابر ہوں گے۔ اس کے برعکس حقیقت یہ تھی کہ سماجی طور پر اس فیصلے کے نتیجے میں پہلے ہی تنہائی کا شکار اقلیتیں مرکزی دھارے کی مسلم قوم سے سیاسی طور پر مزید الگ ہو گئیں۔ ایک مسیحی رہنما اور ۱۹۶۵ء کی جنگ کے ہیرو ایئر فورس کے گروپ کیپٹن سیسل چودھری نے اقلیت مخالف کھلے عام قانون پر 'ڈیفنس جرنل' کے جون ۲۰۰۱ء کے شمارے میں 'اپنے ہیروز کی یاد' کے عنوان سے مایوسی کا اظہار کیا۔ انھوں نے لکھا کہ:

> پاکستان میں ہمارا سیاسی نظام جداگانہ طرز انتخاب کے مذہبی تقسیم کی بنیاد پر استوار ہے...... یہ نظام ضیاء الحق نے ۱۹۸۵ء میں قوم پر مسلط کیا اور پورے ملک کو پانچ مذاہب میں تقسیم کر دیا اور ان میں سے کسی دو مذہبی دھڑوں میں سیاسی تعلقات کار کی اجازت نہیں دی گئی۔ قومی اور صوبائی اسمبلیوں کی نشستوں کی تقسیم اس طرح سے کی گئی کہ مسلمان، مسیحی، ہندو، احمدی اور دیگر مذہبی اقلیتیں صرف اپنے ہم مذہب امیدوار کو ووٹ دے سکتی تھیں یا خود الیکشن لڑ سکتی تھیں۔ اس طرز انتخاب سے معاشرتی ہم آہنگی مکمل طور پر ٹوٹ پھوٹ گئی اور یوں فرقہ واریت کی راہ ہموار ہو گئی ......ایسا سیاسی نظام جس کی جڑیں گہرائی تک مذہب میں پیوست ہوں، اسے پنپنے کی اجازت دی جائے گی تو لازمی بات ہے کہ اس سے ہر گروپ کے درمیان تقسیم بڑھے گی اور مذہبی انتہا پسندی کو تقویت ملے گی، بلکہ مذہب کے نام پر دہشت گردی کو بھی ہوا ملے گی۔ غیر مسلم شہریوں نے جاری لوکل گورنمنٹ کے الیکشن کے پہلے دو مرحلوں کا بائیکاٹ کر کے ثابت کیا ہے کہ وہ جداگانہ طرز انتخاب نہیں چاہتے ...... مجھے یہ کہنے دیں کہ ہندوستان میں انتہا پسند ہندو زیادہ تر عیسائی کمیونٹی کو نشانہ بنا رہے ہیں۔ مجھے یقین ہے کہ یہ صورت حال زیادہ دیر نہیں چلے گی اور ہم دیکھ سکتے ہیں کہ ہندوستان میں بھی معاملات میں بہتری آتی جا رہی ہے......نہایت افسوس کے ساتھ میں یہ تسلیم کرتا ہوں کہ یہاں کوئی موازنہ نہیں کیا جا سکتا۔ ہندوستان نے خود کو سیکولر ملک ثابت کیا ہے اور وہاں پاکستان کے مقابلے میں مذہبی برداشت اور مساوات کی صورت حال کہیں بہتر ہے...... اگر موجودہ حکومت نچلی سطح پر فرقہ واریت کی موجودہ صورت حال برقرار رکھتی ہے تو ہم بطور قوم تباہ

ہو جائیں گے۔ (امین، ۲۰۰۱ء)

سیسل چودھری ذاتی طور پر یہ بھی سمجھتے ہیں کہ انھیں ایئر فورس میں ضیاء دور میں گروپ کیپٹن سے آگے محض اس لیے ترقی نہ دی گئی، کیوں کہ وہ عیسائی تھے۔ بحیثیت مجموعی یہ کہا جا سکتا ہے کہ ضیاء الحق نے اسلامائزیشن کا ایک جامع عمل متعارف کرایا۔ یہ تمام نظریاتی سوچ اور ثقافتی ماحول بنیادی طور پر مذہبی اقلیتوں کے خلاف متعصّبانہ ثابت ہوا۔ اس کے علاوہ انھوں نے اسلامائزیشن کے جو اقدامات متعارف کرائے، ان سے ادارہ جاتی امتیازی سلوک کی اساس فراہم ہوئی۔ یہ رجحان آج تک برقرار ہے، کیوں کہ آنے والی کسی حکومت نے ضیا کے بنائے قوانین تبدیل کرنے کی جرأت نہیں کی۔

فرقہ وارانہ قطبیت

اس وقت تک نہ صرف تمام فرقوں کے سنی بلکہ اثنا عشری شیعہ مکتب فکر کے افراد کو بھی بلا تفریق مسلمان سمجھا جاتا تھا، لیکن ضیاء دور میں کیے گئے اقدامات کے نتیجے میں اس گروہ بندی کی شکستہ صورت حال ابھر کر سامنے آ گئی، کیوں کہ نظریاتی اعتبار سے ضیاء الحق نے دیوبندی فرقے، جب کہ سیاسی طور پر جماعت اسلامی کی سرپرستی کی۔ اس سے دیگر سنی فرقوں اور اہل تشیع میں یہ تشویش پھیل گئی کہ انھیں محروم رکھا جائے گا؛ نہ صرف شیعوں نے اعتراض کیا بلکہ دیوبندی اسکالروں کی حیثیت میں اضافے پر سنی فرقوں نے بھی تحفظات کا اظہار کیا۔ معاشی میدان میں بنکاری کے شعبے میں اصلاحات متعارف کرائی گئیں، چنانچہ 'سود' کی جگہ 'منافع' نے لے لی۔ (احمد: ۲۳۱، ۱۹۹۹ء) مسلمان بنک کھاتہ داروں سے لازمی زکوٰۃ کی کٹوتی شروع کر دی گئی۔ البتہ اہل تشیع نے ضیاء الحق کی حکومت کی سنی نوازہیئت کے باعث زکوٰۃ دینے سے انکار کر دیا۔ شرع میں حکومت نے مطالبہ مسترد کر دیا لیکن اہل تشیع نے ملک گیر احتجاجی مظاہرے شروع کر دیے۔ وہ ہزاروں کی تعداد میں اسلام آباد پہنچ گئے اور وفاقی دارالحکومت کو مفلوج کرنے کی دھمکی دی۔ مظاہرین اور پولیس کے درمیان کئی مقامات پر جھڑپیں ہوئیں، جس سے امن و امان کی صورت حال پیدا ہو گئی۔ ہمسایہ ملک ایران میں آیت اللہ صاحبان کی زیر قیادت ملائیت پر مبنی حکومت کی موجودگی میں انھیں سنی جبر کے خلاف مزاحمت کرنے کا حوصلہ ملا۔ مظاہرین نے پولیس کا سامنا کرنا شروع کر دیا۔ مزاحمت کی اس تحریک سے حکومت اپنی پالیسی تبدیل کرنے پر مجبور ہو گئی اور اہل تشیع کو زکوٰۃ کٹوتی سے مستثنیٰ قرار دے دیا گیا۔ ایک لحاظ سے شیعوں کے باغیانہ رویے سے حادثاتی طور پر پاکستانی ریاست میں سنی شناخت اجاگر کرنے میں مدد کی۔ پاکستان کے آئین میں شیعہ اور سنی کی کوئی تفریق نہیں اور دونوں کو سکہ بند مسلمان قرار دیا گیا ہے، لیکن شیعہ مسلمانوں کی طرف سے زکوٰۃ کٹوتی، جو دراصل غریبوں کی مدد کے لیے ہوتی ہے، کے معاملے کو سیاسی رنگ دینے سے شیعہ سنی خلیج مزید وسیع ہو گئی۔

ایسی سوچ کو ایران اور سعودی عرب کی طرف سے اسلامی دنیا کی قیادت سنبھالنے کی دوڑ سے مزید تقویت ملی۔ دونوں کے پاس تیل کے باعث دولت کی ریل پیل تھی، چنانچہ انھوں نے اپنے اپنے نظریے کی ترویج کے لیے

پوری دنیا میں کوششیں شروع کر دیں۔ پاکستان میں ایسے مقابلے کے نتیجے میں ۱۹۹۰ء کے عشرے میں ملیشیا گروپوں کے درمیان در پردہ جنگ شروع ہوگئی۔ ان گروپوں کو اسلامی بنیاد پرستی کے دونوں بڑے مراکز سے نہ صرف فنڈ بلکہ پروپیگنڈے کا مواد بھی ملا۔ (احمد: ۶-۱۷۷-۸، ۱۹۹۸ء)

تعلیمی اصلاحات

پاکستان میں تعلیم کی 'نظریاتی اساس' کی تلاش کا کام پہلے ہی ۱۹۴۷ء سے شروع ہو چکا تھا۔ اس ضمن میں تعلیم کے شعبے کو اسلامی روپ دینے پر زور دیا گیا، اگرچہ اس وقت اس کی تشریح بنیاد پرستی کی بجائے سماجی جمہوری کلچر کے فروغ کے طور پر کی گئی۔ مذہبی تعلیم کو ترجیح دی گئی۔ اسلام پر زور دینے کا مطلب صوبائیت اور لسانی قوم پرستی کو ناجائز قرار دینا تھا۔ البتہ ضیاء الحق کے برسر اقتدار آنے پر اسلامائزیشن کو بنیاد پرستی کے معنوں میں نہیں لیا گیا۔ (رحمان: ۷-۱۷۱، ۲۰۰۴ء)

اقتدار پر جنرل ضیاء الحق کے طویل عرصے تک براجمان رہنے کے دوران ٹھوس اقدامات کے ساتھ تعلیمی نظام کے ذریعے معاشرے کی گہری نظریاتی تعلیم کے لیے طویل المدت عمل شروع کیا گیا۔ مقصد یہ تھا کہ اسلامی اقدار اور ثقافت کی ترویج کی جائے تاکہ طلبا خود کو اسلامی امہ کا حصہ سمجھیں اور انھیں پوری طرح آگاہی ہو کہ قیام پاکستان کا مقصد آخر کیا تھا اور انھیں اسلام اور پاکستان کا پوری طرح وفادار بنایا جائے۔ (ایضاً ۱۷۷) چنانچہ پرائمری اسکول سے یونیورسٹی تک درسی نصاب کو مکمل طور پر بنیاد پرست خطوط پر اسلامی رنگ دیا گیا۔ پاکستانی درسی نصاب پر اولین تصنیف 'دی مرڈر آف ہسٹری' (۱۹۹۳ء) میں پاکستان کے ممتاز مورخ کے۔کے۔عزیز نے تاریخ، معاشرتی علوم اور مطالعہ پاکستان کے موضوعات پر پرائمری سے یونیورسٹی تک ۶۶ درسی کتابوں کا جائزہ لیتے ہوئے بتایا ہے کہ کس طرح حقائق کو مسخ اور نظریات کو توڑا مروڑا گیا ہے۔ جہاں مسلمان حملہ آوروں اور فاتحین کو مثبت انداز میں پیش کیا گیا، وہاں ہندو مذہب کو ہدف تنقید بنایا گیا۔ اس کے علاوہ پاکستانی فوج کو فاتحانہ روپ دینے پر انتہائی توجہ مرکوز کی گئی۔ یہ دعویٰ کیا گیا کہ ۱۹۶۵ء کی جنگ میں ہندوستانی فوج پاکستان کے ہاتھوں شکست کے دہانے پر تھی اور اس نے اقوام متحدہ سے درخواست کی کہ سیز فائر کرائی جائے۔ (ایضاً: ۱۵۳)

پاکستان دولخت ہونے کی بابت درسی کتابوں میں بنگالیوں کو مورد الزام ٹھہرایا گیا، جب کہ واقعے میں ہندوستان کو بطور ولن پیش کیا گیا۔ اس کے علاوہ جنرل ضیاء الحق کی اسلامائزیشن پالیسی کو قائداعظم کی طرف سے اسلامی ریاست کے قیام کے مبینہ وعدے کی تکمیل کی مخلصانہ کوشش کے طور پر بھی سراہا گیا۔ (ایضاً ۱۵۸) کے۔کے۔عزیز نے لاس ویل کی اس سوچ سے مماثل زبان استعمال کی ہے جس میں 'کنٹرولڈ شہریت' کی بات کی گئی ہے۔ انھوں نے لکھا ہے کہ:

> ایسا لگتا ہے کہ اس کا مقصد ایسی نسل تیار کرنا تھا جس میں یہ خوبیاں ہوں؛ بے ضرر سوالات نہ کرنے والی، اپنی خواہشات کے مطابق خوش کن واہموں کی حامل، آنکھوں پر پٹیاں باندھنے میں

فخر محسوس کرنے والی، اوپر سے ہدایات قبول کرنے کی خواہاں، کسی کے حکم پر پسند یا ناپسند میں خوشی محسوس کرنے والی، اپنے علم میں سقم نظر انداز کرنے کی سوچ کی حامل، تصوراتی عقیدہ بنانے سے لطف اندوز ہونے والی، سچ ماننے کی اونچی قدر پر ایمان۔ (ایضاً: ۱۸۸)

کے۔ کے۔ عزیز کے مطابق، درسی کتابوں کے مواد میں پائے جانے والی بنیادی خواص میں یہ بھی شامل تھا؛ فوج کی حمایت، جنگ میں فتح، ہندوستان سے نفرت۔ (ایضاً: ۹۰۔ ۹۳) عزیز کے دلائل کا لب لباب یہ تھا کہ پاکستانی طلبا کو نفرت کے مذہب سے ہم آہنگ عسکری نظریے religio-militarist ideology سے روشناس کرایا جائے۔ کے۔ کے۔ عزیز نے ۱۹۹۶ء میں مجھے لندن میں بتایا کہ انھیں کئی بار دھمکیاں دی گئیں اور انھیں محسوس ہوا کہ ان کی زندگی خطرے میں ہے۔ کے۔ کے۔ عزیز کے نقش قدم پر چلتے ہوئے کئی اور دانشوروں اور ماہرین تعلیم نے رویوں اور اقدار کی تشکیل کے لیے ایسے نصاب تعلیم کے مضمرات کو اجاگر کیا۔ روبینہ سہگل نے 'تاریخ، معاشرتی علوم اور شہری علوم اور تخلیق دشمناں' کے عنوان سے اپنے مضمون میں بالخصوص درسی کتب میں قومی شناخت کے حوالے سے منفی مضمرات کا احاطہ کیا۔ بیرونی مسلمان حملہ آوروں کی فتوحات اور ہندوستانی مسلمانوں میں علیحدگی پسندی کی تحریک کے عروج کی تاریخ جو بنیادی طور پر ہندوازم، ہندوؤں اور ہندوستان کو لتاڑنے پر مشتمل تھی۔ انھوں نے لکھا ہے کہ:

> پاکستان کی شناخت کی تعبیر کی وجہ بالعموم ہندوستانی عناصر اور بالخصوص ہندو ہیں۔ چونکہ پاکستان دوقومی نظریے کی سیاسی سوچ کی بنا پر وجود میں آیا، جو یہ قرار دیتا ہے کہ ہندو اور مسلمان دو ناقابل مصالحت قومیں ہیں، اس لیے درسی کتابوں کی شناخت زیادہ تر دوقوموں کی کہانی کے گرد گھومتی ہے۔ مؤخر الذکر سوچ نے ہندوؤں کو مطعون کرنے میں بڑا کردار ادا کیا ہے۔ (سہگل: ۱۶۳، ۲۰۰۳ء)

آگے چل کر وہ لکھتی ہیں کہ سیاسی اسلام کے پاکستانی قومی شناخت میں ادغام سے ایک جارحانہ اور مشکوک قسم کی سوچ نے جنم لیا جس میں اسلام اور پاکستان کے اندرونی اور بیرونی دشمنوں کا سراغ لگایا گیا ہے۔ چنانچہ نہ صرف ہندوستان بلکہ مغربی اقوام اور اسرائیل بھی دشمنوں میں شامل ہیں لیکن بہرحال ہندوازم اور ہندوستان ہی مسلمانوں اور پاکستان کے بڑے دشمن اور ان کے لیے خطرہ سمجھے گئے۔ ان درسی کتابوں کے ذریعے جو پیغام دیا جاتا ہے، وہ یہ ہے کہ پاکستان کسی بھی حالات میں ہندوستان کے ساتھ معمول کے تعلقات قائم نہیں کرسکتا۔ (ایضاً: ۱۶۶۔ ۱۶۷) مصنفہ سمجھتی ہیں کہ ضیاء کے بعد کے دور میں پاکستان کی فتح یابی کی جارحانہ سوچ اس خوف میں تبدیل ہوگئی کہ ہندوستان ایک بڑا اور زیادہ بہتر مسلح دشمن ہے جو ہمیشہ پاکستان کو نقصان پہنچانے کے درپے رہتا ہے۔

اس میں کوئی شک نہیں کہ ایسے درسی نصاب کے اثرات گہرے اور دور س ثابت ہوئے۔ یوں مثال کے طور پر اسلام آباد کے 'تھنک ٹینک' ایس ڈی پی آئی سے تعلق رکھنے والے اے ایچ نیر اور احمد سلیم نے ۲۰۰۴ء میں تعلیمی ہائے نصاب پر ایک اہم رپورٹ شائع کی جس کا عنوان تھا، ''ذہانت آمیز نظام شکنی: پاکستان میں نصاب اور

درسی کتب کی صورت حال۔' ان دونوں کے 'جنگ اور فوج کو فتوحات سے ہمکنار کرنا' کے عنوان سے مشترکہ مضمون میں انھوں نے درسی کتابوں میں جہاد، شہادت، غازی، شہید اور دیگر بے شمار الفاظ کی نشان دہی کی ہے۔ (نیر اور سلیم: ۷۹-۹۰، ۲۰۰۴ء)

اس کے بعد ایک ٹی وی مذاکرے کے دوران دائیں بازو سے تعلق رکھنے والے مخالفین نے اے ایچ نیر کو 'قتال' پر تنقید کرنے پر آڑے ہاتھوں لیا۔ ان مخالفین میں سے ایک عطاالحق قاسمی کا مؤقف یہ تھا کہ اگر طلبا میں جہاد اور شہادت کے جذبات پیدا کرنے کی ضرورت نہیں تو پھر قرآن، حدیث اور علامہ اقبال کے افکار شامل کرنے کی بھی ضرورت نہیں۔ بالفاظ دیگر وہ یہ کہنا چاہتے ہیں کہ ہتھیار اٹھانے پر تیار رہنا اسلام کے پیغام کی بنیادی روح ہے۔ ڈشکا سید (Dushka Saiyid) نے بھی اس سے ملتا جلتا نقطۂ نظر اختیار کرتے ہوئے کہا کہ ''بچوں کو جہاد کی تعلیم دینے میں کوئی برائی نہیں۔ اسلام کوئی مسیحیت تو نہیں جس میں درس دیا گیا تھا کہ تھپڑ مارنے والے کی طرف دوسرا گال آگے کردو۔'' انھوں نے اس بات پر حیرت کا اظہار کیا کہ جہاد اگر امریکیوں کے خلاف ہو تو وہ کیسے غلط ہوسکتا ہے؟ اور یہ کہ کیا پاکستانی، ہندوستان کے سامنے لیٹ جائیں؟ انھوں نے کہا کہ مسلمانوں کی تاریخ جہاد سے بھری پڑی ہے اور نبی اکرمؐ نے خود بھی جہاد میں شرکت فرمائی۔ (احمد: ۲۰۰۴ء)

درسی نصاب کے غیر جذباتی تجزیے سے انکشاف ہوتا ہے کہ کے۔ کے۔ عزیز، اے ایچ نیئر اور احمد سلیم تعلیم کا مقصد ایک متوازن اور منطق آمیز ذہن تیار کرنا سمجھتے ہیں، جس میں طلبا ایک لبرل اور کثیر المذاہب معاشرے کا بہترین اور ذمہ دار شہری بن جائیں۔ دوسرے الفاظ میں وہ لوگ جنھوں نے کتابیں تصنیف کیں، ان کا مقصد درسی کتابوں کو استعمال کر کے دوقومی نظریے پر بنیادی منطق کے حوالے سے ذہن کو مزید مستقل بنانا تھا۔ اس نظریے میں جہاں ہندوؤں اور مسلمانوں کو دو الگ قومیں قرار دیا گیا ہے بلکہ اس بات کی نفی کی جاتی ہے کہ ہندوستان تمام مذاہب کا وطن ہے۔ بانئ پاکستان نے خود بھی ہندوؤں اور مسلمانوں میں 'ہم اور وہ' کی خصوصی سوچ کی بنیاد رکھی اور جدوجہد آزادی میں اس مؤقف پر تسلسل کے ساتھ عمل بھی کیا۔ ۱۹۴۰ء میں لاہور میں مسلم لیگ کے سالانہ اجلاس میں صدارتی خطاب میں بھی محمد علی جناح نے نہایت شدومد کے ساتھ ہندوؤں اور مسلمانوں کے درمیان عدم مصالحت کا ذکر کیا۔ (جناح کی تقریریں: ۱۵۱-۱۷۲، ۱۹۶۷ء) اور درسی کتابوں میں ایسی سوچ میں سکہ بند طریقے سے عسکریت شامل کی گئی ہے۔

اسلام پسند سوچ

جنرل ضیاء نے یقیناً محسوس کر لیا تھا کہ ریاست کے دیگر شعبوں میں اسلامائزیشن کا عمل جاری تھا اور فوج کو اسلام پسند ادارے میں تبدیل کیے بغیر معاشرہ نامکمل ہوگا۔ درحقیقت اسلام پسند عسکری ریاست کو یکجا کرنے کا بنیادی ادارہ فوج کو ہونا چاہیے۔ اس ضمن میں بریگیڈیئر ایس۔ کے۔ ملک نے 'جنگ کا قرآنی تصور' (۱۹۷۹ء) کے عنوان سے کتاب لکھی جس میں جنگ اور مسلم تصادم کے فلسفے پر توجہ مرکوز کی گئی ہے جو پاکستان کے فوجی حکمران

اپنے جوانوں کو اسلام پسند جنگجو بنانے کے لیے ان میں پیدا کرنے کے خواہاں تھے۔ کتاب میں جنرل ضیاالحق نے چشم کشا پیش لفظ تحریر کیا ہے، جس کے مطابق:

میں نے یہ چند سطور بریگیڈیئر ایس۔ کے۔ ملک کی کتاب 'جنگ کا قرآنی تصور' کی تعریف کے لیے لکھی ہیں جو فوجیوں اور سویلین افراد کے لیے یکساں اہم ہے۔ جہاد فی سبیل اللہ صرف پیشہ ور فوجی کا مخصوص شعبہ نہیں اور نہ صرف فوج پر اس کا اطلاق ہوتا ہے۔

اس کتاب میں اختصار، سادگی اور واضح انداز میں فوجی طاقت یعنی جہاد کے اطلاق پر قرآنی فلسفے کو بیان کیا گیا ہے۔ مسلم فوج میں پیشہ ور فوجی جو مسلمان ریاست کے مقاصد پر چل رہا ہوتا ہے، وہ اس وقت تک 'پیشہ ور' نہیں بن سکتا جب تک وہ اپنی سرگرمیوں کو اللہ کے رنگ میں نہیں رنگ لیتا۔ (ملک:۱۹۷۹ء)

مصنف نے یہ نکتہ ثابت کرنے کے لیے کئی دلائل دیے ہیں کہ جنگ انسانی فطرت کا خاصہ ہے۔ اس لیے پوری تاریخ انسانی میں معاشروں کا حصہ رہا ہے۔ البتہ قرآن کے تصور جنگ میں علاقے، قومی یا ذاتی مفاد کے لیے لڑائی کی کوئی گنجائش نہیں۔ مولانا مودودی کے مشہور فلسفے کہ دنیا دارالاسلام ہے یا دارالحرب ہے، سے متاثر ہو کر بریگیڈیئر ملک نے زور دیا ہے کہ مسلمانوں کا فرض ہے کہ وہ غیر مسلم دشمنوں کو شکست دیں۔ انھوں نے قرآن کی اس آیت مبارکہ کا حوالہ دیا ہے کہ؛ ''ان کے ساتھ اس وقت تک لڑو جب تک فتنہ یا جبر کا خاتمہ نہ ہو جائے اور انصاف اور اللہ پر ایمان کا ہر طرف بول بالا نہ ہو جائے۔'' (۲۸، ۱۹۷۹ء) انھوں نے تسلیم کیا کہ مشرکین کے ساتھ معاہدے سے امن عارضی طور پر قائم کیا جا سکتا ہے لیکن معاہدے کی خلاف ورزی پر البتہ جنگ کی جا سکتی ہے۔ اس کے علاوہ یہ کہ مشرکین کی طرف سے چاہے معاہدے کی خلاف ورزی نہ کی جائے لیکن اگر اسلامی ریاست کو شبہ ہو کہ کفار غداری کر رہے ہیں تو وہ معاہدہ توڑ سکتی ہے۔ (ایضاً ۳۰) ایسے یہودی اور نصرانی جو جزیہ دینے آمادہ ہوں، وہ اسلامی ریاست کی حفاظت میں آ سکتے ہیں۔ منافقین کے خلاف لڑائی بھی جائز ہے۔ مصنف نے قرآن کے نظریۂ جہاد کو ان الفاظ میں مختصراً بیان کیا ہے کہ؛ ''قصہ مختصر قرآن کے نقطۂ نظر سے جنگ کا مقصد امن، انصاف اور عقیدے کا ماحول پیدا کرنا ہے۔ اس کے لیے ضروری ہے کہ جبر و استبداد کی قوتوں کو کچل دیا جائے۔'' (ملک: ۵۳، ۱۹۷۹ء)

ایسی گنجلک منطق سے یہ بات اخذ کرنا مشکل نہیں کہ مصنف 'امن، انصاف اور عقیدے' کے ماحول کے لیے ضروری سمجھتا ہے کہ پوری دنیا میں اسلامی قانون رائج ہو۔ انھوں نے قرآنی 'اخلاقیات جنگ' کا جائزہ لیتے ہوئے یہ کہا ہے کہ طاقت کے استعمال پر جو پابندیاں اور کنٹرول قرآن مجید نے لگائی ہیں، ان کا کوئی ثانی نہیں۔ (ایضاً ۴۹) ایک اور مقام پر انھوں نے قرآن کی جنگی حکمت عملی کا جائزہ لیتے ہوئے کہا ہے، اگر جنگ پورے جذبے کے ساتھ لڑی جائے تو ہزاروں فرشتوں کی مدد کی شکل میں خدائی امداد یقینی ہے۔ (ایضاً: ۵۵) حضرت محمدؐ کی سپہ سالاری میں لڑی جانے والی دو غزوات کے حوالے دیتے ہوئے بریگیڈیئر ملک کہتے ہیں کہ ''ان تمام مواقع پر

ہم دیکھتے ہیں کہ جب اللہ تعالیٰ اپنے دشمنوں پر غلبہ پانا چاہتا ہو تو وہ ان کے دلوں میں دہشت پیدا کر کے ایسا کرتا ہے۔'' (ایضاً: ۵۷) چنانچہ وہ یہ بھی لکھتے ہیں کہ:

قرآن کی عسکری حکمت عملی ہم سے اس بات کی متقاضی ہے کہ خود کو دشمن کی دہشت سے بچا کر ہم جنگ کے لیے تیار رہیں تا کہ اپنے ظاہری یا پوشیدہ دشمنوں کے دلوں میں دہشت پیدا کر سکیں...... دشمنوں کے دلوں میں خوف پیدا کرنے کا صرف ایک مطلب نہیں بلکہ یہی اپنے اندر انجام ہے۔ جیسے ہی دشمن کے دل میں دہشت پیدا ہونے کا ماحول حاصل کر لیا جائے تو پھر شاید ہی کسی اور مقصد کے حصول کی ضرورت باقی رہ جاتی ہو۔ یہ وہ مقام ہے جہاں مقاصد اور انجام باہم ملتے اور مدغم ہوتے ہیں۔ دہشت کا مطلب صرف دشمن پر فیصلے مسلط کرنا نہیں بلکہ یہ وہ دہشت ہے جو ہم ان پر مسلط کرنا چاہتے ہیں۔ (ایضاً: ۵۸-۵۹)

دشمن کے دلوں میں دہشت پیدا کرنے کے جہاں فوجی میدان میں تیاری کرنا ضروری ہے، وہاں نظریاتی محاذ پر تیاری بھی ضروری ہے۔ نظریاتی تیاری کا مطلب ہے کہ اسلام بالخصوص جہاد پر غیر متزلزل ایمان۔ میدان جنگ یا اسلام کی سربلندی کے کسی مشن کی تکمیل کے دوران جان قربان ہونے کا کوئی خوف نہیں، کیوں کہ اللہ نے اس شہادت پر جنت الفردوس میں مقام عطا کرنے کا وعدہ فرمایا ہے۔ قرآنی آیات مبارکہ کا حوالہ دیتے ہوئے بریگیڈیئر ملک نے اسے اللہ اور مجاہدین کے درمیان ایک 'بارگین' قرار دیا ہے۔ (ایضاً ۱۴۱) اس کتاب کا اختتام جہاد سے متعلق کئی قرآنی آیات پر ہوا ہے۔ (ایضاً: ۱۴۷-۱۵۰)

اس کتاب کے لکھنے کا بظاہر مقصد 'منصفانہ جنگ کا قرآنی نظریہ' پیش کرنا ہے۔ اس کے مطابق مسئلہ یہ ہے کہ جنگ کو ایک جارح کو شکست دینے کے عارضی مظہر کی بجائے غلطی سے ایک مستقل اور مسلسل مظہر کے طور پر سمجھا گیا ہے۔ جنگ کا یہ عمل اسی صورت میں ختم ہوگا جب تمام غیر اسلامی قوتوں کا خاتمہ ہوگا اور اسلامی قانون کے مطابق امن وانصاف پر مبنی عالمگیر نظام قائم ہوگا۔ انھوں نے یہ اہم نکتہ بتایا ہے کہ جنگ کا جو تصور قرآن نے پیش کیا، وہ زیادہ انسانیت دوست اور بامعنی ہے، کیوں جنگ میں خواتین، بچوں، خادمین اور جنگ میں اپنے آقاؤں کے ساتھ آنے والے غلاموں کی بھی جاں بخشی کا حکم دیا گیا ہے۔ اسی طرح نابینا افراد، بھکشوؤں، راہبوں، بوڑھوں، ذہنی اور جسمانی طور پر معذور افراد کو بھی مارنے سے منع فرمایا گیا ہے۔ (ایضاً: ۴۷) ایسی چرب زبانی اور غلط بیانی کی مثالیں پوری کتاب میں جگہ جگہ ملتی ہیں۔ یہ ایک مخصوص اور بے لچک نظریے کو تشویش سے مسخ کر کے شیطانی قوتوں کو شکست دینے اور ان کا صفایا کرنے کے لیے لازمی 'برائی' کے طور پر پیش کیا گیا ہے۔ یہ عصر حاضر میں ایک متروک نظریہ ہو سکتا ہے، کیوں کہ کتاب میں کسی ایک جگہ پر بھی اقوام متحدہ کے چارٹر یا جنیوا کنونشنوں کا حوالہ نہیں دیا گیا۔ اس کے برعکس اس میں بار بار جہاد کی آڑ میں ہتھیار اٹھانے کی بات کی گئی ہے۔

قرآن کے نظریہ جنگ کو پاکستانی فوج کا باضابطہ فلسفہ کبھی نہیں قرار دیا گیا۔ البتہ کمانڈ اینڈ اسٹاف کالج کوئٹہ اور نیشنل ڈیفنس کالج (اب یونیورسٹی) اسلام آباد میں فوجی افسروں کے نصاب میں ایسا مواد پڑھنے کی زبردست

سفارش کی جاتی ہے، چونکہ جنرل ضیاء الحق نے بریگیڈیئر ملک کی اس کتاب کی خود توثیق کی تھی، اس لیے اس کو نہایت سنجیدگی سے لینا چاہیے۔ یہ اندازہ لگانا مشکل ہے کہ کیا یہ ایک ٹھوس فرد جرم ہے یا ہلکی پھلکی منطق کا اظہار ہے۔ یہ کتاب اس دور میں شائع ہوئی جب افغان جہاد شروع ہوا ہی چاہتا تھا اور یقیناً ان عوامل میں سے ایک ہو گا جس کے تحت جہاد کے امریکی اور سعودی اسپانسروں کو بآسانی قائل کیا گیا کہ سوویت یونین کے خلاف مہم میں پاکستانی فوج بڑا آپریشنل چینل ثابت ہو سکتی ہے۔ فوج کو اسلامیانے کے اقدامات سے اختلاف کرنے والی آوازوں کا نیچے ذکر کیا جا رہا ہے۔ ۱۹۶۵ء اور ۱۹۷۱ء کی جنگ میں پاکستان کے خلاف لڑنے والے ہندوستانی فوج کے تاثرات بھی نیچے دیے گئے ہیں۔

میجر (ر) آغا ہمایوں امین

میں نے پاکستان ملٹری اکیڈمی کاکول میں ۳ مئی ۱۹۸۱ء کو بطور کیڈٹ شمولیت اختیار کی تھی اور تربیت مکمل کرنے پر مجھے ۱۷ مارچ ۱۹۸۳ء کو ۱۱ کیولری میں کمیشن دیا گیا۔ اس وقت اکیڈمی میں عربی کا مضمون لازمی قرار دیا جا چکا تھا۔ اکیڈمی میں جن مقررین کو مدعو کیا جاتا تھا، وہ مذہب پر کافی انتہا پسند خیالات رکھتے تھے۔ نماز پڑھنا بھی لازمی تھا۔ مجھے بتایا گیا کہ ۱۹۸۳ء میں جب جنرل ایم ملک اکیڈمی کے کمانڈنٹ تھے تو مذہبی تعلیمات اپنے عروج پر پہنچ گئیں۔ بریگیڈیئر ایس۔کے۔ملک کی کتاب 'Islamic Concept of War' اسٹاف کالج کوئٹہ کے کورس کے شرکا کو پڑھنے کی زبردست سفارش کی جاتی تھی۔ کیریئر کے لحاظ سے سینیئر افسروں کے ساتھ نماز پڑھنے کو اچھی سرمایہ کاری سمجھا جاتا تھا۔ اکثر افسر اپنے سینیئر افسروں کو خوش کرنے کے لیے نماز پڑھا کرتے تھے۔ مجھے یاد ہے کہ کئی آزاد خیال افراد بھی اپنی ترقی کو ذہن نشین رکھتے ہوئے شراب نوشی کے ساتھ ساتھ ایسا طرز عمل اختیار کرتے تھے۔ ۱۹۸۶ء میں نظم الصلوٰۃ مہم کا آغاز کیا گیا۔ اس کا مطلب یہ تھا کئی فوجی یونٹوں کو گھر گھر تبلیغ کے لیے بھیجا گیا۔ ایسی نیکوکاری کے برعکس دسمبر ۱۹۸۶ء میں فوجی یونٹوں کو جنرل ضیا الحق کے اقتدار کے حق میں ریفرنڈم میں 'ہاں' کا ووٹ دلوانے کی ذمہ داری بھی سونپی گئی۔

بحیثیت مجموعی نام نہاد اسلامائزیشن کے عمل سے صرف فوج کا پیشہ ورانہ معیار متاثر ہوا۔ اس کا آغاز کیڈٹوں کی بھرتی کے ساتھ ہی شروع ہو جاتا۔ ضیا الحق نے اہم سول عہدوں پر فوجی افسر لگائے۔ مثال کے طور پر ایڈمرل شریف کو پبلک سروس کمیشن کا چیئرمین لگایا گیا، جن کا مختلف آسامیوں پر بھرتی کے لیے آنے والے امیدواروں سے انٹرویو میں زیادہ زور صرف مذہب پر ہوتا تھا۔ وہ امیدواروں سے کہتے کہ دعائے قنوت سناؤ۔ انھوں نے ٹاپ کرنے والے امیدوار ظفر بخاری کو محض اس لیے ان فِٹ قرار دے دیا کہ انھوں نے بائیں بازو کے فیض احمد فیض کو اپنا

پسندیدہ شاعر لکھ دیا تھا۔

ایک اور فوجی افسر جو اپنا نام صیغہ راز میں رکھنا چاہتا تھا، اس نے مجھے (کتاب کے مصنف) آفیسر میسوں کی اندرونی صورت حال بتائی کہ کس طرح وہاں خوشگوار اور مساوات والے ماحول کی جگہ مذہبی روایات کو فروغ دیا گیا:

بھٹو دور میں آرمی میس کا خشک ماحول بنانے سے پہلے آفیسر میس میں ایسی جگہ ہوتی تھیں جہاں جونیئر اور سینئر فوج افسر آزادانہ طور پر ملتے اور باتیں کرتے تھے۔ لطیفے سنائے جاتے اور شراب نوشی کی جاتی۔ ہم کسی مشکل کے بغیر اپنے سینئر افسروں سے مختلف امور پر اختلاف رائے کرتے اور آزادانہ انداز میں مباحثے ہوتے۔ ڈانس اور موسیقی بھی عام تھے۔ یہ ایک زندگی سے بھرپور ماحول ہوتا جس میں ہم سوشل طریقے سے رہتے تھے۔ یقیناً مذہب کا بھی عمل دخل ہوتا تھا لیکن عمومی قاعدہ یہ تھا کہ مذہب فرد کا انفرادی عمل ہے اور یہ فرد کی اپنی مرضی ہے کہ وہ اپنے طرز زندگی کا انتخاب کرے اور اخلاقیات اور اقدار کو عسکری رنگ دینے کو ناپسند کیا جاتا۔ یہ سب ماحول اسلام پسند تجربات سے صفر ہو کر رہ گیا۔ اب آفیسر میسوں کی دیواریں اور راہداریاں آیات قرآنی سے مزین ہو گئیں اور ہر ہر شخص سے یہ توقع کی جانے لگی کہ وہ ہائی کمان کے حاوی نظریے کے عین مطابق اپنے معاملات چلائے۔ اس کا نتیجہ یہ نکلا کہ پہلے جہاں گرم جوشی اور بے تکلفی کی فضا پائی جاتی تھی، اس کی جگہ تکلف اور اصلاح پسندی نے لے لی۔ بحث و مباحثے کا رجحان عنقا ہو گیا اور اس کی جگہ نفس پر قابو پانے کے طویل خطبوں نے لے لی۔ فوج کے اندر ایسے اقدامات کو امریکیوں کی طرف سے بھرپور پذیرائی ملی۔ نام نہاد افغان جہاد میں جنرل ضیاء اور ان کے مشیروں نے فوج کو اسلام پسند رنگ مزید گہرا کرنے کا کام تیز کر دیا۔ اس دور میں 'نیوز ویک' اور 'ٹائم میگزین' کے سرورق پر جنرل ضیاء کی تصویر شائع کی گئی۔ اس وقت تک امریکہ کی شدید خواہش تھی کہ پاک فوج جہادی ادارے میں تبدیل ہو جائے۔ افسروں سے امید کی جاتی کہ وہ نمازوں کے دوران صفوں میں شامل ہوں۔ ہوسکتا ہے کہ یہ سب بظاہر مساوات کے اصول پر عمل درآمد محسوس ہوتا ہو لیکن حقیقتاً ایسا ہرگز نہیں تھا۔ ایک ساتھ کھڑے ہونے سے عہدے اور مرتبے پر کوئی فرق نہیں پڑتا۔ اس کے برعکس افسروں کو ماتحتوں کے لیے اخلاقیات کی مثال بننا ہوتا ہے۔ اس صورت حال میں حقیقی تقوے کی بجائے منافقانہ رویے نے جگہ لے لی۔

اس سے پہلے مسلح افواج میں مسیحی افراد کو بھی آگے بڑھنے کے مواقع میسر تھے اور انھیں اچھے جنگجو اور محب وطن پاکستانی سمجھا جاتا تھا لیکن اسلامائزیشن کے عمل نے ان کی میسوں میں آنے کی حوصلہ شکنی کی اور پھر ایک وقت آیا کہ انھیں فوج میں کیریئر بنانے سے بالکل روک دیا گیا۔ ہاں البتہ ضیاء الحق نے فوج میں شیعہ اور سنی کی تفریق کرنے کی حوصلہ افزائی کی جرأت نہ کی۔ بہرحال

پاکستانی فوج اسلام پسند لڑاکا فورس بن کر ابھری۔ جہاد افغانستان اسلام پسند قوتوں کی خوش حالی کا ذریعہ بنا جنھیں پھر اسلامی طریقۂ جنگ کے مطابق پنپنے کا موقع فراہم کیا گیا۔ یہ دراصل کوئی اسلامی طریقہ تھا ہی نہیں لیکن اسے چیف اور ان کے حواریوں کی زبردست سرپرستی حاصل ہوئی۔

حد سے زیادہ ہندوستان مخالف رویہ پہلے ہی پاکستان آرمی کی تربیت کا مرکزی نقطہ تھا لیکن جب جنرل ضیاء الحق آرمی چیف اور مارشل لاء ایڈمنسٹریٹر اور صدر بنے تو اسے اسلام کی سربلندی کے لیے لڑنے والی فوج کی تیاری کا جزو لازم سمجھا گیا۔ حقیقت یہ تھی کہ ایسے حالات میں بھی پاکستان اور ہندوستان کی سرحدوں پر تعینات فوجی آپس میں تعلق واسطہ رکھتے تھے۔ ان میں سے کئی فوجیوں کا تعلق انگریز دور کی ایک ہی رجمنٹ سے تھا اور کوئی کوئی ایک ہی گاؤں کے باسی نکل آتے۔ کبھی کبھار تو یہ تعلق اتنا قریب ہو جاتا کہ وہ سرحد کے دوسری طرف گاؤں میں چلا بھی جاتا۔ مجھے یاد ہے کہ ہندوستان کے کچھ فوجی افسر لاہور کی مشہور 'ہیرا منڈی' جانے کے خواہاں تھے اور ہم انھیں مجرا دکھانے وہاں لے گئے۔ اس طرح ہمارے کئی فوجی امرتسر یا قرب و جوار جا کر شراب پیتے اور یہ بھی درست ہے کہ دونوں ایک دم سے ایک دوسرے پر گولیاں چلانا بھی شروع کر دیتے تھے۔ یہ سچ ہے۔

بریگیڈیئر (ر) وجے نائیر

اس بات کی تصدیق ہندوستانی فوج کے بریگیڈیئر وجے نائیر نے میرے ساتھ طویل انٹرویو میں کیا۔ انھوں نے بتایا کہ 'ہمارے خاندان کا بنیادی طور پر تعلق گجرات کے علاقے کنجاہ سے تھا، میں نے ۱۹۶۵ء اور ۱۹۷۱ء میں پاکستان کے خلاف لڑائی میں حصہ لیا۔ معمول کے حالات میں سرحد پر تعینات دونوں طرف کے فوجیوں کے ایک دوسرے کے ساتھ اچھے تعلقات ہوتے ہیں اور ایک دوسرے کا احترام بھی کیا جاتا ہے۔ ہم ایک دوسرے کو اہم مواقع پر مبارک باد بھی دیتے ہیں اور سماجی طور پر منسلک بھی ہوتے ہیں۔ جنگ لڑنا ایک پیشہ ورانہ فرض ہوتا ہے اور ہر کوئی اپنی بہترین عسکری صلاحیتوں کے ساتھ لڑتا ہے۔

[بشکریہ 'پاکستان: عسکری ریاست'، مشعل بکس، لاہور، ۲۰۱۶]

مذہبی انتہا پسندی، عدم رواداری اور مطالعۂ پاکستان

سید جعفر احمد

ڈاکٹر سید جعفر احمد پاکستان کے سماجی علوم کے ایک ممتاز اسکالر ہیں۔ وہ ۱۹۸۴ء سے جنوری ۲۰۱۷ء تک پاکستان اسٹڈی سنٹر، جامعہ کراچی سے وابستہ رہے۔ اس طویل رفاقت کے آخری سترہ برسوں میں وہ ادارے کے ڈائریکٹر کے فرائض بھی انجام دیتے رہے۔ ڈاکٹر سید جعفر احمد نے جامعہ کراچی سے سیاسیات میں ایم اے، مطالعۂ پاکستان میں ایم فل اور برطانیہ کی کیمبرج یونیورسٹی سے سماجی وسیاسی علوم میں پی ایچ ڈی کی ڈگری حاصل کی۔ انھوں نے تاریخ، سیاسیات اور ادب پر مجموعی طور پچیس کتابیں تصنیف اور مرتب کی ہیں۔ انگریزی اور اردو میں شائع ہونے والی ان کی کتابیں اپنی معروضیت اور سائنسی طرزفکر کے حوالے سے ایک نمایاں پہچان رکھتی ہیں۔ ڈاکٹر سید جعفر احمد اپنے علمی اور تحقیقی کاموں کے حوالے سے کئی بین الاقوامی اور ملکی سطح پر منعقد ہونے والی کانفرنسوں میں اپنے مقالات پیش کر چکے ہیں۔

مذہبی انتہا پسندی سے مراد اپنے مذہبی عقائد، اپنے مسلک اور نظام عبادات سے مختلف دیگر عقائد و مسالک اور طرز ہائے عبادت کو حقیر تصور کرنا، ان کے پیروکاروں کو خود سے کمتر سمجھنا اور اپنے مسلک کے مطابق زندگی گزارنے کے ان کے حق کی نفی کرنا ہے۔ مذہبی انتہا پسند افراد نہ صرف دوسرے مذاہب و مسالک اور ان کے پیروکاروں کو تحقیر کی نظر سے دیکھتے ہیں بلکہ ان کی خواہش ہوتی ہے کہ دوسروں پر اپنی بالادستی قائم کریں، ان کو بہر طور اپنے مذہبی و مسلکی دائرے میں لائیں، بصورت دیگر ان کو مجبور کریں کہ وہ دوسرے درجے کے شہری بن کر رہیں۔ مذہبی انتہا پسند دنیا کو اپنے فہم مذہب کے مطابق ڈھال دینا چاہتے ہیں اور اس کو اپنے لیے دنیاوی اور اُخروی نجات کا وسیلہ تصور کرتے ہیں۔ سوچ اور فکر کا یہ انداز عدم رواداری اور عدم برداشت کا سبب بنتا ہے اور معاشرے کو مستقل طور پر فساد اور مبارز آرائی کی نذر کر دیتا ہے۔ بدقسمتی سے عدم رواداری کا یہ رجحان آج ہمارے

معاشرے کا ایک بہت بڑا روگ بن چکا ہے۔

(۱)

عدم رواداری کا رجحان خواہ وہ مذہبی حلقوں میں پایا جاتا ہو یا بین النسلی تعلقات میں کارفرما ہو، وہ مختلف ثقافتوں کے مابین نفرت کا زہر گھول رہا ہو یا سیاسی عناصر کے درمیان آویزش کا وسیلہ بن رہا ہو؛ یہ رجحان ایک سماجی عارضہ ہے جس کی گہری تاریخی، فکری اور سیاسی وجوہات ہیں جن کا ادراک اس رجحان کے تدارک کی راہیں تلاش کرنے والوں کے لیے ضروری ہے۔ اس مضمون میں ہم عدم رواداری کی صرف اس شکل سے گفتگو کو محدود رکھیں گے جو مذہب کے حوالے سے ہمارے معاشرے میں پائی جاتی ہے۔ عدم رواداری کی دیگر شکلیں مثلاً سیاسی عدم رواداری، علاقائی اور طبقاتی عدم رواداری وغیرہ فی الوقت اس مضمون میں زیر بحث نہیں ہیں۔ پاکستانی معاشرے کے تناظر میں عدم رواداری کی بنیادی وجوہات کا مطالعہ کرنے کی کوشش کی جائے تو جو اہم ترین حقائق ہمارے سامنے آتے ہیں، وہ مندرجہ ذیل ہیں:

(۱) مذہبی عدم رواداری کا ایک سبب تو خود ہمارے مذہبی فکری نظام کے اندر پوشیدہ ہے۔ ابتدائی زمانے میں اسلام میں تعبیر وتشریح کو معیوب نہیں سمجھا جاتا تھا بلکہ ایک خاص دائرے میں رہتے ہوئے قرآنی تعلیمات کی تشریح آزادانہ انداز میں ہوتی تھی۔ یونانی افکار سے مسلم معاشروں کے متعارف ہونے کے بعد اس عمل کو اور بھی مہمیز ملی اور نت نئے افکار نے مسلم معاشروں میں جنم لیا لیکن ابتدائی صدیوں کی ان فکری سرگرمیوں کے بعد مسلم فکر جمود کا شکار ہوتی چلی گئی۔ اسی جمود کا نتیجہ ہے کہ ابتدائی ادوار میں جو فقہ ہمارے ہاں وجود میں آئے، خود ان کے پیروکار اپنے فکر اور مسلک سے باہر دیکھنے کو کفر تصور کرنے لگے۔ دوسرے فقہ اور مسلک کے لیے ان کے ہاں فراخ دلی تو کیا، برداشت کا جذبہ بھی پیدا نہ ہوسکا۔

(۲) عدم رواداری کا ایک اہم سبب ہمارے مذہبی حلقوں میں برتری کے زعم اور بالادستی کی خواہش کی شکل میں دیکھا جاسکتا ہے۔ ہمارا مروجہ مذہبی تصور بھی اقتدار کے تصور کے بغیر مکمل نہیں ہوتا اور اقتدار بھی کسی ایک ملک پر نہیں بلکہ ساری دنیا پر۔ ہم نے فرض کرلیا ہے کہ کوئی دور ایسا گزرا تھا جب مسلمانوں کا ساری دنیا پر قبضہ تھا اور یہی مسلمانوں کا دورِ عروج تھا، حالاں کہ ایسا کوئی دور تاریخ میں نہیں گزرا۔ دنیا پر غلبہ حاصل کرنے کا ہمارا رومانس ہم کو آج کی دنیا میں اپنی حقیقت اور اہمیت کا تعین کرنے سے باز رکھتا ہے۔ ہماری خواہش ہے کہ ہم ساری دنیا پر ایک بار پھر قابض ہوجائیں۔ اسی کو ہمارے اکثر مذہبی دانشور اسلام کی نشاۃ ثانیہ قرار دیتے ہیں۔ ہم کیوں دنیا پر قابض ہونا چاہتے ہیں؟ اس کا جواب ہمارے ذہنوں میں یہ بٹھا دیا گیا ہے کہ ایک تو ہم دوسروں سے برتر ہیں اور جملہ اخلاقی اور تہذیبی خوبیاں ہم ہی میں پائی جاتی ہیں۔ باقی دنیا بے راہ رو ہے، اس کی اخلاقی اقدار نہیں ہیں، وہ بھٹک چکی ہے اور اس کو راہ راست پر لانا ہمارا فرض ہے۔ اگر کوئی غیر مسلم دنیا کی خوبیوں کی نشاندہی کرتا ہے، مثلاً مغرب میں سائنس اور سائنسی ایجادات اور دیگر شعبہ ہائے زندگی میں حاصل کی گئی کامیابیوں کی طرف ہماری توجہ مرکوز کی

65
پاکستان میں جمہوریت کا سوال

جاتی ہے تو ہم کو یہ جواب دینے میں دیر نہیں لگتی کہ یہ سب کامیابیاں اور خوبیاں بھی اصل میں ہماری ہی تھیں جو مغرب نے ہم سے حاصل کرلی ہیں۔ ہم ساری دنیا میں اپنے مذہب کے غلبے کو یقینی بنانے کے لیے ممکنہ رکاوٹوں اور مزاحمتوں کو یا تو خاطر میں نہیں لاتے یا پھر ان کو بزورِ شمشیر ختم کر دینے پر آمادہ رہتے ہیں۔ ہمارے مذہبی طبقے نے عام فہم اور سادہ لوح مسلمانوں کے ذہنوں میں یہ بات راسخ کرنے کی کوشش کی ہے کہ جہاد کا واحد مفہوم غیر مسلموں کے خلاف جنگ کرنا اور ان کو مغلوب کرنا ہے۔

(۳) عدم رواداری کا تیسرا سبب یہ ہے کہ ہمارے معاشرے میں اتحاد (unity) کا ایک یکسر غلط تصور ایک عرصے سے پایا جاتا ہے۔ ہمارے ہاں جس چیز کو اتحاد گردانا جاتا ہے، وہ دراصل یکسانیت (uniformity) ہے۔ یقیناً اتحاد ایک مثبت قدر ہے لیکن یہ یکسانیت کے ہم معنی نہیں۔ ہم اس حقیقت کا ادراک نہیں کر سکے ہیں کہ سوچ وفکر کی یکسانیت اول تو ہے ہی ناممکن الحصول اور اگر اس ناممکن کو کسی طرح ممکن بنا بھی دیا جائے تو یہ بڑی حد تک مصنوعی اور غیر فطری ہی رہے گی۔ انسانی معاشرہ ہمیشہ تنوع کا حامل رہا ہے اور اس تنوع کی حوصلہ افزائی ہی سے معاشرہ آگے بڑھتا ہے۔ معاشرے میں اتحاد اس تنوع کے اقرار کے بعد اور اس کی بنیاد پر ہی قائم کیا جا سکتا ہے۔ ہمارے نظامِ فکر کی یہ کجی ہے کہ یہ نظامِ فکر بحیثیت مجموعی تکثیریت یا pluralism کو قبول نہیں کر سکا ہے۔ تہذیب نام ہی تنوع کا ہے اور وہی معاشرے تاریخ میں پنپ پاتے ہیں جو تکثیریت کو قبول کرنے پر آمادہ رہے ہیں۔ اس تکثیریت کو قبول کرنا اور اس کا فروغ ہی معاشرے کو آگے بڑھانے کا وسیلہ بنتا ہے۔ یہ حقیقت ہے کہ کوئی تصور خواہ وہ ایک خاص وقت میں کتنا ہی درست اور صائب کیوں نہ ہو، ہر عہد میں اور ہر مقام پر موزوں ترین تصور نہیں ثابت ہوتا۔ زمان ومکاں کی تبدیلی کے ساتھ خیالات میں بہتری کی گنجائش بھی پیدا ہوتی رہتی ہے اور ہر وہ خیال جو بدلتی ہوئی صورتِ حال میں اپنے اندر بہتری نہیں کر پاتا، جلد دوراز کار ہو جاتا ہے۔ خیالات اور فکر میں ارتقا نہ ہو تو وہ جمود کا شکار ہو جاتے ہیں اور ان پر اصرار کرنے والا دلیل کی زبان میں بات کرنے کے لائق نہیں رہتا۔ اپنی بقا کے لیے یا اپنے مؤقف کی اصابت کو ثابت کرنے کے لیے وہ طاقت کا استعمال کرنے پر مجبور ہوتا ہے اور یوں انتہا پسندی کی راہ پر قدم رکھ دیتا ہے۔

(۴) تاریخی اعتبار سے دیکھیں تو ہمارے معاشرے نے ملوکیتوں کے زیرِ سایہ اپنا بیشتر سفر طے کیا ہے۔ ان ملوکیتوں کے خاتمے پر ہمارے معاشرے کی طنابیں ایک ایسے استعمار کے ہاتھوں میں چلی گئیں جو اپنے یہاں تو عہدِ وسطیٰ کا طوق جمود توڑ کر آزاد خیالی اور جمہوریت کی شاہراہ پر قدم بڑھا رہا تھا مگر ہمارے ہاں اس نے اسی قدر اصولِ نمائندگی، سیلف رُول اور خود مختاری کی اجازت دی جتنی ایک غلام قوم کو تہِ دام رکھنے کے لیے اس کو مطلوب تھی۔ یہی نہیں بلکہ ہمارے ہاں اس استعمار نے ایک ایسی دیہی اور شہری اشرافیہ کی تخلیق کی اور وہ انتظامی وانضباطی ادارے تشکیل دیے جنھوں نے نوآبادیاتی نظام کے تسلسل کو یقینی بنایا۔ یہی اشرافیہ اور سِول اور ملٹری بیوروکریسی کے ادارے آزادی کے بعد ہمارے معاشرے کے کرتا دھرتا بنے۔ انھوں نے ہی ریاستی اداروں میں تفوق حاصل کیا اور یہی ریاستی پالیسیوں کے محرک بنے۔ جب ریاستی ادارے خود جمہوریت کی روح سے عاری ہوں

بلکہ جمہوریت سے خائف اور اس کے خلاف ہر حد تک جانے پر آمادہ ہوں تو وہ معاشرے میں آزادئ خیال اور افکار کی رنگا رنگی کی حوصلہ افزائی کس طرح کر سکتے ہیں۔ پاکستان میں آزادئ فکر و نظر اور آزادئ اظہار پر اکثر و بیشتر قدغنیں لگی رہی ہیں لیکن اس سلسلے میں جنرل ضیاء الحق کی گیارہ سالہ دور اقتدار میں جبر کے جن ذرائع کو استعمال کیا گیا، ان کی مثال اس سے پہلے کے ادوار میں بھی مفقود تھی۔ ضیاء الحق نے آمرانہ فوجی اقتدار کو استحکام فراہم کرنے (legitimisation) کے لیے اسلام کے نعرے پر انحصار کیا اور پاکستانی قوم کو مذہب کے حوالے سے تقسیم در تقسیم کے اس عمل سے دوچار کیا جس نے بعد کے برسوں میں ہمارے قومی وجود کو لرزہ براندام کر کے رکھ دیا۔ ملک میں فرقہ پرستی کو فروغ حاصل ہوا، مذہبی اور فرقہ پرست جماعتیں جدید ترین اسلحے سے لیس ہوئیں، انھوں نے اپنے پریس لگائے اور نفرت کو فروغ دینے والے لٹریچر کی بھرمار کر دی گئی۔ نتیجہ یہ نکلا کہ ان تشدد پسند تنظیموں نے پورے معاشرے کو یرغمال بنا لیا۔ وہ بڑے دھڑلے کے ساتھ ایک دوسرے کے لیڈروں کو قتل کرتی رہیں، ایک دوسرے کی مذہبی عبادت گاہوں پر حملہ آور ہوتی رہیں۔ غرض انھوں نے ریاست کے اندر اپنی ایک ریاست بنا لی۔

آج پاکستان میں جس متعصب اور متشدد مذہبیت کا دور دورہ ہے، ماضی قریب میں اس کا اہم ترین سبب جنرل ضیاء الحق کے دور اقتدار کی پالیسیوں میں دیکھا جا سکتا ہے۔

(۵) پاکستان کے حوالے سے ایک اضافی وجہ عدم رواداری کی یہ ہے کہ ہمارا قومی وجود تقسیم ہند کا مرہون منت ہے۔ تقسیم سے قبل ہمارا موقف یہ تھا کہ ہم ہندوؤں کے مقابل ایک علیحدہ قوم ہیں، لہٰذا ہم ایک الگ ملک حاصل کرنا چاہتے ہیں۔ قیام پاکستان سے قبل کی تاریخ کا معروضی نظر سے جائزہ لیں تو صاف نظر آتا ہے کہ قائد اعظم اور مسلم لیگ تقریباً آخر وقت تک ایک ایسے آئینی دروبست کے لیے کوشاں رہے جس میں ہندوستان کے مسلمانوں کو قابل اعتبار تحفظات حاصل ہوتے، مسلمان ایک مستقل اقلیت (Perennial Minority) بن کر ہندو اکثریت کے رحم و کرم پر رہنے پر مجبور نہ ہو جاتے اور مسلم اکثریتی صوبوں کو قابل ذکر خود مختاری حاصل ہوتی۔ مسلم لیگ اور قائد اعظم کی ان کوششوں کو کانگریس کی بلا شرکت غیرے بالادستی کی خواہش، اس کے مضبوط مرکز سے ہندوستان کو کنٹرول کرنے کے ارادے اور اقلیتوں کو موزوں ترین تحفظات فراہم کرنے پر آمادہ نہ ہونے کی وجہ سے ناکامی سے دوچار ہونا پڑا اور تقسیم ہند کے مطالبے کے علاوہ مسلمانوں کے لیے کوئی راستہ باقی نہ بچا۔ اس تناظر میں دو قومی نظریہ دراصل مسلمان اقلیت کا اپنے سیاسی حقوق کے تحفظ کا نظریہ تھا جو متحدہ ہندوستان میں ثمر بار نہ ہو سکا تو علیحدہ وطن کے قیام کا جواز قرار پایا۔ قائد اعظم اور مسلم لیگ کے لیے دو قومی نظریہ کوئی مذہبی تصور یا ایمانیات کا حصہ نہیں تھا بلکہ یہ ان کے نزدیک ہندوستان کے مخصوص حالات کے تناظر میں ایک سیاسی نظریہ اور سیاسی تدبیر کی حیثیت رکھتا تھا۔ قیام پاکستان پر اس سیاسی نظریے کی بھی تکمیل ہو گئی۔ قیام پاکستان کے بعد اس نظریے پر اصرار کا مطلب یہ ہوتا کہ ہم اپنے ملک میں ایک قوم کی نشوونما کے بجائے از سر نو ایک سے زائد قوموں کی تخم ریزی کرتے جو مستقل آویزش اور ممکنہ طور پر تقسیم در تقسیم پر منتج ہوتی۔ قائد اعظم نے اپنی گیارہ اگست ۱۹۴۷ء کی تقریر میں اسی

امکان کے سد باب کے لیے پاکستان میں ایک ایسی متحدہ قوم کو وجود میں لانے کے عزم کا اظہار کیا جو اپنے انفرادی مذہبی میلانات سے قطع نظر ریاست اور قانون کی نظروں میں یکساں حقوق کی حامل ہوتی۔

(۶) مذہبی عدم رواداری کو ہمارے سماجی نظام کے تضادات اور ہمارے طبقاتی نظام نے بھی فروغ دیا ہے۔ دیہی علاقوں کے پسماندہ لوگ غربت اور بے روزگاری کے ہاتھوں تنگ آ کر شہروں کا رخ کرتے ہیں۔ شہروں کی تیز رفتار زندگی سے نامانوس ہونے اور میڈیا کے ذریعے پھیلنے والے غیر ملکی کلچر کے مقابل وہ خود کو اجنبی اور احساس بیگانگی سے دوچار پاتے ہیں۔ یہی نہیں بلکہ معاشرے کے متمول طبقات سے وابستہ افراد ان پسماندہ لوگوں کو حقارت کی نگاہ سے دیکھتے ہیں۔ ان عوامل کے نتیجے میں یہ لوگ اپنے روایتی خیالات اور مسلک میں پناہ لیتے ہیں۔ ہمارے ہاں یہ رجحان نظر انداز نہیں کیا جا سکتا کہ یہ دیہی علاقوں سے اکھڑے ہوئے لوگ ہی ہیں جو بالعموم فرقہ پرست تنظیموں کے لیے اثاثہ ثابت ہوتے ہیں۔

(۲)

مندرجہ بالا اسباب کے زیر اثر ہمارے ہاں مذہبی عصبیت، عدم رواداری اور فرقہ وارانہ ذہنیت کو فروغ دینے کے لیے جن عناصر نے وسیلے کا کردار ادا کیا ہے، ان میں ہمارے پریس کا ایک بڑا حصہ، ہمارے بیشتر مذہبی لیڈر، فرقہ پرست تنظیمیں، ریاستی ادارے اور شاید سب سے افسوس ناک طور پر ہمارا نظام تعلیم شامل ہیں۔

نظام تعلیم میں کلیدی حیثیت نصاب کو حاصل ہوتی ہے۔ بد قسمتی سے ہمارا نصاف ارفع انسانی اقدار سے محروم ہے۔ بجائے طالب علموں کو مثبت، تعمیری اور روشن خیال 'ورلڈ ویو' دینے کے، ہمارا نصاب ان کو رجعت پسند بنانے کا موجب بن رہا ہے۔ خاص طور سے مذہبی حوالے سے ہمارا نصاب اسلام کی روشن خیال، انسان دوست اور صلح کل کی اقدار کو طالب علموں سے پوشیدہ رکھ کر ان کو ایک جھوٹے احساس تفاخر اور ایک جارحیت پسندانہ ذہن فراہم کرنے کا ذریعہ بن رہا ہے۔ جن مضامین کے ذریعے یہ سوچ زیادہ بھرپور طور پر راسخ کی جاتی ہے، وہ معاشرتی علوم، تاریخ، اسلامیات اور مطالعۂ پاکستان کے مضامین ہیں۔ یہاں ہم مطالعۂ پاکستان کے نصاب کے اہم تر رجحانات کا جائزہ لینے کی کوشش کریں گے۔

پاکستان کے مطالعے پر مشتمل ایک نئے مضمون کی ضرورت کا احساس ۱۹۷۰ء کے عشرے میں ہوا۔ سقوط مشرقی پاکستان کے بعد پاکستان کے قیام اور تشخص کے حوالے سے ملک اور بیرون ملک علمی اور صحافتی حلقوں میں ایک بحث کا آغاز ہوا جس کے بعد ہماری حکومت کے عمائدین نے پاکستان کی تاریخی اساس اور اس کے ہم عصر سماجی واقتصادی اور سیاسی رجحانات کو اجاگر کرنے کے لیے ایک علیحدہ مضمون کی حیثیت سے 'مطالعۂ پاکستان' کو متعارف کرانے کا ارادہ کیا۔ ۱۹۷۶ء میں پارلیمنٹ نے پاکستان اسٹڈی سینٹرز کے قیام کا ایکٹ منظور کیا جس کا مقصد جامعات میں مطالعۂ پاکستان کے تحقیقی مراکز قائم کرنا تھا۔ ۱۹۸۰ء میں جنرل ضیاء الحق کی حکومت نے مطالعۂ پاکستان کو نویں جماعت سے گریجویشن کی سطح تک ایک لازمی مضمون کی حیثیت دے دی۔ اس سے قبل ایوب خان کے زمانے میں تاریخ کے مضمونوں کو اسکولوں میں ختم کر کے معاشرتی علوم کا مضمون متعارف کیا گیا تھا۔ مطالعۂ

پاکستان میں جمہوریت کا سوال

پاکستان کے متعارف ہونے کے بعد پہلی جماعت سے آٹھویں جماعت تک مشرقی علوم اور نویں سے گریجویشن تک مطالعۂ پاکستان لازمی مضامین کے طور پر پڑھائے جاتے ہیں۔ دونوں مضامین میں موضوعات کی غیر معمولی تکرار پائی جاتی ہے۔

دیگر مضامین کی طرح مطالعۂ پاکستان کا نصاب بھی سرکاری سطح پر طے کیا جاتا ہے۔ وفاقی حکومت میں وزارت تعلیم کا ایک علیحدہ شعبہ کریکیولرونگ کے نام سے کام کرتا ہے جو نصاب کو کنٹرول کرتا ہے، جب کہ چاروں صوبوں میں ٹیکسٹ بک بورڈ بھی موجود ہیں جن کا کام بظاہر نصاب کی تدوین ہی ہے مگر یہ بورڈ مرکزی حکومت کی ہدایات ہی کی روشنی میں نصاب کو مرتب کرتے ہیں۔ کیوں کہ نصاب سازی کا بنیادی کام مرکز میں ہوتا ہے، لہٰذا صوبائی ٹیکسٹ بک بورڈ کی حیثیت بڑی حد تک نصابی کتابیں چھاپنے والے پبلشر سے زیادہ کی نہیں ہے۔ گریجویشن کی سطح کا نصاب مرکزی حکومت کی ہدایات کی روشنی میں مختلف یونیورسٹیاں تیار کرتی ہیں۔ اس عمل میں یونیورسٹی گرانٹس کمیشن بھی ہدایت کنندہ کی حیثیت سے ایک کردار کا حامل رہا ہے۔

دنیا کے مختلف ممالک میں یونیورسٹیوں کی سطح پر ایریا اسٹڈی سینٹرز کام کرتے ہیں جو دنیا کے مختلف خطوں اور ممالک کے بارے میں تحقیقات کا اختصاص رکھتے ہیں۔ ان سینٹرز میں متعلقہ خطوں اور ممالک کے اقتصادی و سیاسی نظاموں، ان کے سماجی دروبست، ثقافت، زبانوں، آرٹ اور ادب کا مطالعہ کیا جاتا ہے۔ ان سینٹرز کی تحقیقات اپنی گہرائی اور گیرائی کی وجہ سے پالیسی سازوں کے لیے بنیادی مواد کی حیثیت رکھتی ہیں۔ مطالعۂ پاکستان کا مضمون بھی اگر ایک ہمہ گیر (multi-disciplinary) مضمون کی حیثیت سے تیار کیا جاتا ہے اور اس میں پاکستان کے قیام کی معروضی تاریخ کے علاوہ آزادی کے بعد کی سیاسی تاریخ، معاشرتی ارتقا، اقتصادی نظام، ثقافت، تہذیب و ادب اور زبانوں کے اشتراک سے ایک مربوط مضمون تیار کیا جاتا تو یہ کارآمد مضمون ثابت ہوتا۔ ابتدائی جماعتوں میں اس مضمون کی تدریس کے بعد اعلیٰ مدارج میں اس مضمون میں تخصیص (specialisation) طالب علم کو پاکستان کے مختلف شعبہ ہائے زندگی میں مؤثر طور پر کوئی کردار ادا کرنے کا اہل بنا سکتی تھی مگر ایسا نہیں ہو سکا اور پاکستان اسٹڈیز ایک بہت ہی محدود، بے روح اور تکرار کا حامل مضمون بن کر رہ گیا جس میں طالب علم کے لیے دلچسپی کا کوئی سامان نہیں پایا جاتا اور طالب علم بالعموم اس مضمون کو ایک ناگزیر مصیبت کے طور پر پڑھتے ہیں، کیوں کہ لازمی مضمون ہونے کے ناتے اس میں پاس ہونا ان کے لیے ضروری ہوتا ہے۔

(۳)

نویں جماعت سے گریجویشن کی سطح تک چھ برسوں میں طالب علم کو جو مطالعۂ پاکستان پڑھایا جاتا ہے، اس میں چند مخصوص موضوعات پر زیادہ زور (thrust) نمایاں طور پر دیکھا جا سکتا ہے۔ اسی طرح اس نصاب کا تانا بانا چند ایسے داعیوں (claims) کے ذریعے بنا گیا ہے جو محل نظر ہیں اور عقل سلیم اور تاریخ جن کی توثیق نہیں کرتی۔ ذیل میں ہم مطالعۂ پاکستان کے ان پہلوؤں کو بیان کرتے ہیں:

(۱) مطالعۂ پاکستان کا بڑا حصہ ہم عصر پاکستانی زندگی اور مسائل کے بجائے قیام پاکستان کی تاریخ پر مشتمل ہے۔ یہ تاریخ بھی کسی اعتبار سے معروضی تاریخ نہیں ہے اور اس میں تقسیم ہند سے قبل کی سیاسی اور آئینی جدوجہد کے اصل تناظر کو بیان نہیں کیا جاتا۔ اس کے برعکس یہ انتہائی یک طرفہ، ناقابل دفاع اور غیر معروضی انداز میں مرتب کردہ تاریخ ہے۔ مطالعۂ پاکستان میں اس مخصوص تاریخ کو سب سے زیادہ جگہ دی گئی ہے۔ اس ضمن میں یہ بات بھی قابل ذکر ہے کہ نویں سے بارہویں جماعت تک کے مطالعۂ پاکستان کے نصاب میں موضوعات کے حوالے سے پھر کسی حد تک توازن پایا جاتا ہے اور تاریخ کے علاوہ پاکستان کے کلچر، زبانوں، اقتصادی منصوبہ بندی اور عالمی برادری سے پاکستان کے تعلقات کے بارے میں بُرے بھلے چند ابواب ضرور شامل نصاب ہیں لیکن گریجویشن کی سطح پر یونیورسٹیوں کے منظور کردہ نصاب کی روشنی میں لکھی گئی بیسیوں کتابوں کے اندر جو موضوعات جگہ پاتے ہیں، وہ غیر معمولی طور پر غیر متوازن ہیں۔ مثلاً ڈگری کلاسوں کے لیے لکھی گئی ایک کتاب میں ۹ میں سے پانچ ابواب قیام پاکستان سے قبل کی تاریخ پر مشتمل ہیں، ایک باب قیام پاکستان کے وقت کے مسائل کا احاطہ کرتا ہے، ایک باب پاکستان میں اسلامی نظام کے قیام کے اقدامات کی تفصیلات بتاتا ہے، ایک باب میں پاکستان کی علاقائی خصوصیات، جب کہ ایک اور باب میں مسلم دنیا کے ساتھ پاکستان کے تعلقات کا ذکر کیا گیا ہے۔ (۱) اس طرح اس کتاب میں یا تو قیام پاکستان سے قبل کی تاریخ یا قیام پاکستان کے بعد ملک میں اسلامی نظام اور عالم اسلام سے پاکستان کے تعلق کو موضوع بنایا گیا ہے۔ پوری کتاب میں پاکستان کی ۵۴ سالہ سیاسی تاریخ کا کوئی ذکر نہیں ہے اور اگر کوئی ذکر ہے تو وہ ایک اسلامی دستور بنانے کی کوششوں یا مختلف دساتیر کی اسلامی دفعات کے ذکر تک محدود ہے۔

(۲) مطالعۂ پاکستان میں قیام پاکستان سے قبل کی تاریخ جس پیرائے میں بیان کی گئی ہے، وہ بھی تاریخ نویسی کے اصولوں سے انحراف کی آئینہ دار ہے اور تاریخ سے زیادہ ایک نظریاتی مقدمے کی حیثیت رکھتی ہے۔ اس تاریخ کا آغاز محمد بن قاسم سے ہوتا ہے اور محمد بن قاسم سے قبل پاکستانی علاقوں میں کیا سماجی اور سیاسی رجحانات تھے، کس قسم کی ثقافت کا دور دورہ تھا، عام باشندوں کے طرز فکر و احساس کی کیا صورت تھی، ان تمام امور سے نصاب کے مرتبین کو کوئی دلچسپی نہیں۔ محمد بن قاسم کے بعد بھی یہ تاریخ قائداعظم محمد علی جناح تک کسی ناقدانہ نقطۂ نظر سے حالات و واقعات کو نہیں دیکھتی بلکہ اس نے اس پورے عرصے کو دو حصوں میں تقسیم کر دیا ہے؛ ایک مسلمان اور دوسرا ہندو۔ دلچسپ بات یہ ہے کہ تمام مسلمان معروف شخصیات کی صف میں بادشاہ، علما، مشائخ، شاعر، ادیب، مصلح، سیاست دان؛ غرض سب بغیر کسی تخصیص کے ایک نکتے پر مرتکز نظر آتے ہیں اور وہ مسلم قومیت کا نکتہ ہے اور پھر کم و بیش سب افراد تحریک پاکستان کے نظریاتی اور عملی رہنماؤں میں شامل دکھائے گئے ہیں۔ چنانچہ شاہ ولی اللہ، شاہ عبدالعزیز، مولانا اشرف علی تھانوی، احمد رضا بریلوی؛ سب کے سب تحریک پاکستان کے فکری رہنماؤں کی صف میں کھڑے نظر آتے ہیں۔ یہی نہیں بلکہ بی ایڈ کی تدریس مطالعۂ پاکستان کی کتاب مولانا الطاف حسین حالی کے حوالے سے لکھتی ہے؛ ''تیسرے دور کے علما میں جو تحریک پاکستان میں نمایاں کردار ادا کرنے میں تخصیص

رکھتے ہیں، ان میں اولین نام مولانا الطاف حسین حالی کا کہا جا سکتا ہے۔" (۲) دلچسپ بات یہ ہے کہ حالی سے متعلق اس بیان کے بعد مصنف نے کہیں بھی حالی کی تحریک پاکستان میں خدمات کے بارے میں ایک جملہ تک درج نہیں کیا۔ وہ ایسا کر بھی کیسے سکتے تھے، جب کہ مولانا حالی تحریک پاکستان سے برسہا برس پہلے وفات پا چکے تھے۔ اسی طرح اسی کتاب میں مولانا اشرف علی تھانوی کو بھی تحریک پاکستان کے علما اور مشائخ میں شامل کیا گیا ہے لیکن مصنف اس ضمن میں جو زیادہ سے زیادہ بات کہہ سکے ہیں وہ یہ ہے کہ: "۱۹۲۸ء میں مولانا عبدالماجد دریا آبادی نے تھانہ بھون میں مولانا تھانوی سے ملاقات کی اور وہاں ان سے جو گفتگو سنی، اس کی روشنی میں مولانا دریا آبادی نے یہ رائے قائم کی کہ مولانا اشرف علی تھانوی ایک خطہ میں اسلامی حکومت کے قیام کے خواہش مند تھے جہاں احکام شریعت کی پابندی ہو، نظام زکوٰۃ جاری ہو اور شرعی عدالتیں ہوں۔ (۳) اس بیان سے یہ نتیجہ کیوں کر اخذ کیا جا سکتا ہے کہ مولانا تھانوی پاکستان کی تحریک میں شامل تھے جو مذکورہ گفتگو کے برسوں بعد شروع ہوئی؟

(۳) مطالعۂ پاکستان میں پیش کردہ تقسیم سے قبل کی تاریخ کا ایک اہم دعویٰ یہ ہے کہ مسلمان ایک برتر قوم ہیں اور ہندو ایک کمتر قوم۔ ہندوؤں اور مسلمانوں کا موازنہ کچھ اس طرح سے کیا جاتا ہے کہ ایک جانب ہندو معاشرے کی خرابیاں، خاص طور سے اس میں ذات پات کے نظام کی نشاندہی کی جاتی ہے اور پھر اس کا موازنہ اسلام کے ارفع اصولوں سے کیا جاتا ہے۔ گویا موازنہ ایک قوم کے افراد کا دوسری قوم کے مذہب کے ساتھ کر کے نتائج اخذ کیے جاتے ہیں۔ اس تاریخ میں کہیں بھی ہندو معاشرے کا موازنہ مسلم معاشرے کے ساتھ نہیں کیا جاتا، کیوں کہ اگر ایسا کیا جائے تو مسلمان معاشرے کی بے شمار قباحتیں اور اس کے تضادات بھی سامنے آ سکتے ہیں۔ خود ہندوستان کے اندر مسلمانوں میں ایرانی اور غیر ایرانی کی کشمکش، شیعہ سنی اختلافات اور علاقائی تضادات، مسلمانوں کی سیاسی تاریخ کے قابل ذکر عوامل رہے ہیں۔ مگر مسلم معاشرے کا کوئی تنقیدی جائزہ ہمارے تاریخ کے نصاب میں نظر نہیں آتا۔

(۴) مطالعۂ پاکستان میں پیش کردہ نصاب میں مسلمانوں کے زوال کا اہم سبب ہندوؤں سے ان کے میل جول کو بتایا گیا ہے۔ میل جول یا social interaction کے بارے میں کوئی بھی صائب الذہن شخص یہی کہے گا کہ یہ ایک مثبت عمل ہے جس سے افکار و خیالات کی تطہیر ہوتی ہے۔ رد و قبول کے نتیجے میں خیالات نکھرتے ہیں، افراد کو ایک دوسرے سے استفادے کا موقع ملتا ہے اور یوں معاشرے میں بہتری کی صورت پیدا ہوتی ہے لیکن ہمارے تاریخ نویس مسلمانوں کے دوسرے لوگوں کے ساتھ روابط کو ان کے زوال کا سبب تصور کرتے ہیں اور ان کا خیال ہے کہ اس ارتباط کے نتیجے میں مسلمان اپنے جوہر خاص (purity) سے محروم ہو گئے، چنانچہ ڈگری کلاسوں کے مطالعۂ پاکستان کی ایک کتاب میں ہم کو یہ عبارت پڑھنے کو ملتی ہے:

> دراصل ہندوستان میں مسلم معاشرے کے زوال کا سبب آسمانی ضابطۂ حیات سے انحراف کرنا ہے۔ مسلمانوں کی رہنمائی اسلام کے ہاتھ میں ہے، اس رہنمائی سے انحراف تباہی و ہلاکت کا سبب ہے۔ اس ضمن میں اکبر نے نہایت غلط راستہ اختیار کیا، اس نے ہندومت اور اسلام کے

اصولوں کو یکجا کر کے دین الٰہی کا ڈھونگ رچایا جس کا نتیجہ یہ ہوا کہ ہندووانہ رسم و رواج اسلامی طریقوں اور رسوم میں داخل ہو گیا۔ مثلاً اکبر نے عورتوں کو آزادی دی اور پردے کا رواج ختم کر دیا۔ مسلمانوں کو ہندوؤں کی عورتوں سے شادی کرنے کی عام اجازت دے دی گئی، اس طرح مسلمان صراط مستقیم سے ہٹتے چلے گئے۔ ان میں ذوق ایمانی اور ذوق قرآنی نہ رہا۔ نتیجہ یہ ہوا کہ ان کے اخلاق پست ہو گئے اور رقص و سرود میں اس قدر محو ہوئے کہ ان پر زوال کے گھٹا ٹوپ اندھیرے چھا گئے۔ (۴)

یہ تو ہندوؤں کے مسلمانوں پر اثر انداز ہونے کا دعویٰ اور اس سے اخذ کردہ نتیجہ تھا؛ مطالعۂ پاکستان کی ایک اور کتاب میں اسلام کے ہندوؤں پر اثر انداز ہونے کو بھی مسلمانوں کے لیے نقصان کا باعث قرار دیا گیا ہے۔ چنانچہ بی ایڈ کی کتاب کے مصنف لکھتے ہیں:

اسلام کے ورود کے بعد ہندوؤں کے ہاں مذہبی افکار میں بعض ایسی نمایاں تبدیلیاں ہوئیں جو براہ راست اسلام کے اثرات کا نتیجہ دکھائی دیتی ہیں۔ مسلمانوں کے ہاتھوں شمالی ہند کی تسخیر کے بعد یہ اثرات گہرے ہوتے گئے جس کا اظہار مسلمانوں کے مذہبی افکار کی بدولت ہندوؤں کے مذہبی افکار میں از سر نو تازگی پیدا ہونے کی صورت میں ہوا۔ علاوہ ازیں اس کا اظہار ایسے ہندو مفکرین اور فرقوں کی نمود سے بھی ہوا جو مختلف درجوں میں اسلام کے قریب ہوئے۔ اس چیز نے مقامی آبادی کے قبول اسلام کی رفتار کو بھی بری طرح متاثر کیا، کیوں کہ اسلام کی جو خصوصیات عوام کو اس کی طرف کھینچ سکتی تھیں، وہ ان فرقوں نے اپنے اندر سمو لیں۔ وحدت پرستی، غیر طبقاتی معاشرے کا قیام اور ایک ذات معین پر ایمان ایسی امتیازی صفات تھیں جن کی تبلیغ ہندو مذہبی ریفارمر بھی کرتے تھے۔ ان تصورات کو جس حد تک (ہندو معاشرے نے) اپنے اندر جذب کیا اور اس کا بڑی شد و مد کے ساتھ اظہار کیا گیا کہ ہندومت اور اسلام میں کوئی فرق نہیں ہے۔ مسلمانوں کے نقطۂ نظر سے سوچ کا یہ انداز بہت خطرناک تھا، کیوں کہ اس کے ماننے سے اسلام کی یکسانیت کو نقصان پہنچتا تھا اور ہندومت میں مسلمانوں کے جذب ہونے کا راستہ ہموار ہوتا تھا۔ اس تصور کی کامیابی کا اندازہ اس سے لگایا جا سکتا ہے کہ بعض ہندو لوگوں کے چیلوں میں مسلمان بھی شامل ہو گئے۔ اکبر کا دین الٰہی بھی انھی تصورات کی پیداوار تھا۔ دوسرے نتائج کے علاوہ اس کا ایک نتیجہ یہ بھی ہوا کہ مسلمانوں کے اندر اپنے دینی شعائر پر عمل کرنے کے بارے میں سستی پیدا ہو گئی۔ (۵)

(۵) مطالعۂ پاکستان کی کم و بیش سبھی کتابوں میں مسلمانوں کے زوال کا اہم سبب ہندوؤں اور انگریزوں کی ان کے خلاف سازشوں کو قرار دیا گیا ہے مگر کسی کتاب میں کسی ایک سازش کی بھی واضح تفصیلات اور ٹھوس ثبوت فراہم نہیں کیے گئے ہیں، محض واقعات کی تعبیروں اور تشریحوں کے ذریعے مبینہ سازشوں کا موقف وضع کر لیا گیا

ہے۔ چنانچہ ڈگری کلاسوں کی پاکستان اسٹڈیز کی ایک کتاب میں یہ دعویٰ کیا گیا ہے:

'After the War of Independence, 1857, the Muslims were the target of despise, hatred and evil designs by the Hindus and their paymasters, the British.' (6)

[ترجمہ: ۱۸۵۷ء کی جنگ آزادی کے بعد مسلمان، ہندوؤں اور ان کے برطانوی آقاؤں کی عداوت، نفرت اور معاندانہ عزائم کا ہدف بن گئے۔]

اسی طرح ایک دوسری کتاب میں ہندوؤں اور مرہٹوں اور سکھوں کی مبینہ سازشوں کا ذکر ہے جو مصنف کے خیال میں مسلمانوں کے زوال کا سبب بنیں۔ مصنف ایک جگہ لکھتے ہیں:

ہندوستان میں ہندوؤں، مرہٹوں اور سکھوں نے ہمیشہ مسلمانوں کے خلاف کام کیا۔ ان پر مسلمانوں کی رواداری، حسن سلوک اور نوازش و اکرام کا کوئی اثر نہ ہوا۔ وہ ہر وقت موقع کی تلاش میں رہتے تھے اور مواقع پاتے ہی سازشیں شروع کر دیتے تھے۔

پنجاب میں سکھ ریشہ دوانیوں میں مصروف رہے، جس کے نتیجے میں راجہ رنجیت سنگھ اپنی حکومت بنانے میں کامیاب ہو گیا۔ اس کے علاوہ مغلیہ دور میں ہندوؤں کو بڑے بڑے عہدے دیے گئے۔ اس طرح ہندو سلطنت کے راز سے واقف رہے اور وقت آنے پر وہ بیدار ہو گئے۔ پس اس طرح ہندوستان میں مسلم معاشرہ دم توڑتا رہا۔ (۷)

یہی مصنف آگے چل کر لکھتے ہیں:

سلطنت بنگال اور سلطنت میسور کو ختم کرنے کے بعد انگریزوں نے پنجاب، سندھ اور شمالی ہندوستان میں سازشیں شروع کیں اور رفتہ رفتہ تمام علاقوں کو مفلوج کر کے رکھ دیا۔ (۸)

ایک اور مقام پر مصنف 'انگریز اور ہندوؤں کی ساز باز' کے عنوان سے لکھتے ہیں:

مغلیہ دور میں ہندوؤں کو اعلیٰ عہدے دیے گئے۔ اکبر نے ہندو عورتوں سے شادی کا رواج ڈال دیا، اس طرح ہندو مسلمان حکمرانوں کے رازوں سے واقف ہوتے گئے اور مسلمان حکمران کی کمزوریاں ان پر عیاں ہوتی رہیں۔ انگریز چونکہ بڑے شاطر و عیار تھے، انھوں نے ہندوؤں سے ساز باز کر لی تاکہ وہ ہندوستان میں برطانوی راج کے قیام کو یقینی بنا سکیں۔ ہندو بھی مسلمانوں سے خائف تھے...... ہندوؤں نے ہندوستان میں برطانوی راج کے قیام میں بھرپور تعاون کیا۔ (۹)

(۲) مسلمانوں کے زوال کا ایک اور سبب ہمارے نصاب کی کتابوں میں مسلمانوں میں جذبۂ جہاد کے ختم ہو جانے کو قرار دیا گیا ہے۔ یہاں جذبۂ جہاد سے ہمارے مصنفین کی مراد اپنے نفس کے منفی میلانات کے خلاف جدوجہد نہیں ہے، نہ ہی اس سے ان کی مراد معاشرے میں موجود انسانیت سوز رویوں اور انسانیت کش نظاموں

کے خلاف آواز اٹھانا ہے بلکہ جہاد سے ان کی مراد غیر مسلموں کے خلاف مسلمانوں کی عسکری کارروائیوں سے ہے، چنانچہ نویں اور دسویں جماعتوں کے لیے شائع کردہ سندھ ٹیکسٹ بک بورڈ کی مطالعۂ پاکستان کی کتاب اس ضمن میں یہ پیغام دیتی ہے:

> جذبۂ جہاد جو مسلم حکومتوں کی طاقت کا اصل سرچشمہ تھا، ختم ہو گیا، لہٰذا فوجی طاقت ختم ہو گئی، کاہلی اور آرام طلبی نے فوجی صلاحیتوں کو مات کر دیا تھا۔(۱۰)

(۷) مطالعۂ پاکستان کی کتابوں میں جس تاریخ نویسی کا مظاہرہ کیا گیا ہے، اس کی رو سے تحریک آزادی صرف مسلمانوں نے چلائی تھی اور اس میں دوسرے مذاہب کے ماننے والوں کا کوئی کردار نہیں تھا۔ یہی نہیں، بلکہ ایک عمومی تاثر جو اس نصاب میں دیا جاتا ہے، وہ یہ ہے کہ دیگر مذاہب کے ماننے والے سب کے سب انگریز کے ہم نوا تھے۔ چنانچہ ۱۸۵۷ء کا واقعہ ہو یا جلیانوالہ باغ کا المیہ، یا پھر ہندوستان میں آئینی اصلاحات کے لیے کی جانے والی طویل جدوجہد، ان سب میں مسلمانوں کے علاوہ جن دیگر لوگوں نے حصہ لیا، ان سب کے کردار کا اعتراف مطالعۂ پاکستان کے مصنفین کے یہاں نہیں پایا جاتا اور اگر بامر مجبوری کسی ایک آدھ واقعے میں کسی غیر مسلم کے کردار کا اعتراف کرنا بھی پڑے تو اس کو بھی بالعموم بدظنی کی نظروں کے ساتھ دیکھا جاتا ہے۔ انگریزی اقتدار کے زمانے میں مسلمانوں کے علاوہ ہزاروں لاکھوں ہندوؤں، سکھوں اور دیگر مذاہب کے ماننے والوں پر عرصۂ حیات تنگ کیا گیا، ان کو جو سزائیں دی گئیں، ان سب کا احاطہ بھی ہمارے نصاب میں نہیں کیا جاتا۔

(۸) مطالعۂ پاکستان کا نصاب خود تحریک پاکستان کو بھی ایک ارتقائی عمل کے طور پر پیش کرنے کے بجائے پہلے سے طے شدہ ایک منزل کی طرف سفر کے طور پر پیش کرتا ہے، جس کی رو سے ۱۴ اگست ۱۹۴۷ء کو پاکستان کا قیام گویا آغاز ہی سے طے شدہ تھا اور مسلم لیگ اور قائداعظم کی ساری مساعی اس ہدف تک پہنچنے کی مساعی تھیں۔ اس طرز فکر کو اختیار کرنے کا نتیجہ ہے کہ قیام پاکستان سے قبل کا سارا سیاسی و آئینی ارتقا بے معنی ٹھہرتا ہے اور ہمارے رہنماؤں کی کاوشیں ثانوی حیثیت کی حامل قرار پاتی ہیں، کیوں کہ اس طرز فکر کی رو سے ان رہنماؤں کا ہونا یا نہ ہونا برابر تھا اور پاکستان کو تو بہرحال ایک خاص تاریخ کو وجود میں آنا ہی تھا۔ دلچسپ بات یہ ہے کہ تاریخ پاکستان کے حوالے سے اس قسم کی موشگافیاں چند انفرادی کوششوں کی حیثیت نہیں رکھتیں بلکہ باقاعدہ طور پر حکومتی سطح پر تسلیم کردہ نصابی کتابوں میں ان کو جگہ دی جاتی ہے۔

(۹) تاریخ کے بعد جو دوسرا اہم حصہ مطالعۂ پاکستان کے نصاب میں شامل ہے، وہ دراصل اسلامیات یا اس سے متعلق موضوعات ہیں۔ مثلاً نویں اور دسویں جماعت کے لیے سندھ ٹیکسٹ بک بورڈ کی شائع کردہ مطالعۂ پاکستان کی کتاب میں جو پہلا باب 'اساس پاکستان' کے نام سے درج ہے، اس کے ذیلی موضوعات یہ ہیں:

> مسلم معاشرے کی اساس، اسلام میں حاکمیت کا اعلیٰ تصور، اسلامی طرز زندگی کے رہنما اصول (توحید، رسالت، نماز، روزہ، زکوٰۃ، حج، عقیدہ آخرت، جہاد) وغیرہ وغیرہ۔

اسی طرح انٹرمیڈیٹ اور سینئر کیمبرج کے لیے لکھی گئی محمد اکرام ربانی اور منور علی سید کی کتاب An

Introduction to Pakistan Studies کی رو سے قیام پاکستان کے مقاصد حسب ذیل تھے:

(۱) اللہ تعالیٰ کے اقتدار اعلیٰ کا نفاذ

(۲) اسلامی جمہوریت کا قیام

(۳) مسلمانوں کے امیج اور شناخت کی بحالی وغیرہ وغیرہ۔(۱۱)

اسی کتاب میں ایک باب حکومت کی اسلامائزیشن کی کوششوں پر ہے جس میں حدود آرڈیننس، قذف آرڈیننس، زکوٰۃ وعشر آرڈیننس وغیرہ کے علاوہ دیگر ان اقدامات کا ذکر ہے جو ضیاء حکومت نے کیے۔(۱۲)

ایک اور مصنف اپنی مرتب کردہ مطالعۂ پاکستان کی کتاب میں جنرل ضیاء الحق کے نفاذ اسلام کے اقدامات کا یوں تذکرہ کرتے ہیں:

> Despite the objectives as re-layed by the Objective Resolution and the bodies of succeeding Constitution of Pakistan, no serious attempt was made by any Government, Civil or Military, to carry out or implement those objectives or to convert them into substance or reality. It fell to the lot of General Mohammad Zia-ul-Haq not only to start the process of Islamisation in the country after three decades of its establishment but also to push it up with incredible speed and his reward is that he is succeeding on the path which others were afraid or wary to tread. (13)
>
> [ترجمہ: قرارداد مقاصد اور بعد میں آنے والے دساتیر میں مقاصد کے طے کردیے جانے کے باوجود کسی بھی سول یا ملٹری حکومت نے ان کی تکمیل اور ان مقاصد کو حقیقت کا جامہ پہنانے کے لیے کوئی سنجیدہ کوشش نہیں کی۔ یہ اعزاز جنرل محمد ضیاالحق کے حصے میں آیا کہ انھوں نے نہ صرف ملک کے قیام کے تین عشروں کے بعد اسلامائزیشن کا عمل شروع کیا بلکہ اس کو زبردست رفتار کے ساتھ آگے بڑھایا اور ان کا انعام یہ ہے کہ وہ اس راہ پر کامیابی سے گزر رہے ہیں جس پر دوسرے چلتے ہوئے گھبراتے ہوئے یا متذبذب رہتے تھے۔]

یہ بات دلچسپی سے خالی نہیں کہ مطالعۂ پاکستان میں اسلام سے متعلق جو طویل حصے شامل کیے گئے ہیں، وہ بھی زیادہ تر اسلامی حکومت کے قیام، اس ضمن میں عوام کی ذمہ داریوں اور مختلف حکومتوں کے اقدامات ہی کا احاطہ کرتے ہیں۔ ان میں اسلام کے ان پہلوؤں کا تذکرہ یا تو آتا ہی نہیں ہے یا پھر بہت سرسری طور پر آتا ہے جن کا تعلق حقوق سے ہے، جن میں ظالم حکمرانوں کے خلاف مزاحمت کا پیغام دیا گیا ہے، حقوق العباد کی تعلیم ہے یا رواداری اور دوسرے مذاہب کے ماننے والوں کو 'تم کو تمھاری راہ، ہم کو ہماری راہ' کا پیغام دیا گیا ہے۔

(۱۰) مطالعۂ پاکستان کی کتابوں میں اسلام کا جو تصور پیش کیا گیا ہے، وہ بھی بڑی حد تک ملوکیتوں کا ہم نوا

اور فوجی آمریتوں کا حدی خواں ہے۔ اس میں ایک آدھ کے سوا ہر وہ حکمران محترم قرار پاتا ہے جو مسلمان تھا۔ ان حکمرانوں کی ایک دوسرے کے خلاف سازشیں، ان کی جاہ طلبی، محلاتی ریشہ دوانیاں، ان کی رعایا کے ساتھ بدسلوکیاں، اقتدار میں آنے کے لیے ہر جائز و ناجائز حربے کا استعمال، یہ تمام پہلو ہمارے مصنفین کو غور و فکر پر مجبور نہیں کرتے بلکہ وہ ملوکیتوں کو ان کے مسلم تشخص کی رو سے سراہتے بھی ہیں اور ان کا ذکر پاکستان کے نظریاتی اثاثے کے طور پر کرتے ہیں۔ بعض مصنفین اس ملوکیتی عہد کے اس قدر اسیر ہیں کہ وہ خود اپنے عہد کے سب سے غالب رجحان یعنی جمہوریت اور جمہور کے حق حکمرانی کو ذرہ برابر اہمیت نہیں دیتے بلکہ بعض صورتوں میں تو اس کی مذمت بھی کرتے ہیں۔ چنانچہ بی ایڈ کی سطح پر پڑھائی جانے والی مطالعۂ پاکستان کی کتاب میں جمہوریت کی بابت یہ رائے قائم کی گئی ہے کہ:

> اسلام کے نظام شورائیت اور مغرب کی جمہوریت میں ایک اور بنیادی اختلاف یہ ہے کہ اسلام کے نظام شورائیت میں صرف صاحب رائے اور متقی لوگوں سے رائے لی جائے گی، جب کہ مغرب کے نظام میں 'One Man One Vote' کے اصول کے تحت تمام لوگوں سے بلاتمیز کردار وعلم کے رائے لی جائے گی اور ہر شخص کی رائے کا وزن برابر ہوتا ہے۔ یہ چیز انصاف کے اصولوں کے برعکس ہے، کیوں کہ اس طرح معاشرہ میں اگر جہلا اور غنڈوں کی اکثریت ہے تو ان کی مرضی شرفا اور علما پر حاوی ہو جاتی ہے۔ (۱۴)

(۱۱) مطالعۂ پاکستان کے مختلف اسباق کا جائزہ لیں تو اندازہ ہوتا ہے کہ پاکستان کوئی ایسا ملک ہے جو ۷۱۲ء سے ۱۹۴۷ء تک کے ایک طویل اسلامی جہاد کے بعد وجود میں آیا اور پھر ۱۹۴۷ء کے بعد اس ملک کو اسلام کا قلعہ بنانے کے لیے چند نیک اطوار حکومتوں نے بھرپور کوششیں کیں اور اس کو ایسا قلعہ بنا بھی دیا۔ اس پورے مطالعے میں ماضی مسخ شدہ ہے اور حال غائب۔ گزشتہ ۵۴ برسوں میں پاکستان جن سیاسی مراحل سے گزرا ہے، ہمارے ہاں کس کس طرح حکومتیں بنتی اور ٹوٹتی رہی ہیں، سیاسی عمل کس طرح رک رک کر چلتا اور چل چل کر رکتا رہا ہے، فوجی آمریتیں کس طرح ملک کی تاریخ کے آدھے سے زیادہ عرصے میں اقتدار پر قابض رہی ہیں، پاکستان کے شہری کن دشواریوں سے دوچار ہیں، ملک میں صوبائی حقوق کی صورت حال کیا ہے، گزشتہ ۵۴ برسوں میں مختلف صوبوں میں اپنے حقوق کے لیے کوئی تحریکیں اٹھی ہیں یا نہیں، پاکستان کا ایک عام شہری اپنی بقا کے لیے کس طور جدوجہد کر رہا ہے، ملک میں گزشتہ پانچ عشروں میں کیا سماجی تبدیلیاں واقع ہوئی ہیں، پاکستان میں شہری و دیہی زندگی کا تفاوت کیا معنی رکھتا ہے، ہمارے ہاں ادب، شاعری اور فنون میں کیا تجربے ہوئے ہیں، پاکستان کی موسیقی میں کس طور اظہار ذات ہوا ہے، یہ تمام موضوعات نویں سے بی اے تک کے مطالعۂ پاکستان کے نصاب میں شاید ہی نظر آئیں۔ اس نصاب میں حقائق پر پردہ ڈالنے کی جو حکمت عملی اختیار کی گئی ہے، اس کا نتیجہ ہے کہ آج پاکستان میں وہ نسل بھی پروان چڑھ چکی ہے جس کو ۱۹۷۱ء میں مشرقی بنگال کی پاکستان سے علیحدگی اور ۱۹۰۵ء میں تقسیم بنگال کا فرق معلوم نہیں ہے۔ سقوط مشرقی پاکستان کا واقعہ ہمارے ہاں بی اے کے طالب علم بھی بھول سکتے

ہیں، اگر مطالعۂ پاکستان کی کتاب کی ورق گردانی کرتے وقت وہ چار پانچ سطریں ان کی نظر سے اوجھل ہو جائیں جن میں اس واقعے کا ذکر کیا گیا ہے۔ بی ایڈ کا نصاب ان اساتذہ کے لیے تیار کیا جاتا ہے جنھوں نے بعد میں اسکولوں میں تدریس کے فرائض سرانجام دینے ہوتے ہیں لیکن خود ایک بی ایڈ کے طالب علم کو سقوط مشرقی پاکستان کے متعلق کیا تعلیم دی جاتی ہے، اس کا اندازہ اس جماعت کے لیے شائع کردہ مطالعۂ پاکستان کے اس اقتباس سے ہوسکتا ہے:

> مشرقی پاکستان کے لوگ پہلے ہی مغربی پاکستان کے خلاف نفرت کے جذبات رکھتے تھے اور یحییٰ خان کے اس اعلان (تین مارچ کو قومی اسمبلی کے طلب کردہ اجلاس کی منسوخی) نے جلتی پر تیل کا کام کیا۔ چنانچہ اس اعلان کے فوراً بعد مشرقی پاکستان میں ہنگامہ آرائی شروع ہوگئی...... یہ صورت حال شر پسند عناصر کے لیے مددگار تھی، انھوں نے عوام کو مغربی پاکستان کے خلاف خوب بھڑکایا...... حالات قابو سے باہر ہوگئے تو یحییٰ خان نے فوج کو کاروائی کرنے کا حکم دیا۔ فوج نے ایک ماہ کے مختصر عرصے میں مشرقی پاکستان کے ہر حصے کو باغیوں اور تخریب کاروں سے تقریباً صاف کردیا۔ اس کاروائی کے دوران بہت سے ہندو بھارت چلے گئے...... بھارت نے پچاس ہزار گوریلوں کو تربیت دے کر مکتی باہنی قائم کردی...... بالآخر نومبر ۱۹۷۱ء میں بھارتی فوج نے مشرقی پاکستان پر بھرپور حملہ کردیا اور ۱۶ دسمبر کو مشرقی پاکستان بھارت کے قبضے میں چلا گیا۔(۱۵)

اس اقتباس کو پڑھ کر ان نام نہاد ماہرین تعلیم اور اساتذہ کرام جنھوں نے اس کتاب کو مدون کیا ہے، ان کی دیدہ دلیری کی داد دیے بغیر نہیں رہا جاسکتا کہ انھوں نے چند سطروں میں ایک عظیم المیے کو کس طرح سے نمٹا دیا ہے اور وہ بھی اس طرح کہ اس کی ایک ایک سطر میں غلط بیانی اور جھوٹ چھپا ہوا ہے۔ اس میں مشرقی پاکستان کے بحران کو بہت ہی سادہ سی چیز بنا کر پیش کیا گیا ہے اور آغاز ہی اس بات سے کیا جارہا ہے کہ مشرقی پاکستان کے لوگ پہلے ہی سے مغربی پاکستان کے لوگوں سے نفرت رکھتے تھے۔ گویا وہ کوئی پاگل لوگ تھے جن کو بلاوجہ مغربی پاکستان سے نفرت ہوگئی تھی۔ مشرقی پاکستانی عوام تحریک پاکستان میں پیش پیش تھے اور انھوں نے آزادی کے لیے کسی سے کم قربانیاں نہیں دی تھیں۔ اگر اس کے باوجود قیام پاکستان کے بعد مشرقی پاکستان میں رائے عامہ مغربی پاکستان کے خلاف ہوتی چلی گئی تو یقیناً اس کے کچھ اسباب ہوں گے مگر اس نفرت کے پیچھے کوئی اسباب و عوامل کتاب کے فاضل مدیروں کو نظر نہیں آتے۔ مصنفین کے خیال میں یحییٰ خان کا ۳ مارچ کا اعلان بھی ایسی ہی کوئی معمولی سی چیز تھا جو بجائے خود اتنی بھی اہمیت کا حامل نہیں تھا کہ مصنفین اس کی وضاحت کی زحمت گوارا کرتے۔ اس 'بیچارے معمولی سے' اعلان نے البتہ ان کے خیال میں جلتی پر تیل کا کام کردیا اور مشرقی پاکستان میں ہنگامہ آرائی شروع ہوگئی۔ مصنفین میں اتنی اخلاقی جرأت نہیں تھی کہ وہ واضح طور سے لکھتے کہ دسمبر ۱۹۷۰ء کے انتخابات میں مشرقی پاکستان کی عوامی لیگ نے دستور ساز اسمبلی (جسے بعد میں قانون ساز اسمبلی بن جانا تھا) کی تین

سو میں سے ایک سو باسٹھ نشستیں جیت کو واضح اکثریت حاصل کر لی تھی اور یہ کہ جنرل یحییٰ خان نے بہت تاخیر کے بعد قومی اسمبلی کا اجلاس ۳ مارچ کو طلب کیا تھا اور پھر یہ کہ اکثریتی جماعت سے پوچھے بغیر اس اجلاس کو بھی غیر معینہ مدت کے لیے ملتوی کر دیا گیا۔ مصنفین کو یہ تو نظر آتا ہے کہ اس اعلان کے نتیجے میں مشرقی پاکستان میں ہنگامے پھوٹ پڑے مگر وہ یہ نہیں بتاتے کہ ان ہنگاموں کے اسباب کس نے پیدا کیے؟ مصنفین کو شکایت ہے کہ شر پسندوں نے ان حالات سے فائدہ اٹھایا اور عوام کو مغربی پاکستان کے خلاف خوب بھڑکایا جیسے مشرقی پاکستان عوام خود تو کچھ نہیں دیکھ رہے تھے اور مغربی پاکستانی سِول اور ملٹری بیورو کریسی ان کے خلاف جن ریشہ دوانیوں میں تیئس چوبیس سال سے مصروف تھی، وہ بھی ان کی نظروں سے اوجھل تھیں۔ ان کو تو بس چند شر پسندوں نے ورغلا دیا اور پھر حالات اتنے خراب کروا دیے کہ 'بیچارے' جنرل یحییٰ خان کو فوجی کارروائی کرنے کا حکم دینا پڑا اور فوج نے ''ایک ماہ کی مختصر مدت میں مشرقی پاکستان کے ہر حصے کو باغیوں اور تخریب کاروں سے تقریباً صاف کر دیا۔'' یہ جملہ پڑھتے وقت تو یہ احساس ہوتا ہے کہ یہ سقوط مشرقی پاکستان کے تیس سال بعد نصاب کی کتاب میں درج ہونے والا ایک جملہ نہیں ہے بلکہ ۱۹۷۱ء کے پاکستانی ریڈیو کے کسی نیوز بلیٹن کا ایک جملہ ہے۔ مصنفین کا یہ خیال تو اور بھی ہوشربا ہے کہ ''اس کارروائی کے دوران بہت سے ہندو بھارت چلے گئے۔'' حالاں کہ 'یہ بہت سے ہندو' اس وقت عالمی ذرائع ابلاغ کے اندازوں کے مطابق کئی لاکھ افراد تھے جن کی واضح اکثریت مسلمانوں پر مشتمل تھی۔ مشرقی پاکستان سے ہندوستان جانے والے مہاجرین کی تعداد بیس لاکھ تو خود جنرل یحییٰ خان کی فوجی انتظامیہ نے بھی تسلیم کر لی تھی۔ (۱۶) مصنفین اس 'سادہ سی' کہانی کا اختتام یوں کرتے ہیں کہ بس پھر ''نومبر ۱۹۷۱ء میں بھارتی فوج نے پاکستان پر حملہ کر دیا اور ۱۶ دسمبر کو مشرقی پاکستان بھارت کے قبضے میں چلا گیا۔'' مصنفین پاکستانی طالب علموں کو نہیں بتاتے کہ مشرقی پاکستان میں پاکستانی فوج کے شروع کیے ہوئے فوجی آپریشن کی مزاحمت میں خود بنگالیوں نے کس طرح بڑھ چڑھ کر حصہ لیا اور نومبر میں پاکستانی فوج کے خلاف حملہ آور ہونے والی ہندوستانی فوج بھی بنگالی تارکین وطن پر مشتمل مکتی باہنی کے ساتھ مل کر حملہ آور ہوئی تھی۔ مصنفین ان تفصیلات کو بھی پردۂ اخفا میں رکھتے ہیں کہ آخر ہندوستان ہماری فوج پر غالب کیوں کر آ گیا۔ ہماری افواج شکست سے دوچار کیوں ہو گئیں اور خود اس جنگ میں بنگالی عوام کا کردار کیا رہا؟ وہ ہماری فوج کی مدد کو کیوں نہیں آئے؟ حالاں کہ یہ کتاب کے مصنفین کے نقطۂ نظر سے خود مشرقی پاکستانی عوام کا دفاع کر رہی تھی۔ پھر مصنفین کے اس تجاہل عارفانہ کو کیا کہا جائے کہ وہ یہ رائے ظاہر کر رہے ہیں کہ '۱۶ دسمبر کو مشرقی پاکستان بھارت کے قبضے میں چلا گیا''، ان کو کون بتائے کہ اس روز بنگلہ دیش ایک الگ ملک کی حیثیت سے آزاد ہوا تھا اور یہ کہ 'بھارت کے قبضے میں' چلے جانے والے مشرقی پاکستان کو گزشتہ تیس برسوں سے خود ہم بھی ایک آزاد ملک کی حیثیت سے قبول کیے ہوئے ہیں اور اس سے ہمارے سفارتی تعلقات قائم ہیں۔

مطالعۂ پاکستان میں قیام پاکستان سے قبل کی تاریخ اور اس کے بعد ۵۴ سال کی مدت میں سے جن جن چیزوں کو منتخب کر کے طالب علموں کو پڑھایا جاتا ہے، وہ ان کو ایک روشن خیال اور راست فکر انسان بنانا تو بہت دور

کی بات ہے، ایک نارمل انسان بھی بنانے سے معذور ہیں۔ اس ساری صورت حال میں واحد اچھی بات یہ ہے کہ ہمارے طالب علموں کی اکثریت مطالعۂ پاکستان کو دلچسپی سے نہیں پڑھتی۔ وہ اس کے حوالے سے بیزاری کا رویہ رکھتی ہے۔ جو لوگ بوجوہ اس مواد کو سنجیدگی سے قبول کرتے ہیں، وہ زندگی کے بارے میں اور اپنے گردوپیش کے حوالے سے کسی مثبت طرزِ فکر کے حامل نہیں بن پاتے۔ وہ تعصب میں گرفتار رہتے ہیں، ان کو ہر وقت ساری دنیا اپنے خلاف سازشیں کرتی ہوئی نظر آتی ہے، وہ اپنے تئیں دنیا جہان کی اچھائیوں اور خوبیوں کے حامل ہوتے ہیں۔ ان کا بس نہیں چلتا کہ ساری دنیا میں اپنے مذہب کا جھنڈا گاڑنے کے لیے نکل کھڑے ہوں۔ وہ اپنے اس ذہن کے ساتھ فرقہ پرست تنظیموں کے لیے بہترین خام مال بن سکتے ہیں اور بنتے ہیں۔

حواشی:

(1) M. Ikram Rabbani, *A Comprehensive Book of Pakistan Studies* (Lahore: The Caravan Book House, 1998)

(۲) 'تدریس مطالعۂ پاکستان' (حصہ اول)، بی۔ایڈ۔ یونٹ ۱-۹ (اسلام آباد: علامہ اقبال اوپن یونیورسٹی)، ۱۹۹۹ء، ص ۹۱۔

(۳) ایضاً، ص ۹۲۔

(۴) میاں کمال الدین، 'مطالعۂ پاکستان برائے ڈگری کلاسز' (کراچی: پاکستان بک سینٹر)، ۱۹۹۸ء، ص ۷۵۔

(۵) 'تدریس مطالعۂ پاکستان'، بحوالہ سابقہ، ص ۲۲۔

(6) M.D. Zafar, *Pakistan Studies* (Lahore: Aziz Publishers, 1993), p. 308.

(۷) میاں کمال الدین، بحوالہ سابقہ، ص ۷۷۔

(۸) ایضاً، ص ۷۹۔

(۹) ایضاً، ص ۸۱۔

(۱۰) 'مطالعۂ پاکستان'، نویں اور دسویں جماعتوں کے لیے (جام شورو، سندھ: سندھ ٹیکسٹ بک بورڈ)، ص ۱۱۔

(11) M. Ikram Rabbani and Monawwar Ali Sayyid, *An Introduction to Pakistan Studies* (Lahore: The Caravan Book House, 1998), pp.10-11.

(12) *Ibid;* pp.131-132

(13) M.D. Zafar, *op.cit;* pp.319-320.

(۱۴) 'تدریس مطالعۂ پاکستان'، بحوالہ سابقہ، ص ۱۸۱۔

(۱۵) 'تدریس مطالعۂ پاکستان'، بحوالہ سابقہ، ص ۲۳۷۔

(16) G.W. Choudhury, *The Last Days of United Pakistan* (Karachi: Oxford University Press, 1998), p.194.

جی ڈبلیو چودھری کے مطابق ہندوستان کا دعویٰ تھا کہ مشرقی پاکستان سے آنے والوں کی تعداد ایک کروڑ تھی۔ چودھری خود پاکستان اور ہندوستان دونوں کی جانب سے بتائی گئی تعداد کو غلط قرار دیتے ہیں۔

[بشکریہ سہ ماہی 'تاریخ' کتابی سلسلہ نمبر ۱۸، فکشن ہاؤس، لاہور، ۲۰۰۳ء]

پاکستان میں جمہوریت کا سوال

اشفاق سلیم مرزا

آج پاکستان بننے کے چھپن سال بعد بھی یہ ملک ایسے مسائل سے دوچار ہے جن کا کوئی حل نہ کسی دانشور کے ذہن میں پھوٹ رہا ہے اور نہ ہی کسی سیاسی جماعت کے پاس ہے۔ کوئی ایسا اقتصادی، سماجی اور سیاسی بحران ہے جو وقت گزرنے کے ساتھ ساتھ گھمبیر سے گھمبیر ہوتا جارہا ہے۔ اس دوران نظریات اور آراء کا ایسا شور وغوغا ہے کہ سمجھ میں نہیں آتا کہ انسان کس کی سنے اور کس کی نہ سنے۔ ہر طرف سے مسائل کی آگ برس رہی ہے۔

ان میں سے ایک بڑا مسئلہ جو سب کی زبان پر ہے کہ آخر پاکستان میں جمہوریت کیوں نہیں پنپ رہی۔ اس کا ایک جواب تو سیدھا سادا ہے کہ پاکستان میں ابھی شاید ایسے سماج نے جنم نہیں لیا جو جمہوریت کے لیے سازگار ہو۔ لیکن اس سوال کو مزید الجھانے میں اس بات کا دخل ہے کہ ارباب بست وکشاد کبھی کبھار عوام کے پُر زور اصرار پر ایک نام نہاد جمہوریت کی ہلکی سی جھلک دکھا دیتے ہیں۔ لیکن ایسے ہی حالات میں جب آمریت نام نہاد جمہوریت کو اٹھا کر باہر پھینک دیتی ہے تو عوام، دانشور اور خصوصاً ترقی پسند خلوص دل سے یہ رٹ لگا دیتے ہیں کہ مسائل کا حل صرف جمہوریت میں ہے۔ خواہ لنگڑی لولی ہی کیوں نہ ہو، آمریت سے بہتر ہے۔ اس لیے جمہوریت کے احیا کے لیے کام کرنا چاہیے۔ چلیے یہ بھی مان لیا کہ جمہوریت کی بحالی کے لیے کام کرنا چاہیے، لیکن پھر اس سوال کا سامنا کرنا پڑتا ہے کہ جمہوری تجربہ بار بار ناکام کیوں ہوتا ہے۔ بظاہر تو یوں دکھائی دیتا ہے کہ جب کبھی جمہوریت کے لیے شور مچایا جاتا ہے تو وقتی طور پر اشک شوئی کے لیے کوئی ڈھیلا ڈھالا نظام جمہوریت کا لبادہ اوڑھ کر سامنے آن کھڑا ہوتا ہے۔ ظاہر ہے وہ نظام جس کو تاریخ کی پشت پناہی حاصل نہیں ہوتی، دھڑام سے نیچے گرتا ہے اور پھر سے وہی ہاؤ ہاؤ شروع ہو جاتی ہے۔ اس لیے ہم ابھی تک اسی گرداب میں پھنسے ہوئے ہیں۔

تو چلیے یہ دیکھتے ہیں کہ ایسا کیوں ہے۔ میں یہ سمجھتا ہوں کہ نام نہاد جمہوریت جو صرف ووٹوں کی گنتی کے بل بوتے پر کھڑی ہوتی ہے، اسے کوئی نہیں گراتا، وہ خود سے گر جاتی ہے، کیوں کہ جن عوامل کی بنا پر جمہوریت ایک

تسلسل کے طور پر قائم رہ سکتی ہے، وہ ناپید ہوتے ہیں۔ بالغ حق رائے دہی ان میں سے صرف ایک ہے۔ جب ہم جمہوری تجربے کی ناکامی پر واویلا کرتے ہیں تو ہم یہ بھول جاتے ہیں کہ جدید جمہوریت نے تاریخ کے خاص موڑ پر مغربی دنیا کے مختلف ممالک میں اپنے قدم جمائے اور صدیوں کی مشق سے اسے استحکام بخشا اور یوں مختلف معاشی اور سماجی عوامل کی جدلی آمیزش نے جدید مغربی جمہوریت کو جنم دیا۔ آج چونکہ ہم اس خطے میں رہ رہے ہیں جہاں ایک پرانی جمہوری مغربی قوت کی عملداری تھی اور اس کے حوالے سے ہم جدید سیاسی معاشیات کے تفصیلات سے آگاہ ہوئے، اس لیے ہم نے بلا سوچے سمجھے ایک پرانے سماج پر ان نئے تعقلات کو منڈھنے کی کوشش کی جس کے لیے ہمارا سماج ابھی تیار نہیں تھا۔ پاکستان کے عوام بار بار اس بات کی طرف مائل بہ کوشش رہتے ہیں کہ اسلامی نظام کو یہاں لاگو کیا جائے اور جس بنیاد پرستی کی بنا پر اور اجتہاد سے کنارہ کش ہو کر اس کا اطلاق چاہتے ہیں، وہ آج کل کے دور کے حوالے سے ایک ناقابل عمل سوچ کے علاوہ کچھ اور نہیں دکھائی دیتی۔ اسی طرح جدید جمہوریت کا اطلاق بھی پاکستان کے سماج کے حوالے سے کچھ ایسی ہی زمین پر ایک ایسا پودا لگانے کے مترادف ہے جس کے لیے ابھی تک زمین بھی تیار نہیں ہوئی تو پاکستان پر آنے سے پہلے ذرا یہ تو دیکھیں کہ جدید جمہوریت نے یورپ میں کیسے جنم لیا۔ کیا صرف وہاں یکدم بالغ حق رائے دہی نے جدید جمہوریت کا روپ دھار لیا یا پھر اور بھی کچھ عوامل ایسے تھے جن کے تال میل سے اسے عمل کے تجربے سے بار بار گزارا گیا، کہ آج ہمیں بہت سی خامیوں سمیت مغربی جمہوریت ایک کامیاب تجربہ نظر آتی ہے، یعنی یہ ایک مسلسل عمل ہے اور اس عمل سے گزرتے ہوئے بہت سے فرسودہ ادارے خود بخود رو بہ زوال ہوتے جا رہے ہیں۔ اگر ہم صرف بادشاہت اور کلیسا کے اداروں کو ہی دیکھیں تو ان کی موجودگی یا تو علامتی رہ گئی یا پھر (Ceremonial) رسمی؛ جہاں ان کا ریاست کی موجودہ فعالیت میں دخل بہت کم رہ گیا ہے۔ اس میں سولہویں صدی کی اصلاح کاری کی تحریک کا بہت بڑا ہاتھ تھا۔

جہاں میں یہ سمجھتا ہوں کہ جدید جمہوریت اور پارلیمانی قانون سازی کا صنعتی انقلاب اور سماج کے سرمایہ دارانہ نظام تبدیل ہونے کے ساتھ چولی دامن کا ساتھ ہے۔ وہاں یہ بھی دیکھا گیا ہے کہ طبقاتی حوالے سے قانون سازی کی صوابدید کسی ایک مطلق العنان بادشاہ یا حاکم کے ہاتھ سے نکل کر بہت سے ہاتھوں میں چلے جانے یا اپنے اپنے طبقات کے مفادات کا تحفظ کرنے والے گروہوں کے حوالے سے قانون سازی کی ابتدا ہی پارلیمانی یا جمہوری نظام کی اولیں اشکال کے طور پر سامنے آئی۔

برطانیہ میں اس کی اولیں شکل میگنا کارٹا (Magna Carta) میں ملتی ہے جس پر انگلینڈ کے بادشاہ جان (John) نے ۱۵ جون ۱۲۱۵ء کو دستخط کیے۔ یہ ایک ایسی دستاویز تھی جس میں یہ فیصلہ کیا گیا تھا کہ آئندہ انگلینڈ کا بادشاہ حکومت کا نظم و نسق اس معاہدے کے تحت چلائے گا جو اس کے اور جاگیرداروں کے درمیان طے پایا ہے۔ اس کا بنیادی مقصد جاگیرداروں کے حقوق کا تحفظ تھا اور بادشاہ سے یہ حق چھین لیا گیا کہ وہ اپنی مرضی سے ان سے کوئی اضافی ٹیکس وصول کر سکتا ہے۔ گو اضافی ٹیکسوں کا بوجھ جاگیرداروں کی بجائے نچلے طبقات یعنی مزارعوں اور کسانوں

پر پڑتا تھا، پھر بھی جاگیرداروں نے بادشاہ پر زور دے کر یہ منوا ہی لیا۔ لیکن اس کے ساتھ کچھ ایسے حقوق پر اتفاق رائے بھی ہوا جن کا تعلق آبادی کی ایک بڑی تعداد کے ساتھ تھا۔ اس سے ایک جمہوری مزاج میں تشکیل میں مدد ملی۔ اس میں کہا گیا تھا:

> کسی بھی آزاد شہری کو کسی بھی حالت میں گرفتار، جلاوطن یا نقصان نہیں پہنچایا جائے گا؛ جب تک کہ ریاست کے قانون کے تحت اور اس کے متعلق جیوری کے اراکین کی طرف سے ایسا قدم نہ اٹھایا جائے یا فیصلہ نہ کیا جائے کہ اسے اس الزام کے تحت بلایا جا سکتا ہے، یا سزا دی جا سکتی ہے۔

چودھویں صدی میں بعدازاں آزاد شہری کی جگہ 'کسی بھی شخص' کے الفاظ استعمال کیے گئے جس کے ذریعے یہ قانون انگلینڈ کے ہر شہری کو تحفظ دینے کے قابل ہو گیا اور اس کا دائرۂ کار بڑھ گیا۔ اس کے اطلاق کی ذمہ داری ۲۵ جاگیرداروں پر مشتمل ایک کمیٹی کے سپرد تھی جو بادشاہ کے انحراف پر طاقت استعمال کر سکتے تھے۔ بعدازاں اس کے متن میں ترمیم ہوتی رہی اور کچھ ایسے دور بھی آئے جب یہ قابل عمل نہ تھا۔ لیکن یہ ایک بنیادی دستاویز کی داغ بیل ڈال گیا جو پارلیمانی نظام کے حوالے سے بار بار سامنے آتی رہی۔ بعدازاں حبس بے جا (Habeas Corpus) کا قانون اور بلا نمائندگی ٹیکس کا اطلاق بھی اسی میں اضافے کی ایک شکل تھی جو سترہویں صدی میں متعارف کروائے گئے۔ جب بھی کبھی قانون سازی، پارلیمنٹ اور بادشاہ کے حوالے سے کوئی تنازعہ پیدا ہوا اور بادشاہ کی عملداری کو کم کرنے کے لیے میگنا کارٹا کی طرف رجوع کیا گیا۔ ۱۶۲۸ء میں Petition of Right اور ۱۶۷۹ء میں حبس بے جا Habeas Corpus کے قانون کو وضع کرتے وقت اس کے حوالے دیے گئے۔

درج بالا مثالوں سے صرف اس بات کی طرف توجہ دلوانا مقصود تھا کہ پارلیمانی جمہوریت کے لیے کام کا آغاز برطانیہ میں آج سے آٹھ سو برس قبل شروع ہوا تھا۔ گو وہ اپنی پوری آب و تاب سے بورژوا سماج میں لاگو ہوا، پھر بھی اس کی اولیں شکل پذیری تیرہویں میں ہو چکی تھی۔ اسی حوالے سے ایک بات یاد آ گئی۔ ایک پاکستانی ایک دفعہ لارڈز کی کرکٹ گراؤنڈ میں کھڑا گراؤنڈ مین سے پوچھ رہا تھا کہ اس قدر عمدہ گراؤنڈ کیسے تیار ہو گیا۔ اس نے کہا یہ بڑی آسان سی بات ہے۔ آپ ایک قطعہ زمین کا چناؤ کریں، زمین ہموار کریں، اس پر مناسب گھاس لگائیں اور آٹھ سو سال تک اس کی دیکھ بھال کریں تو ایسا گراؤنڈ تیار ہو جائے گا۔

یہاں اس بات کا اعادہ کرنا ضروری ہے کہ جمہوری عمل کوئی ایسا عمل نہیں ہے کہ باقی سماجی ترقی سے الگ ہو کر اس کا مطالبہ کیا جا سکتا ہے، اور ایسا کرنے سے کسی بھی سماج میں اس کی عمل پذیری کا راستہ ہموار ہو جائے۔ اس کے ساتھ ہی باقی عوامل کا بھی ایک خاص نہج تک پہنچنا ضروری ہوتا ہے۔ ہاں یہ بھی ضروری ہے کہ آس پاس کی ساری قوتیں اس نظام کے استحکام کے لیے کام کر رہی ہوں۔ میگنا کارٹا ایک ایسا ہی وقوعہ تھا جس میں بادشاہ، جاگیردار اور پوپ مل کر اپنا اپنا کردار ادا کر رہے تھے۔ یہ بھی کہا جاتا ہے کہ سماجی ترقی میں بعض زقندیں بھی لگتی ہیں۔ ہو سکتا ہے ایسا ممکن ہوا ہو۔ بعض پسماندہ معاشرے سرمایہ دارانہ دور سے گزرے بغیر براہ راست سوشلزم میں داخل ضرور ہوئے لیکن ان کی کامیابی میں کوئی تسلسل دیکھنے میں نہیں آیا۔

اس لیے جمہوریت کی آبیاری کے لیے یہ ضروری ہے کہ وہ تمام عوامل یعنی سرمایہ دارانہ نظام کے تحت ابھرنے والے طبقات کی ریاستی اقتدار میں شمولیت، سماجی نظام کی پیداواری رشتوں کے ساتھ مطابقت، کلیسا کی حکومت اور سماجی زندگی سے الگ ہونا اور ان رشتوں سے متعلق سماجی اور فکری تحریکات کی پذیرائی سب اپنی اپنی جگہ موجود ہوں۔

یورپی حوالوں سے اس کی نہایت عمدہ مثالیں سترہویں صدی کے برطانیہ اور اٹھارہویں صدی کے فرانس اور انیسویں صدی کے جرمنی میں ملتی ہیں۔ جہاں کلیسائی اثر ورسوخ سمٹ کر رہ گیا اور شہری جمہوری نظام کے ایک نئے معاہدہ عمرانی کے تحت زندگی گزارنے کے عادی ہو گئے۔

ان مختلف عوام کی ہم آہنگی کے بارے میں مارکس لکھتا ہے:

> ۱۶۴۸ء اور ۱۷۸۹ء کے انقلابات فقط برطانوی یا فرانسیسی انقلابات نہ تھے بلکہ وہ یورپی سطح کے انقلابات تھے۔ وہ پرانے سیاسی نظام پر معاشرے کے کسی بھی ایک طبقے کی فتح کا اعلان نہ تھے بلکہ نئے یورپی معاشرے کے سیاسی نظام کا اعلان تھا۔ گو ان انقلابات میں فتح بورژوا طبقات کو ہوئی لیکن بورژوا طبقات کی یہ فتح دراصل نئے سماجی نظام کی فتح تھی۔ اور یہ سرمایہ دارانہ ملکیت کی فتح جاگیردارانہ ملکیت پر، قومیت کی جیت صوبائیت پر اور مسابقت کی جیت گلڈ پر، جائداد کے بٹوارے کی جیت اولادِ کبریٰ کے حق موروثیت پر، زمین کے مالک کی جیت زمین کے غلبے پر، روشن خیالی کی جیت توہم پرستی پر، خاندان کی جیت خاندان کے نام ونمود پر، کسب وجہد کی جیت سورمائی کاہلی پر، ملکی قانون کی جیت قرونِ وسطیٰ کی مراعات پر۔ ۱۶۴۸ء کا انقلاب سولھویں صدی اور سترہویں صدی کی جیت تھا۔ ۱۷۸۹ء کا انقلاب سترہویں صدی پر اٹھارہویں صدی کی جیت تھا۔ یہ انقلاب اپنے عہد کی دنیا کی ضرورتوں کا اظہار تھے نہ کہ صرف ان علاقوں پر برطانیہ فرانس کی ضرورتوں کا جہاں وہ برپا ہوئے تھے۔

ان انقلابات کے دوران جو فکری اور سماجی دھارے پھوٹے، انھوں نے ملوکیت، جاگیرداری اور کلیسائیت کے بتوں کو پاش پاش کر دیا؛ اور اس طرح ایک فیصد مراعات یافتہ طبقہ تقریباً زمین کے چالیس فیصد حصے پر قابض تھا۔ فرانس کی دو کروڑ پچاس لاکھ کی آبادی میں سے امراء اور پادریوں کی تعداد صرف ایک فیصد ہی بنتی تھی؛ یعنی کوئی ایک لاکھ پچاس ہزار امراء اور ایک لاکھ تیس ہزار پادری تھے۔ جیسا کہ آپ جانتے ہیں کہ ازمنہ وسطیٰ اور اس کے بعد جاگیردارانہ دور میں صوبائی حد بندیوں نے جگہ جگہ محصولات، راہ گزاریوں، اوزان اور زر کے اپنے قوانین وضع کیے ہوئے تھے جس کے باعث ایک قومی منڈی کے لیے راہ ہموار نہیں ہو سکتی تھی؛ ہر جگہ کے قانون اشیا کی آزادانہ نقل وحمل میں حائل تھے۔ ضرورت اس امر کی تھی کہ نئی پیداواری قوتوں کے بل بوتے نئے پیداواری رشتے استوار کیے جائیں، جہاں ہر شخص نہ صرف آزادانہ نقل وحمل کر سکے بلکہ آزاد شہری کے طور پر حکومت میں اپنا فعال کردار ادا کر سکے۔ یہ اسی طرح ممکن تھا کہ زمین کو جاگیردار کے تسلط سے نکال کر ایک جنس

(Commodity) کے طور پر مارکیٹ میں لایا جائے اور نجی ہاتھوں میں اس کا آزادانہ لین دین ہو، اور زمین ایسے ہاتھوں میں ہو جو منافع کو سامنے رکھتے ہوئے اور نئے طریق پیداوار کو اپناتے ہوئے اس کی پیداوار میں اضافہ کر سکے۔ تیسرے یہ بھی ضروری تھا کہ دیہاتی آبادی کا کردار بدلا جائے یعنی وہ زمیندار اور جاگیردار سے آزاد ہو کر اپنی محنت کو جہاں چاہے زراعت کے علاوہ دوسری جگہ بیچ سکے۔ یورپی انقلابات کی وجہ سے یہ باتیں ممکن ہوسکیں۔ جیسا کہ آپ کو علم ہے کہ فرانس میں یہ فضا آج سے تقریباً ڈھائی سال پہلے بدلنا شروع ہوئی اور انگلینڈ میں اس کے آثار ایک سو سال پہلے نمودار ہونا شروع ہو گئے تھے۔

اس دوران فرانس میں حقوق انسانی کا اعلان ہوا، جس میں اس بات کا اعتراف کیا گیا کہ انسان آزاد اور برابری کی سطح پر پیدا ہوتے ہیں۔ سیاسی اداروں کا مقصد انسانی حقوق کا تحفظ ہے اور یہ حقوق آزادی، جائداد کے تحفظ اور جارحیت کے خلاف مدافعت کی ضمانت تھے۔ ہر شخص اس بات کے لیے آزاد ہے کہ وہ اپنی مرضی کا کام کر سکے۔ آزادیٔ خیال اور رائے بنیادی حقوق میں سے ہیں۔ قانونی شقیں پوری کیے بغیر نہ تو کسی کو حراست میں لیا جائے گا اور نہ گرفتار کیا جا سکے گا۔ قانون عوامی ارادے کا اظہار ہے۔ تمام شہری اس کی تشکیل میں ذاتی طور پر یا اپنے نمائندوں کے ذریعے حصہ لینے کا حق رکھتے ہیں۔

جاگیردارانہ نظام کے کمزور ہوتے ہوئے بادشاہت بھی دھڑام سے نیچے آن گری اور فرانسیسی عوام نے ایک ہی دھکے سے اسے نکال باہر کیا۔ کہا جاتا ہے کہ اس وقت دربار میں اٹھارہ ہزار افراد بادشاہ کی خدمت پر مامور تھے، جن میں سولہ ہزار ملازمین تھے اور دو ہزار درباری تھے جن کا خرچ دو کروڑ دس لاکھ ڈالر سالانہ کے قریب تھا۔

قدامت پرست کلیسائیت نے ایک مستحکم نظام کے تحت انسانی ذہنوں کو ماؤف کیا ہوا تھا۔ برطانوی اور فرانسیسی مفکروں نے روشن خیالی کے دور میں کلیسائیت کے اس رخ کو زبردست تنقید کا نشانہ بنایا۔ ان کا رویہ زیادہ تر موحد پرستانہ (Deistic) تھا جس میں بائل (Bayle) اور والٹیر پیش پیش تھے۔ ان روشن خیال مفکروں میں سے Montesquieu، Maupertuis، Condillac، Helvetius، Diderot، Holbach، Cabanis، Quesnay، روسو اور Turgot کے نام قابل ذکر ہیں۔

روشن خیال مفکروں نے ہر عقیدے کو عقل کی کسوٹی پر پرکھنا شروع کر دیا۔ ان میں سے بہت سے اس نتیجہ پر پہنچے کہ مذہب اور عقیدے کو عقلی مباحث کے دائرے سے خارج کرنا ہی بہتر ہے۔ پادری اور کلیسائی نظام جن چھوٹی چھوٹی کج بحثیوں میں پڑا ہے، اس سے بہتر ہے کہ ان سے مکمل طور پر کنارہ کشی اختیار کر لی جائے۔

انھوں نے نہ صرف یہ کہ مذہبی مباحث کو عقلی دائرہ سے خارج کرنے کا سبق دیا بلکہ اخلاقیات کے لیے بھی مذہب کو غیر ضروری قرار دیا۔ اب تک مفکرین اس بات پر زور دیتے آئے تھے کہ اخلاقی اقدار کی عمل پذیری کے لیے مذہب ضروری ہے۔ انھوں نے اسے یک قلم برخاست کر دیا اور اس بات کی طرف زور دیا کہ آسمانی جزا و سزا اور حیات بعد ممات کے تعقلات کو اخلاقیات سے خارج کر دینے کے بعد بھی ایک مضبوط اخلاقی نظام ترتیب دیا جا سکتا ہے جو عقلی بنیادوں پر استوار ہوگا۔

خدا کے بارے میں بھی ان کا نظریہ ارسطو سے متاثر تھا کہ خدا اس دنیا کو بنا کر اب اس کارِ دنیا سے الگ ہو گیا ہے۔ اب اس کی اس کارِ دنیا میں کوئی مداخلت نہیں ہے اور ان معاملات کے اوپر پڑے ہوئے سِری غلاگ ہٹانے کی ضرورت ہے۔ جمہوریت اور عیسائیت آپس میں برسرِ پیکار تھیں، جن عقیدوں پر یہ برسرِ پیکار ہیں، وہ صرف توہم پرستی کی پیداوار ہیں۔ اس لیے ضروری ہے کہ اس توہم پرستی کا خاتمہ کر دیا جائے اور رواداری کو اپنایا جائے جو عقلی بنیاد پر مختلف نظریات کو سمجھنے میں مدد دیتی ہے۔ بعدازاں جب ۱۸۴۱ء میں فیور باخ نے جرمنی میں اپنی کتاب (The Essence of Chiristianity) شائع کی تو وہاں کے قدامت پسندوں کے ہاں تہلکہ مچ گیا۔ اس نے کہا تھا کہ انسان نے خدا کو اپنے عکس پر تشکیل دیا اور یہ کہ خدا کا تصور اس کے اپنے ذہن کی پیداوار ہے۔ اس سے منظم کلیسائیت کو بہت ضعف پہنچا۔ اینگلز لکھتا ہے کہ اس کے بعد ایک زمانہ ایسا آیا کہ ہم فیور باخ کے شیدائی ہو گئے۔ یورپ ان تمام ادوار سے گزر کر آج اس مقام پر پہنچا ہے جسے ہم اپنی تمام تر خامیوں کے باوجود جدید جمہوریت کے اطلاق کا نمونہ کہہ سکتے ہیں۔

آیئے اب ایک نظر پاکستان پر بھی ڈالیں۔ چونکہ قدامت پرست مذہبی گروہوں نے یہاں شریعت بل کے ذریعے عیسائیت کی طرح (Clergy) یا پروہت راج نافذ کرنے کی کوشش شروع کی تھی، جو اب تک جاری وساری ہے۔ یعنی جو مباحث بے معنی مسائل کے گرد رواج پا گئے، وہ اس سے پہلے موجود نہیں تھے۔ ہم یہاں یہ بات تو نہیں کہہ رہے کہ آج سے دو سو سال پہلے جو سوال یورپ کے روشن خیال دانشوروں نے مذہب کے بارے میں اٹھائے تھے، ان پر یہاں ابھی بحث کا آغاز کر دیا جائے، لیکن دنیا بھر کی تاریخ ہمیں یہ ضرور بتاتی ہے کہ ایک سیکولر اور جدید قسم کی جمہوریت کے لیے جب بھی فضا سازگار ہوگی، اس وقت اس قسم کے سوال ضرور اٹھائے جائیں گے، کیوں کہ طالبان نے اپنے قلیل مدت کے قیام میں انسانوں کی سماجی زندگی، رنگ ڈھنگ اور نشست و برخاست میں جو مداخلت شروع کر دی تھی، اس کے اثرات پاکستان کے سرحدی علاقوں میں بھی شروع ہو گئے تھے۔ ٹی وی اور اینٹینا کو توڑنے کے واقعات سے لے کر 'این جی اوز' کی کارکن خاتون کے ساتھ زبردستی نکاح تک، یہ سب اسلام کے دائرہ کار کے اندر خاص فقہی حکم ناموں کے تحت جائز قرار دیا جاتا ہے؛ اور ظاہر ہے کہ ایسا کرنے والوں کو جنت میں جانے کا ٹکٹ مل جاتا ہے، گو بعض علما یہ کہتے ہیں کہ اسلام کے بنیادی ارکان سے ان کا دور کا بھی واسطہ نہیں ہے۔

اسلام کے نام پر ایسے اقدامات پر خاموشی دیکھ کر بعض دانشوروں کے ہاتھ، قلم اور دماغ شل ہو جاتے ہیں۔ اگر بعض اقدامات پر نجی محفلوں یا ہم خیال دوستوں کے جلو میں وہ چند ایک قدامت پرستانہ مذہبی رویوں کو تنقید کا نشانہ بناتے بھی ہیں تو سرِ عام تحریروں یا زبانی بات کرنے سے احتراز کرتے ہیں۔ کیوں کہ وہ جانتے ہیں کہ اگر چند مذہبی سرپھرے ان کی جان کے درپے ہوئے تو پھر عوام میں سے ان کو بچانے کوئی نہیں آئے گا۔ کیوں کہ ابھی ذہنی سطح پر اقتصادی اور سماجی ترقی نے وہ رجحانات پیدا نہیں کیے جن کی بنا پر فرانسیسی عوام بستائل پر حملہ کر دیا تھا۔ اس لیے وہ تنہا سولی چڑھنے سے گھبراتے ہیں۔ ہماری سوچ کا ٹھہراؤ اور جمود ہمارے رویوں کی سرد مہری کا

ثبوت ہے۔ اسلام کے نام پر بھی مختلف فرقوں کی ایک کھچڑی پکی ہوئی ہے۔ یوں لگتا ہے کہ ہم آگے بڑھنے کی بجائے پیچھے کی طرف جا رہے ہیں۔ ہمارا حال اس طرح ہے جس طرح یورپ میں چوتھی صدی سے لے کر چودھویں صدی تک تھا، جن کا ذکر سبط حسن نے اپنی کتاب 'نوید فکر' میں یوں بیان کیا ہے:

> مغربی مورخین کلیسا کے ہزار سالہ اقتدار کو 'عہد تاریک' سے تعبیر کرتے ہیں۔ اس وجہ سے کہ وہاں چوتھی صدی سے چودھویں صدی تک تعصب، تنگ نظری اور توہم پرستی کا اندھیرا چھایا رہا۔ کلیسا نے عقل و خرد پر پہرے بٹھا رکھے تھے اور کسی کی مجال نہ تھی کہ کلیسائی عقائد سے سرمو اختلاف کر سکے۔ ہر جگہ مذہبی عدالتیں قائم تھیں جن کے فیصلوں کی داد تھی نہ فریاد۔ چنانچہ لاکھوں بے گناہ بے دینی اور جادوگری کے جرم میں گرفتار ہوئے، ان کو ٹکٹکی پر باندھ کر پہلے کوڑے لگائے جاتے تھے، پھر ان کی ہڈیاں توڑی جاتی تھیں، ان کی لاشوں کو سڑکوں پر گھسیٹا جاتا تھا اور تب چتا میں جلا دیا جاتا تھا۔ ان کے گھروں میں آگ لگا دی جاتی تھی اور ان کا مال و متاع ضبط کر لیا جاتا تھا۔ یورپ کا ہر فرد و بشر جس کو بادشاہوں کی براہ راست سرپرستی حاصل نہ تھی، مذہبی عدالتوں کے خوف سے کانپتا رہتا تھا۔
>
> اس ہولناک ماحول میں علوم و فنون کیا ترقی کرتے۔ تعلیم پر کلیسا کی اجارہ داری تھی۔ لہٰذا درس گاہوں میں فقط وہی علوم پڑھائے جاتے تھے جن سے کلیسائی عقائد کو تقویت ملتی۔ معقولات کی جگہ منقولات، درایت کی جگہ روایت اور اجتہاد کی جگہ تقلید۔ کسی استاد یا شاگرد کو شرعی احکام پر شک کرنے کی بھی اجازت نہ تھی۔ کلیسا کی خرد دشمنی نے ذہنوں کو مفلوج کر دیا تھا اور کوئی شخص آزادی سے سوچ نہ سکتا تھا۔

ہمارے ہاں خرد افروز اور روشن خیال دانشوروں کو یہ سوچنا چاہیے کہ کیا وہ ایسے حالات میں کوئی ایسا قدم اٹھانے کے قابل ہیں جہاں وہ سچ بولتے ہوئے اپنے جسم اور جان کی بازی لگا سکتے ہیں۔ میرے خیال میں سماجی تبدیلی کے ساتھ ان حقیقتوں کو بھی بے نقاب کرنے کی ضرورت ہے جنھوں نے صدیوں سے ہماری عقل پر دبیز پردے ڈالے ہوئے ہیں۔

یہاں اب یہ بحث بھی چل نکلی ہے کہ پاکستان میں فیوڈلزم یعنی جاگیرداری ہے بھی یا نہیں۔ سماجی علوم کے بعض ماہر یہ کہتے ہیں کہ پاکستان میں روایتی جاگیرداری ختم ہو چکی ہے۔ اس کی باقیات یعنی فیوڈل کلچر ابھی تک موجود ہے، جب کہ دوسرے لوگ اس بات کا دعویٰ کرتے ہیں کہ جاگیرداری ابھی تک جاری و ساری ہے۔ گو ۱۹۴۷ء سے اب تک اس کی ہیئت بدل چکی ہے۔

جب پاکستان بنا تو اس وقت روایتی جاگیردار مسلم لیگ پر قابض تھے اور سوائے ان سیاست دانوں کے جو ہندوستان سے آئے تھے، مسلم لیگ کے سیاہ و سفید کے مالک جاگیردار تھے۔ پاکستان بننے کے بعد اگرچہ روایتی جاگیردار اپنی جگہ پر قائم رہے لیکن ان کے علاوہ بڑے قطعات کے مالکان میں وہ لوگ بھی شامل ہو گئے جنھیں حکومت نے نوازنے کی پالیسی کو اپنا رکھا تھا۔ ان میں زیادہ تر زمینی فوجی افسروں اور ریٹائرڈ سول افسروں

کے نام کر دی گئی۔ اس طرح حکومت میں اس تثلیث کا ایک نیا اتحاد بن گیا اور حکومت پر مختلف انداز سے یہی لوگ قابض رہے۔ اس لیے میں یہ سمجھتا ہوں کہ اگر کوئی بھی حکومت آئی، اس پر جاگیردارانہ کلچر کی چھاپ نمایاں رہی۔ یعنی ایسے لوگ برسر اقتدار آئے جو پیداواری عمل میں براہ راست شریک نہ تھے، بلکہ ان کی حیثیت غیر حاضر جاگیرداروں یا مردار خوروں کی تھی۔

معاشرے کو بورژوائی بنانے کا عمل بہت پہلے رک گیا تھا۔ ہمارے ہاں جو صنعتیں پاکستان بننے کے بعد حصے میں آئیں، وہ زیادہ تر سامراجی نظام سے بندھی ہوئی تھیں اور کاروبار زیادہ تر گماشتہ سرمایہ دار کے ہاتھ تھا۔ ایوب خان کے زمانے میں تاجروں اور گماشتہ سرمایہ داروں نے جو اپنے ذرائع سے روپیہ کمایا تھا، انھوں نے پہلے تو بینک بنا کر اسے مالی سرمائے میں تبدیل کیا اور پھر اس مالی سرمائے سے صنعتیں لگانا شروع کیں۔ اس طرح مالی سرمایہ اور صنعت ایسے گھرانوں کے ہاتھ آ گئے جو بورژوائی عمل کو آگے بڑھانا چاہتے تھے۔ یہ ایک ایسا عمل تھا جو یورپ کے روایتی ڈھنگ پر چل نکلا تھا۔ لیکن پی پی پی کی حکومت نے بینکوں اور بڑی صنعتوں کو اپنا کر اس عمل کا درمیان میں ہی اسقاط کر دیا۔ اس طرح کئی روایتی مالیتی اور صنعتی ادارے بنتے بنتے رہ گئے۔ سہگل، داؤد، آدم جی اور شیخ، یونائیٹڈ بینک، کامرس بینک، حبیب بینک، آسٹریلشیا بینک سمیت غائب ہو گئے۔ اس طرح ہمارے اپنے مور گنز، ڈوپونٹ اور راکی فیلرز کا یہ حال ہوا۔ اب شاید تاریخ کا وہ لمحہ گزر چکا ہے جس کو واپس لانا ممکنات میں سے نہیں۔ اس طرح ہمارے معاشرے میں درمیانے طبقات، ٹیکنو کریٹس اور منیجرز کا یہ پھیلاؤ رک گیا اور نام نہاد انتخابات میں زمین پر قبضہ کرنے والے مافیا، جاگیرداروں اور اسمگلروں کا قبضہ برقرار رہا جو براہ راست پیداواری عمل میں شریک نہیں ہیں بلکہ روایتی سرمایہ کاری سے ان کا دور کا واسطہ بھی نہیں ہے۔ آج کے دور کا نج کاری کا عمل یا ڈویلوشن پلان بھی اس ریل کو پٹری پر نہیں چڑھا سکتا جو عرصۂ دراز سے پٹری سے اتر چکی ہے۔

ڈاکٹر عنایت اللہ نے اپنے مضمون The Weak Roots of Democracy in Pakistan میں لکھا تھا کہ تیسری دنیا کے ممالک میں زیادہ تر ریاست اور معاشرے کی اندرونی جمہوری نمو پذیری نوآبادیاتی مداخلت کی وجہ سے نہ ہو سکی۔ ایسے ادارے جو معاشرتی حوالے سے ریاست اور سیاسی کلچر کو کنٹرول کرتے ہیں اور اس کو ثانوی حیثیت دیتے ہیں، پوری طرح نشوونما نہ پا سکے، اور نہ یہاں کا معاشرہ اپنے تئیں وہ تبدیلی لا سکا اور ایسے حالات پیدا کر سکا جو جمہوریت کی نمو اور بقا کے لیے ضروری ہوتے ہیں۔ اس لیے جمہوریت بار بار ناکام ہوئی۔

میں سمجھتا ہوں، یہ بات اپنی جگہ سچ ہے کیوں کہ جمہوریت کی نمو کے لیے ہمیں بہت پہلے سماج کو بورژوائی رنگ میں رنگنے کی ضرورت تھی۔ ہماری جمہوریت صرف بالغ رائے دہی اور پیداواری عمل میں عدم شمولیت کے نمائندہ افراد کے چناؤ اور ان کے شور و غوغا کے علاوہ کچھ بھی نہیں۔ اس لیے یہ نام نہاد حکومتیں بنتی اور بگڑتی رہتی ہیں۔ جب ہمارے ہاں سماجی علوم کے ماہرین یہ کہتے ہیں کہ اگر ذوالفقار علی بھٹو اس وقت ضیاء الحق کو فوج کا چارج نہ دیتا تو جمہوریت کو زک نہ پہنچتی یا پھر نواز شریف فوج سے بنا کر رکھتا تو جمہوریت کی گاڑی چلتی رہتی تو وہ حالات کو

مائیکرو سطح پر دیکھنے کے عادی ہو چکے ہوتے ہیں۔ اگر وہ مائیکرو سطح پر دیکھیں تو وہ ہمیشہ سماج کے ٹھہراؤ، جاگیردارانہ نظام، قبائلی، نسلی اور مذہبی تفرقہ پرستی کے راج کی بات کریں۔ چھوٹی موٹی انتظامی تبدیلیوں سے سماج ایک مرحلے سے دوسرے مرحلے میں کبھی بھی داخل نہیں ہوتا، یہ ان کی خام خیالی ہے۔

کتابیات:

(1) Hobsbawm, E.J; *The Age of Revolution,* Abacus, London, 1977.
(2) Aziz, K.K; *Pakistan's Political Culture,* Vanguard, Lahore.
(3) Syed, M.A. (Editor) *Islam & Democracy in Pakistan,* National Institute of Historical & Cultural Research, Islamabad, 1995.
(4) Akhtar, R.A; *Media Religion & Politics in Pakistan,* Oxford University Press, Karachi, 2000.
(5) Weiss, A. Masud Gilani, Z.S; *Power and Civil Society in Pakistan,* Oxford University Press, Karachi, 2001.
(6) Woloch Isser, *Eighteenth Century Europe Tadition and Progress 1715-1789,* W.W. Norton & Compamy N.Y. London, 1982.
(7) Hassan, Mubashir; *The Image of Power: An inquiry into the Bhutto Years 1971-77,* Oxford University Press, karachi, 2000.
(8) Green V.H.H; *Renaissance & Reformation,* Edward Arnold G.B. 1982.

[بشکریہ سہ ماہی 'تاریخ'، کتابی سلسلہ نمبر ۱۹، فکشن ہاؤس، لاہور، اکتوبر ۲۰۰۳ء]

پاکستان: اسلامائزیشن کے رجحانات

جوناتھن پیرس

ترجمہ: نائلہ رضا

جوناتھن پیرس لندن میں رہتے ہیں، وہ ایک سیاسی تجزیہ نگار اور اٹلانٹک کونسل آف یونائیٹڈ اسٹیٹس، ساؤتھ ایشین اسٹڈیز کے سینئر فیلو ہیں۔ اس کے علاوہ وہ لیگیٹم انسٹی ٹیوٹ کے اسسٹنٹ فیلو اور نیشنل سنٹر فار دی اسٹڈیز آف ریڈیکلائزیشن (ICSR) میں بطور ایسوسی ایٹ فیلو کام کرتے ہیں۔ وہ بکنگھم یونیورسٹی کے سنٹر فار سیکورٹی اینڈ انٹلی جنس اسٹڈیز میں وزیٹنگ لیکچرار بھی ہیں۔ ۲۰۰۱ء میں لندن آنے اسے قبل وہ نیو یارک میں کونسل آن فارن ریلیشنز کے فیلو تھے، جہاں وہ کونسل کے مڈل ایسٹ اکنامک اسٹریٹجی گروپ کے چیئرمین پال اے وولکر کے نائب تھے اور مشرق وسطیٰ میں امن کے بارے میں اپنے فرائض سرانجام دے رہے تھے، یہیں انھوں نے انڈونیشیا میں جمہوری ارتقا کے بارے میں شائع ہونے والی پہلی کتاب ’سہارتو کے بعد کی سیاست‘ (بروکنگ ۱۹۹۹ CFRء) کی تیاری میں معاون ایڈیٹر کے طور پر بھی کام کیا۔ وہ ۲۰۰۴ء۔۲۰۰۵ء میں آکسفورڈ یونیورسٹی کے سینٹ انٹونی کالج کے سینئر ایسوسی ایٹ رکن تھے، انھوں نے ییل (Yale) یونیورسٹی کے اسٹین فورڈ لاء اسکول سے گریجویشن کی ہے۔ (مترجم)

مغرب میں پاکستانی پالیسی کا تجزیہ کرنے والوں میں ان دنوں اس خوف وتشویش کا اظہار کیا جارہا ہے کہ پاکستانی ریاست کے طالبان یا دیگر اسلامی شدت پسندوں کے قبضے میں جانے کے امکانات بہت زیادہ ہوگئے ہیں۔ اس صورت میں نہ صرف اس علاقے کے حالات خراب ہوں گے، خصوصاً ہندوستان کے جہاں ایک بڑی مسلم اقلیت موجود ہے، بلکہ اس سے عالمی دہشت گرد پاکستان کے ایٹمی ہتھیاروں تک رسائی میں بھی کامیاب ہوسکتے ہیں۔ تاہم اس رپورٹ میں اس امکان کو مسترد کیا گیا ہے، خاص طور پر آئندہ چند برسوں میں اس بات کا کوئی امکان

نہیں ہے کہ پاکستان میں طاقت کے مراکز میں کوئی بنیادی تبدیلی واقع ہو جائے۔ تاہم اس بات کا امکان موجود ہے کہ اس عرصے میں مذہبی گروہ پاکستانی معاشرے میں بدستور اہم اور ہمہ جہت کردار ادا کرتے رہیں۔

ملکی سیاست میں مذہبی جماعتوں کے غلبے کا کوئی امکان نہیں

پاکستان میں دو بڑی مذہبی جماعتیں ہیں؛ جماعت اسلامی اور جمعیت علمائے اسلام۔ جماعت اسلامی جدید روایات کو مشرق وسطیٰ میں مسلم بھائی چارے کی مہم کے گہرے نظریاتی رشتوں کے ساتھ ملا کر کام کرتی ہے۔ یہ موجودہ غیر مذہبی حکومتوں کو اسلام اور اسلامی قانون کی حکمرانی سے تبدیل کرنے کے لیے کام اور جدوجہد کر رہی ہے۔ جماعت اسلامی شدت پسند نظریاتی جماعت ہے، یہ سیاسی طور پر بہت منظم ہے اور اس کی جڑیں شہری مڈل کلاس میں ہیں۔ فرقہ واریت سے بھی اس کا کوئی تعلق نہیں۔ انتخابات میں جماعت اسلامی نے کبھی بھی گیارہ فیصد سے زائد ووٹ حاصل نہیں کیے۔ ریاست کے ڈھانچے میں بنیادی تبدیلیاں لانا جماعت کی پرانی پالیسی اور سوچ ہے۔ خارجہ پالیسی کے معاملے میں اس کی توجہ ہندوستان اور مسئلہ کشمیر کے علاوہ عالمی معاملات پر بھی ہے، اس کے برطانیہ میں بھی گہرے رشتے ہیں اور براعظم یورپ میں بھی اس کے تعلقات بڑھ رہے ہیں۔ بعض لوگوں کا خیال ہے کہ جماعت اسلامی کے القاعدہ سمیت دیگر کثیر ملکی اسلامی تنظیموں کے ساتھ غیر رسمی مگر قابل تردید تعلقات ہیں۔ بعض ماہرین کا خیال ہے کہ چونکہ ۲۰۰۱ء کے بعد القاعدہ کے متعدد ارکان جماعت اسلامی کے مراکز اور اس کے ارکان کے گھروں سے گرفتار ہوئے ہیں، اس لیے دونوں کے تعلق کی بات میں کافی وزن ہے۔ اس کے علاوہ نظریاتی سوچ اور سماجی رشتوں کے حوالے سے بھی دونوں گروپوں میں خاصی مماثلت ہے، تاہم تشدد کے حوالے سے ان کے خیالات یکساں نہیں ہیں۔

دوسری بڑی مذہبی جماعت جمعیت علمائے اسلام اور خصوصاً اس کا وہ دھڑا جو 'جے یو آئی ایف' کہلاتا ہے (جو مولانا فضل الرحمٰن کی سربراہی میں کام کرتا ہے)۔ یہ جماعت ہندوستان پر برطانیہ کے قبضے کے دس سال بعد ۱۸۶۷ء میں دیوبندی فرقہ کی بحالی کی تحریک کے طور پر شمالی ہندوستان میں وجود میں آئی۔ صوبہ سرحد کے پشتون علاقوں اور کراچی کے بعض حصوں میں اس کی گہری جڑیں ہیں۔ جماعت اسلامی کی نظریاتی شدت پسندی کے برعکس 'جے یو آئی' محض ایک مذہبی تنظیم ہے جو اپنے مدرسوں اور ان کے مفادات کے تحفظ پر زیادہ توجہ دیتی ہے۔ خارجہ معاملات میں بھی اس کی توجہ ہندوستان کی بجائے افغانستان پر مرکوز ہے۔ غیرت اور صنفی معاملات سے متعلق پشتون قبائلی سماجی روایات سے اس جماعت کی گہری وابستگی ہے۔ بطور جماعت 'جے یو آئی' غیر منظم، مرکزیت سے پاک اور دھڑے بندی کا شکار ہونے کے باوجود حیرت انگیز طور پر معقول رویے کی حامل ہے۔ یہ ایک ایسی جماعت ہے جو پاکستان کو ایک عظیم اسلامی ریاست بنانے سے زیادہ مدرسوں کے بارے میں سرکاری کارروائیوں، امداد اور فوائد کے حصول کے بارے میں فکرمند رہتی ہے۔ مغربی دنیا میں اس کا پہلا تعارف نوے کی دہائی کے وسط میں اس وقت ہوا جب یہ جماعت افغان طالبان کے ایک غیر رسمی نمائندے کے طور پر سامنے آئی۔

طالبان اور اسی نوعیت کے دیگر گروپوں سے اس کے تعلقات آج بھی ہیں، مگر زیادہ تر نچلی سطح تک محدود ہیں۔

اگرچہ جماعت اسلامی اور 'جے یو آئی' پاکستان میں مذہبی جماعتوں کے منظر میں نمایاں حیثیت کی حامل ہیں، لیکن انتخابات میں ان کا اتحاد یا مشترکہ شراکت بھی ملک میں کوئی بڑی تبدیلی لانے سے قاصر ہے۔ پاکستان کی تاریخ میں کسی بھی موقع پر مذہبی جماعتوں نے قومی اسمبلی میں انیس فیصد سے زائد نشستیں حاصل نہیں کیں اور ان کے حاصل کردہ ووٹوں کا تناسب اس سے بھی کم رہا ہے۔ صوبائی اسمبلیوں میں بھی ان جماعتوں کو کبھی کوئی خاص کامیابی نہیں ملی، سوائے ایک موقع کے جب ۲۰۰۲ء میں صوبہ سرحد کی اسمبلی کے انتہائی مشکوک انتخابات میں مذہبی جماعتوں کے اتحاد نے اسمبلی کی نصف سے زائد نشستیں حاصل کر لیں۔

مستقبل قریب میں بھی مذہبی جماعتوں کے ووٹوں کی تعداد میں اضافے کی کوئی توقع نہیں۔ 'جے یو آئی' کی انتخابی سیاست کو محدود کرنے والے عناصر کا تعلق اس کی پالیسی سے زیادہ ملک کے سیاسی ڈھانچے سے ہے جو مندرجہ ذیل ہیں:

☆ نواز شریف کی قیادت میں پاکستانی مسلم لیگ (ن) جیسی جماعت کا وجود، جو دائیں بازو کی ایک بڑی اور قابل اعتبار پارٹی سمجھی جاتی ہے۔

☆ پشتون رہنماؤں اور لسانی روایات سے 'جے یو آئی' کا گہرا تعلق۔

☆ مدرسوں پر انحصار کرنے کی پالیسی

دوسری جانب جماعت اسلامی کو ملنے والے ووٹوں کی تعداد میں اضافے کے امکانات کافی زیادہ ہیں، کیوں کہ ایک تو اس کی پالیسی کافی کھلی ہے اور اس کا مسلم بھائی چارے کی مہم کے ساتھ بھی گہرا تعلق ہے، دوسری اہم بات یہ کہ یہ جماعت کسی خاص علاقے یا لسانی گروہ تک محدود نہیں ہے۔ اس نے ثابت کیا ہے کہ یہ نئے لسانی اور نسلی گروہوں کی حمایت حاصل کر سکتی ہے۔ لیکن جماعت اسلامی کو بھی اپنے مخصوص کردار سے باہر نکل کر پاکستانی پارٹی سسٹم میں کام کرنے میں مشکلات کا سامنا ہے۔ اگرچہ اس نے بار بار ثابت کیا ہے کہ وہ اسلام اور قومی سلامتی کے موضوعات کو عوامی بحث و مباحثے کا موضوع بنانے کی صلاحیت رکھتی ہے لیکن یہ عوام کی اکثریت کو متاثر کرنے میں کامیاب نہیں ہو سکی۔ جماعت اسلامی میں شمولیت کے لیے گہری نظریاتی وابستگی کی ضرورت ہوتی ہے۔ اس لیے اس کے متعدد حامی اس کی بجائے دائیں بازو کی دیگر جماعتوں مثلاً مسلم لیگ (ن) میں شمولیت اختیار کر لیتے ہیں، کیوں کہ نہ صرف انتخابات میں اس کی کامیابی کے امکانات روشن ہوتے ہیں بلکہ اس میں شمولیت سے مالی و سرکاری فوائد کا حصول بھی ممکن ہے۔ مختصراً یہ کہ پاکستان کے سیاسی منظر نامے میں مذہبی جماعتوں کی اہمیت کبھی کم اور کبھی زیادہ ہوتی رہتی ہے، لیکن ابھی تک ایسا کوئی امکان نہیں کہ یہ جماعتیں ریاست یا حکومت پر قبضہ کر لیں۔

ملک پر طالبان کے قبضے کا کوئی امکان نہیں

حالیہ عرصے میں اس بات پر خاصی تشویش کا اظہار کیا جا رہا ہے کہ سرحدی علاقوں سے لے کر بڑے شہروں

مثلاً لاہور اور اسلام آباد تک طالبان کے اثر ورسوخ میں اضافہ ہو رہا ہے۔ اس کا جائزہ اگلے حصے میں لیا جائے گا۔ یہ حقیقت ہے کہ آئندہ کئی برسوں تک طالبان کا وجود نظریاتی اور عملی اعتبار سے پاکستان کی سلامتی کے لیے ایک حقیقی خطرہ ہے۔ انھوں نے کئی علاقوں پر قبضہ کر رکھا ہے اور ابھی تک ریاست ان سے ان علاقوں کا قبضہ واپس نہیں لے سکی، تاہم پاکستانی طالبان ابھی تک بجائے خود ریاست کے لیے خطرہ نہیں بنے۔

دراصل پاکستان پر طالبان کے قبضے کے خطرے کو اس شبہے کے تحت بڑھا چڑھا کر پیش کیا جاتا ہے کہ فوج اور سیاست کے بالائی طبقات طالبان کے سامنے ہتھیار ڈالنے کی خواہش رکھتے ہیں۔ (۵) اگر یہ بات مان بھی لی جائے کہ عوام میں طالبان کے امریکہ مخالف ایجنڈے کی حمایت پائی جاتی ہے، گر اس صورت میں بھی چند ہزار طالبان اتنی قوت نہیں رکھتے کہ ایک بڑی اور طاقتور فوج کی موجودگی میں ملک پر قبضہ کر لیں، یوں بھی عمومی طور پر وہ عوام میں زیادہ مقبول نہیں ہیں۔

لیکن اس کا یہ مطلب نہیں کہ طالبان کچھ علاقوں پر قبضہ نہیں کر سکتے یا حکومت کے ساتھ لین دین کی پوزیشن میں نہیں۔ وہ نہ صرف اپنے لیے مراعات حاصل کرتے رہتے ہیں بلکہ اسلام آباد اور لاہور میں اہم مقامات پر حملے بھی کرتے رہتے ہیں۔ اس بات کے بھی بے شمار ثبوت موجود ہیں کہ اعلیٰ فوجی قیادت نے طالبان اور اس طرح کے دیگر شدت پسند گروپوں کو افغانستان اور کشمیر میں سیاسی فوائد حاصل کرنے کے لیے استعمال کیا اور شاید یہ سلسلہ آئندہ بھی جاری رہے گا، مگر اس بات کا کوئی امکان نہیں کہ ملک کے یہ طاقتور طبقات طالبان کو حقیقی اقتدار منتقل کر دیں گے۔ اگرچہ مذہبی جماعتیں سیاسی طور پر حاوی ہونے کی پوزیشن میں نہیں ہیں لیکن وہ کئی اور طریقوں سے ریاست کی سلامتی کے لیے خطرہ ہیں۔

اسلامائزیشن کا دباؤ

یہ دباؤ زیادہ تر براہ راست انتخابات میں مذہبی جماعتوں کی کامیابی کی بجائے بالواسطہ ہوتا ہے، جس میں یہ جماعتیں کسی بڑے سیاسی اتحاد میں شامل ہو کر اسلامائزیشن کے لیے دباؤ ڈالتی ہیں۔ ان کا یہ دباؤ عام طور پر ملک کے نسبتاً آزاد اور برداشت کے اصولوں پر مبنی نظام انصاف کے لیے خطرہ بنتا ہے۔ یہ نظام زیادہ تر برطانوی دور کے قوانین سے مل کر بنا ہے۔ ان کے اس دباؤ کا یہ خطرہ خاصا شدید ہے، کیوں کہ ملک کا قانونی نظام خاصا سست، بدعنوان اور ناانصافی پر مبنی ہے جو ملک کے غریب اور نچلے طبقے کو کوئی رعایت نہیں دیتا۔ قانونی نظام کے مسائل سے واقف بے بس شہریوں کے لیے شرعی قوانین خاصا پُرکشش متبادل نظام ہے۔

اتحادی جماعتوں میں شمولیت سے فائدہ اٹھانے والی مذہبی جماعتیں درج ذیل اقدامات پر زور دیتی ہیں:

☆ شرعی عدالتوں کے دائرہ کار میں اضافہ، خصوصاً فیملی لاز اور وراثتی قوانین کے ضمن میں۔

☆ شرعی تقاضوں کو پورا کرنے کے لیے بینکنگ قوانین میں معمولی تبدیلیاں۔

☆ خواتین کے حقوق اور معاشرتی منظر پر ان کی موجودگی کے بارے میں قوانین میں تبدیلیاں۔

☆ پرہیزگاری اور مذہبی رسوم و رواج کے مظاہروں میں اضافہ۔

☆ مذہبی اقلیتوں مثلاً احمدیوں، عیسائیوں اور کسی حد تک شیعہ فرقے سے متعلق قوانین میں تبدیلیاں کر کے ان لوگوں کو مزید کمزور بنانا۔

توہین رسالت کے قانون کی منسوخی میں مزید تاخیر

اوپر دیے گئے آخری نکتے کی مزید وضاحت کی جائے تو کہا جا سکتا ہے کہ عوام میں دائیں بازو کے رجحانات میں اضافے کے سبب اقلیتوں خصوصاً احمدیوں، عیسائیوں، سکھوں اور ہندوؤں پر خاصا برا اثر پڑا ہے۔ احمدی کئی دہائیوں سے سرکاری طور پر امتیازی سلوک کا شکار ہیں، ان کے خلاف بدسلوکی کا آغاز عام طور پر مذہبی جماعتوں کی جانب سے ہوتا ہے اور پھر یہ رویہ اقلیتوں کے خلاف سرکاری طور پر امتیازی سلوک کی رہنمائی کرنے لگتا ہے۔ عیسائی اقلیت بھی حال ہی میں تشدد کا نشانہ بنی ہے۔ ایسے واقعات خاص طور پر صوبہ پنجاب میں زیادہ ہوئے ہیں۔ عیسائیوں کو متعدد بار توہین رسالت کے قانون کے تحت متشدد گروہوں کے حملوں اور الزامات کا سامنا کرنا پڑا ہے۔ اس قانون کو کمزور طبقوں کے خلاف سیاسی ہتھیار کے طور پر بآسانی استعمال کیا جا سکتا ہے۔ اگست ۲۰۰۹ء میں پنجاب کے شہر گوجرہ میں عیسائی اقلیت کے قتل عام کے واقعہ کے بعد اس قانون میں تبدیلی اور اقلیتوں کو تحفظ فراہم کرنے کے مطالبات سامنے آئے ہیں، لیکن ایسی تمام کوششوں کو مذہبی جماعتوں اور مسلم لیگ (ن) کی سخت مخالفت کا سامنا کرنا پڑا۔ اگر ملک کی رائے عامہ میں قدامت پسندی اور قوم پرستی کے رجحانات مسلسل بڑھتے رہے تو اس بات کا واضح امکان ہے کہ ملک میں اقلیتوں کی جانب عدم برداشت میں مزید اضافہ ہو جائے گا۔

مذہبی گروپوں کو برداشت کرنے کا دباؤ

مذہبی یا اسلامی گروپوں کو روکنے اور ان پر کنٹرول حاصل کرنے کی راہ میں ایک اہم رکاوٹ یہ ہے کہ مذہبی جماعتیں مدرسوں سے لے کر طالبان تک کسی بھی ایسے گروپ یا تنظیم کے خلاف فوجی یا پولیس کارروائی کی شدت سے مخالفت کرتی ہیں جس کا مذہب سے کوئی بھی تعلق ہو۔ مخلوط حکومتوں میں مذہبی جماعتوں کی موجودگی کے سبب ریاست اور حکومت پر مسلسل یہ دباؤ رہتا ہے کہ وہ ایسے مذہبی گروہوں اور اسلامی تنظیموں کو کام کرنے کے زیادہ سے زیادہ موقع فراہم کرے جو نہ صرف ریاست کی رٹ اور اتھارٹی کو مسلسل چیلنج کرتے اور مجرمانہ سرگرمیوں میں ملوث ہوتے ہیں بلکہ انصاف کا اپنا نظام نافذ کرنے اور قدامت پسند منفی روایات نافذ کرنے پر بھی اصرار کرتے ہیں۔ امریکی نقطۂ نظر سے بھی ملک میں اسلامی جماعتوں کا یہ اثر و رسوخ بہت سی مشکلات کا سبب بن سکتا ہے اور اس سے ملک کی فوجی و بیوروکریٹک قیادت کو ان گروپوں کے خلاف فیصلہ کن کارروائی میں مشکل پیش آتی ہے جو علاقائی مثلاً کشمیر اور عالمی جہادی پس منظر میں کام کرتے ہیں۔

امریکی تعاون کو مسترد کرنے کا دباؤ

مذہبی جماعتوں کے بڑھتے ہوئے اثر و رسوخ کے سبب رائے عامہ کے اس مقبول نعرے کو بہت ہوا ملتی ہے کہ پاک امریکہ تعلقات ختم کردیے جائیں۔ مذہبی جماعتیں امریکہ کی مخالفت پر مبنی بیانات عام طور پر اپنی سیاسی پوزیشن بہتر بنانے کے لیے دیتی ہیں، لیکن یہ رویہ لامحدود مدت تک اپنایا نہیں جاسکتا، کیوں کہ اگر مذہبی گروہوں کی تلخی کے سبب امریکہ یہاں سے چلا جاتا ہے تو حالات زیادہ خراب ہوسکتے ہیں۔ اگرچہ اس بات کا زیادہ امکان نہیں لیکن اگر ایک ممکنہ صورت میں ہندوستان اور افغانستان مل کر پاکستان کے خلاف کاروائی کرتے ہیں تو ظاہر ہے کہ اس صورت میں امریکہ کی ہمدردیاں بھی پاکستان کے ساتھ نہیں ہوں گی۔ تاہم جس بات کا زیادہ امکان ہے، وہ یہ ہے مذہبی جماعتوں کے آپسی تعاون اور حکومت پر ان کے دباؤ میں اضافہ ہوگا کہ امریکہ کے ساتھ تعاون کا خاتمہ کیا جائے۔ آئندہ وقت میں یہی رجحان نظر آرہا ہے۔

بنیاد پرست گروہوں کا خطرہ

(عوامی شکایات کی شنوائی) پاکستانی ریاست کو قدامت پسند گروہوں سے اس نوعیت کے خطرے کا سامنا نہیں ہے جیسے خطرے کا سامنا مغربی ممالک کو القاعدہ کی جانب سے ہے۔ پاکستان کو حقیقی خطرہ کسی بیرونی قوت کی جانب سے انتشار کی بجائے مذہبی سیاسی جماعتوں کے بڑھتے ہوئے اثر و رسوخ کے باعث ہے۔ یہ مذہبی سیاسی جماعتیں ریاست سے ناخوش ہیں اور ان کی وجہ سے پاکستان بتدریج امریکہ اور برطانیہ کے مفادات سے لاتعلقی اختیار کررہا ہے، اور پاکستانی حکومت میں عوامی طور پر مغربی ممالک کے ساتھ کام کرنے کی گنجائش کم ہورہی ہے۔

ان قدامت پسند گروپوں میں وہ گروپ زیادہ مشکلات پیدا کررہے ہیں جو بظاہر عوامی مشکلات کے خاتمے کے لیے سیاسی عمل کا حصہ بنے ہوئے ہیں۔ مقامی حکومت اور سرکاری اداروں کی کارکردگی میں مسلسل تنزلی کے سبب ایسی تنظیموں کے لیے راستہ مزید ہموار ہوجاتا ہے اور وہ اس طریقے سے ریاست کے سامنے عوام کی نمائندگی کرنا شروع کردیتے ہیں۔ ان کا یہ بڑھتا ہوا اثر و رسوخ آہستہ آہستہ انھیں بڑے شہروں اور میڈیا کے اہم لوگوں تک بھی رسائی فراہم کردیتا ہے۔

مذہبی گروپوں کی مضبوطی کا خطرہ

پاکستان میں مذہبی اسلامی گروپوں کے مضبوط ہونے کا کافی خطرہ ہے۔ صوبہ سرحد میں طالبان کا اتحاد جسے تحریک طالبان پاکستان (TTP) کہا جاتا ہے، وہ پاکستان، امریکہ اور برطانیہ کے لیے خاصی مشکلات پیدا کررہے ہیں۔ پاکستانی علاقوں میں موجود ان طالبان نے ان مختلف علاقوں میں مشترکہ کاروائیاں کرکے اپنی طاقت کا مظاہرہ کیا ہے۔

منتشر اور آزاد اسلامی گروپوں کا خطرہ

مختلف مذہبی تنظیموں میں ہونے والی ٹوٹ پھوٹ کے نتیجے میں بننے والے مقامی اتحادوں سے بھی پاکستان کو متعدد خطرات کا سامنا ہے۔ نئے نئے گروپوں کی وجہ سے ریاست کے لیے فیصلہ کرنا مشکل ہو جاتا ہے کہ کون سا گروپ مذاکرات کے لیے قابل اعتبار ہے، نیز یہ کہ ریاست اپنی قوت کو ان گروہوں کے خلاف کس طرح موثر انداز میں استعمال کرے۔ اگر ریاست کسی ایک دھڑے کے ساتھ بات چیت میں کچھ امور طے کر لیتی ہے تو یہ فائدہ اس تنظیم کے کسی اور خفیہ یا زیر زمین دھڑے کے سبب ضائع ہو جاتا ہے۔

ان گروہوں کی ٹوٹ پھوٹ کا ایک اور نقصان یہ ہوتا ہے کہ اس سے ان انتہا پسند دھڑوں کو فسادات یا امن و امان سے محروم کسی متاثرہ علاقے میں اکٹھے ہونے کا موقع مل جاتا ہے۔ ۲۰۰۸ء اور ۲۰۰۹ء میں صوبہ سرحد کے متعدد علاقے ایسے لوگوں کی پناہ گاہ بن گئے اور وہ مختلف علاقوں سے وہاں اکٹھے ہو گئے۔ ان میں مندرجہ ذیل گروپ اہم ہیں:

☆ کشمیر سے تعلق رکھنے والے سابقہ اور موجودہ پنجابی گروپ۔
☆ شیعہ فرقے کے خلاف کام کرنے والی فرقہ پرست تنظیمیں۔
☆ القاعدہ سے تعلق رکھنے والے عرب اور چیچن باشندے۔
☆ مقامی قبیلوں سے تعلق رکھنے والے طالبان کمانڈر۔
☆ مختلف مذہبی جماعتوں مثلاً جماعت اسلامی کی خدمت خلق کی تنظیمیں۔

حکومت کو ریاست کے خلاف کام کرنے والی ان الگ الگ تنظیموں کے ساتھ معاملات طے کرنے میں سخت مشکلات کا سامنا ہے، اور آئندہ تین برسوں میں اس نوعیت کے فری اسٹائل اور تاجرانہ رجحانات میں کمی کا بھی کوئی امکان نہیں ہے۔

قابل غور امور

سب سے پہلی اہم بات غیر سیاسی مذہبی تنظیموں کا حیرت انگیز طور پر مہربان اور اچھا رویہ ہے۔ تبلیغی جماعت کی مثال دیکھیے۔ ۱۹۲۱ء میں ہندوستان سے تعلق رکھنے والی دیوبندی مکتب فکر کی یہ جماعت کثیر ملکی روابط رکھتی ہے۔ تبلیغی جماعت کے بارے میں عام تاثر یہ ہے کہ یہ لوگ غیر سیاسی طور پر مذہب، مذہبی رسم و رواج اور نیکی کا درس دیتے ہیں۔ لیکن یہ جماعت اپنے عظیم الشان جلسوں میں سیاسی مقاصد رکھنے والے مختلف مذہبی گروپوں کی میزبانی کرتی ہے اور یوں انھیں بالواسطہ طور پر فائدہ پہنچاتی ہے۔ لاہور کے نواح میں رائے ونڈ کے مقام پر ان کے سالانہ اجتماع میں ان کے لاکھوں معتقد شرکت کرتے ہیں اور تجزیہ نگاروں کو شبہ ہے کہ اس تنظیم کے بین الاقوامی مشنری نیٹ ورک میں اکثر ایسے انتہا پسند گروپ شامل ہو جاتے ہیں جو اسلامی دنیا میں اس کے نام سے فائدہ اٹھا کر اپنے مقاصد حاصل کرتے ہیں۔ تبلیغی جماعت اور دیوبندی فرقے کی تنظیموں نے اپنے جلسوں میں کئی

بار مسلح گروپوں کو رکنیت سازی کرنے کی اجازت دی ہے۔ اس جماعت نے پاکستان، ہندوستان، بنگلہ دیش اور خلیجی ریاستوں کی اسلامی تنظیموں کے باہمی روابط بڑھانے میں اہم کردار ادا کیا ہے۔

ملک کے اندر بھی اس جماعت کا کردار خاصا اہم ہے۔ تبلیغی جماعت نے ملک کی مڈل کلاس میں اپنے غیر سیاسی اسلامی فلسفے کو کامیابی سے پیش کیا ہے۔ اگرچہ ملک کے سیکولر طبقے اسے زیادہ اہمیت نہیں دیتے لیکن مڈل کلاس پروفیشنل اور سرکاری و فوجی افسروں میں اس کا خاصا احترام کیا جاتا ہے۔

۲۰۰۹ء کے اوائل میں تبلیغی جماعت سے متعلق ایک اچھی خبر سامنے آئی، جب انھوں نے طالبان کے خلاف بندوق کے زور پر شریعت نافذ کرنے کے خلاف بیان جاری کیا، حالاں کہ وہ عام طور پر سیاسی بیانات سے گریز کرتے ہیں۔ لیکن بڑے شہروں میں طالبان کے پھیلاؤ نے تبلیغی جماعت کو واضح پریشانی میں مبتلا کر دیا۔ اس بات کا جائزہ بہت ضروری ہے کہ تبلیغی جماعت اور اس جیسے دیگر گروہ القاعدہ اور طالبان کے لیے کیا رویہ اختیار کرتے ہیں۔ کیوں کہ یہ جماعت رائے عامہ کی تشکیل میں اہم کردار ادا کرتی ہے۔ خاص طور پر مذہبی فرائض کی ادائیگی اور متشدد رویوں کے درمیان فیصلہ نہ کر پانے والے لوگوں کے لیے اس جماعت کی بہت اہمیت ہے۔ ایک اور قابل ذکر بات یہ ہے کہ تبلیغی جماعت سے تعلق رکھنے والے دیوبندی فرقے کے افراد نے پاکستان میں ہونے والے حالیہ خودکش دھماکوں کے خلاف کوئی بیان نہیں دیا لیکن ہندوستان کے دیوبندی فرقے کی جانب سے اس کی مخالفت کی گئی ہے۔

دوسری اہم اور قابل غور بات تشدد پسندوں اور غیر سیاسی مذہبی گروپوں کا انتہا پسندی (حماس کے انداز) کی جانب مسلسل متوجہ ہونا ہے۔

غیر سیاسی مذہبی گروہوں مثلاً اسلامی ویلفیئر ٹرسٹ، تعلیمی اداروں اور خالصتاً دینی تحریکوں کے پاس ریاست مخالف قدامت پسند گروپوں کے ساتھ تعلق قائم کرنے کی کئی اہم وجوہات ہیں۔ ۲۰۰۷ء میں اسلام آباد کی لال مسجد پر شدت پسندوں کا قبضہ ایسی ہی ایک مثال ہے، جس میں بظاہر ایک غیر سیاسی ادارے یعنی لال مسجد اور ملحقہ مدرسے سے وابستہ افراد جیش محمد اور لشکر جھنگوی جیسے ریاست مخالف عناصر کے ساتھ مل گئے تھے۔

جس طرح غیر سیاسی تنظیمیں شدت پسندوں کے ساتھ رابطے کر رہی ہیں، اسی طرح خود شدت پسند بھی فلاحی و تعلیمی ادارے بنانے میں مصروف ہیں؛ یعنی تنظیم کو دو حصوں میں تقسیم کر دیا جائے کہ ایک حصہ شدت پسند کارروائیوں میں مصروف ہو اور دوسرا عوامی خدمت کر رہا ہو تو اس سے تنظیم کو فائدہ پہنچتا ہے اور یہ فلاحی کام ان تنظیموں کے لیے نہ صرف عوامی حمایت حاصل کرنے کا ذریعہ بنتے ہیں بلکہ ریاست کے لیے ان گروپوں کا مکمل خاتمہ بھی مشکل ہو جاتا ہے۔ ان تنظیموں کے یہ ذیلی ادارے ان کے لیے اپنے مقاصد کے حصول کا ذریعہ بن جاتے ہیں۔

آئندہ چند برسوں میں یہ سوال بھی اٹھے گا کہ کیا پاکستانی طالبان شرعی عدالتوں کے ذریعے عوام کو انصاف کی فراہمی اور لوگوں کو متاثر کرنے والے دیگر کام اور خدمات فراہم کر رہے ہوں گے اور کیا سوات جیسے علاقوں میں فوجی

آپریشن کے خاتمے کے بعد ایسے گروپ اپنی فلاحی سرگرمیوں کے ذریعے اپنی موجودگی برقرار رکھ پائیں گے۔

تیسری اہم اور قابل غور بات یہ ہے کہ رائے عامہ حکومت اور فوج کے ساتھ ہوگی یا وہ طالبان کی حمایت کرے گی؟ ۲۰۰۹ء کے موسم بہار میں پاکستانی رائے عامہ میں ایک حیرت انگیز تبدیلی دیکھنے میں آئی اور عوام شدت پسندی کے مسئلے کے حل کے لیے حکومت کے حق میں ہو گئے، یہ تبدیلی اسلام آباد سے ساٹھ میل کے فاصلے پر واقع ضلع بونیر میں طالبان کی کارروائیوں اور پنجاب میں ہونے والے خودکش حملوں کی وجہ سے ممکن ہوئی۔ حتیٰ کہ نواز شریف کی قیادت میں کام کرنے والی مسلم لیگ (ن) نے بھی شدت پسندی کے خلاف حکومت کی پالیسی کے حق میں بیانات دیے۔ اگرچہ حکومت کے پاس شدت پسندوں کے خلاف پالیسیاں بنانے کے لیے رائے عامہ میں تبدیلی ہی سب سے بڑی وجہ نہیں تھی، تاہم اس سے سویلین حکومت کو مشکل فیصلے کرنے میں آسانی ہو جاتی ہے۔

چوتھی اہم بات مذہبی گروپوں کی جانب سے قوانین کو اپنے حق میں استعمال کرنا ہے۔ اگر موجودہ لبرل حکومت اقلیتوں اور خواتین کے بارے میں قوانین میں اصلاحات کا فیصلہ کرتی ہے تو اسے مذہبی سیاسی جماعتوں اور اسلامی گروپوں کی جانب سے سخت ردعمل کا سامنا کرنا پڑے گا۔ ایسی صورت میں وہ نہ صرف موجودہ نام نہاد اسلامی قوانین کا سہارا لیں گے بلکہ اقلیتوں کو حاصل موجود آزادی کو بھی نشانہ بنائیں گے۔ مذہبی گروپوں کی یہ طاقت اس وقت ریاستی بیوروکریسی کے رویے پر بھی اثرانداز ہوتی ہے جب وہ ان تنظیموں کی جانب سے انصاف فراہم کرنے کے لیے کیے گئے تشدد کے واقعات کا نوٹس لیتے ہیں۔ اس کے علاوہ یہ گروپ پاکستان کے مغربی ممالک خصوصاً امریکہ کے ساتھ تعلقات کے بارے میں رائے عامہ کی تشکیل میں بھی اہم کردار ادا کرتے ہیں۔ اگرچہ ملکی آئین اور سیاست میں ان تنظیموں کے اثرورسوخ کو کم کرنے کے طریقے وضع کیے گئے لیکن ان کے زیر اثر سیاسی وسماجی ضابطے ریاست کو بتدریج ایک نسبتاً مذہبی ریاست میں تبدیل کر دیتے ہیں۔ دراصل یہ تبدیلی ملک کی طاقتور فوجی بیوروکریسی کے مفادات کو پورا کرتی ہے، کیوں کہ ملک کو ایک مذہبی شناخت دینا ان کی ایک مستقل ضرورت ہے۔

مختصراً یہ کہ اگرچہ پاکستان میں قدامت پسند اسلام ایک کامیاب سیاسی قوت کے طور پر کامیاب نہیں ہو سکتا جو ملک کی فوجی طاقت کو چیلنج کر سکے تاہم اس میں اتنی گنجائش ضرور موجود ہے کہ ماضی کی طرح موجودہ مذہبی سیاسی جماعتیں اور دیگر اسلامی گروپ ملک میں نام نہاد اسلامی قدروں کے نفاذ میں اضافہ کر سکیں۔ اس نوعیت کی اصلاحات کے نفاذ کے لیے ریاست پر دباؤ ڈالنے کے لیے گاہے بہ گاہے تشدد کا حربہ بھی استعمال کیا جا سکتا ہے۔ تاہم اس بات کے امکانات بہت زیادہ ہیں کہ ملک میں موجود مذہبی گروپوں میں مزید ٹوٹ پھوٹ ہوگی اور ان کے تجارتی (لین دین) مقاصد میں اضافہ ہوگا۔ قوانین وضابطوں سے آزاد ایسے مذہبی گروہوں کے سامنے آنے سے ریاست کے لیے ان پر قابو پانا سخت مشکل ہوگا، کیوں کہ وہ نہ تو کسی بڑی مذہبی جماعت یا مدرسے سے تعلق رکھتے ہوں گے اور نہ ہی کسی قانون پر چلنے پر آمادہ ہوں گے۔

[بشکریہ 'پاکستان: مستقبل کے امکانات'، مشعل بکس، لاہور، ۲۰۱۴ء]

توہین رسالت اور ہمارا ردعمل

حسن عبدالسمیع

توہین رسالت کی سزا بطور حد سزائے موت، کتاب وسنت اور سنت خلفائے راشدین وائمہ مطہرین، اجتہاد ائمہ فقہ اور علمائے امت کی متفقہ رائے کی رو سے ثابت ہے لیکن کچھ فقہی اختلاف بھی ہے۔ امام ابن تیمیہؒ اور قاضی عیاضؒ نے اپنی معرکتہ آرا تصانیف 'الصارم المسلول علی شاتم الرسولؐ' اور 'کتاب الشفا' میں توہین رسالت کی سزا کے متعلق قرآنی آیات، احادیث مبارکہ اور اقوال صحابہؓ وائمہ کرام کو نہایت تفصیل سے بیان کیا گیا ہے۔ امام ابن تیمیہؒ نے فتویٰ دیا ہے کہ شاتم الرسولؐ واجبِ قتل ہے اور اس کی توبہ اور معافی قابل قبول نہیں۔ امام مالکؒ کا قول ہے کہ ''حضورؐ اکرم کی شان میں گستاخی کرنے والے کی گردن اُڑا دی جائے۔'' حضرت علیؓ نے فرمایا کہ ایک یہودی عورت حضور اکرمؐ کو گالیاں دیا کرتی تھی۔ ایک شخص نے ہمیشہ کے لیے اس کا منہ بند کر دیا، تو حضور اکرمؐ نے اس کا خون باطل قرار دیا۔ (سنن ابوداود)

لیکن اس کے برخلاف ایک دوسرا گروہ قرآن سے نظیر پیش کرتا ہے۔

وَلَقَدْ أَرْسَلْنَا مِن قَبْلِکَ فِیْ شِیَعِ الأَوَّلِیْنَ۔ وَمَا یَأْتِیْہِم مِّن رَّسُولٍ إِلاَّ کَانُواْ بِہِ یَسْتَہْزِئُونَ

[اے محمد، ہم تم سے پہلے بہت سی گزری ہوئی قوموں میں رسول بھیج چکے ہیں۔ کبھی بھی ایسا نہیں ہوا کہ ان کے پاس کوئی رسول آیا ہو اور انہوں نے اس کا مذاق نہ اڑایا ہو۔] (الحجر ۱۰-۱۱)

قرآن جب انبیا کے مخالفین کا ذکر کرتا ہے تو ساتھ ساتھ ان کی طرف سے کی گئی توہین وتنقیص کو بھی بعض اوقات مورد بحث بناتا ہے۔ اس سب کے ہوتے ہوئے پورے قران میں ان توہین کرنے والے مخالفین کو قتل کرنے کا کہیں پر بھی ذکر نہیں ہے۔ قرآن میں ہی حکم ہے کہ:

وَقَدْ نَزَّلَ عَلَیْکُمْ فِیْ الْکِتَابِ أَنْ إِذَا سَمِعْتُمْ آیَاتِ اللّہِ یُکَفَرُ بِہَا وَیُسْتَہْزَأُ بِہَا فَلاَ تَقْعُدُواْ مَعَہُمْ حَتَّی یَخُوضُواْ فِیْ حَدِیْثٍ غَیْرِہِ إِنَّکُمْ إِذاً مِّثْلُہُمْ

[اور بے شک اللہ تم پر کتاب اتار چکا کہ جب تم اللہ کی آیتوں کو سنو کہ ان کا انکار کیا جاتا اور ان کا تمسخر اڑایا جاتا ہے تو ان لوگوں کے ساتھ نہ بیٹھو جب تک وہ اور باتوں میں مشغول نہ ہو جائیں ورنہ تم بھی انھیں جیسے ہو۔] (سورہ النسا: ۱۴۰)

اتفاق اور اختلاف کا یہ کافی طویل باب ہے جو مختلف فقہی دلائل اور براہین سے مزین ہے، فی الحال ہمارا موضوع یہ نہیں ہے، بلکہ ہمیں یہ دیکھنا ہے کہ عالمی اور ملکی صورت حال اس ضمن میں کن مسائل سے دوچار ہے۔ مثلاً ایران کے روحانی پیشوا آیت اللہ خمینی نے ۱۹۸۹ء میں سلمان رشدی کے قتل کا فتویٰ جاری کر کے اس معاملہ کو مغرب اور مسلمان ملکوں کے درمیان بنیادی تنازعہ کی حیثیت دلوادی تھی۔ اگرچہ سب ملکوں کے عام مسلمانوں نے آیت اللہ خمینی کے فتویٰ کو درست مانتے ہوئے سلمان رشدی کے خلاف مقدمہ چلانے اور اسے موت کی سزا دینے کے مطالبہ کی حمایت کی لیکن کسی دوسرے مسلمان ملک نے اس سوال پر خمینی کے فتویٰ کی تائید نہیں کی تھی۔ علمائے دین بھی اس معاملہ پر کسی غیر ملکی شہری کے خلاف موت کا فتویٰ جاری کرنے کے سوال پر متفق نہیں ہو سکے تھے۔ دوسری طرف مغربی ممالک کی حکومتوں نے مسلمان ملکوں کے علاوہ اپنے ملکوں میں آباد مسلمانوں کے زبردست احتجاج کے باوجود یہ مؤقف برقرار رکھا کہ آزادی رائے کا اصول مغربی جمہوریت میں بنیادی اہمیت کا حامل ہے۔ مغربی ملکوں کے سیاست دان اور دانشور یکساں طور سے مسلمانوں کے جذبات اور توہین آمیز اظہار کے بارے میں گفتگو کے دوران یہ واضح کرتے رہے ہیں کہ مسلمان گردن پر تلوار رکھ کر اس معاملہ اپنی رائے نہیں منوا سکتے۔ ان ملکوں کا مؤقف رہا ہے آزادی اظہار اور حرمت رسول کے بارے میں مسلمانوں کے جذبات پر بحث اسی صورت میں کسی حتمی نتیجہ تک پہنچ سکتی ہے اگر ایران اپنا فتویٰ واپس لے۔

۲۰۰۵ء میں ڈنمارک کے اخبار 'ای لاند پوستن' نے رسول پاکؐ کے چند کارٹون شائع کر کے سلمان رشدی کے ناول سے شروع ہونے والی بحث کو ایک نیا رخ دیا۔ مسلمانوں میں ایک بار پھر اشتعال پھیلا اور اس موقع پر بعض مسلمان ملکوں نے ڈنمارک کی مصنوعات کا بائیکاٹ کرنے کا عارضی فیصلہ بھی کیا، لیکن ڈنمارک کی حکومت نے اس معاملہ میں مداخلت سے انکار کر دیا۔ ڈنمارک کا مؤقف رہا ہے کہ حکومت کسی اخبار کی ادارتی پالیسی میں مداخلت نہیں کر سکتی۔ مسلمانوں کا احتجاج بڑھنے اور یورپ کے مختلف ملکوں میں پُرتشدد احتجاج کے بعد یورپ کے متعدد اخبارات نے بھی ان کارٹونوں کو شائع کر کے 'ای لاند پوستن' کے ساتھ اظہار یک جہتی کرنا ضروری سمجھا۔ ان دونوں واقعات کے بعد شروع ہونے والے مباحث اب تک جاری ہیں اور یورپ و امریکہ میں امیگریشن کے بارے میں رائے عامہ تبدیل ہونے کے بعد شروع ہونے والے قوم پرستانہ مباحث میں اس موضوع کو بھی شامل کر لیا جاتا ہے۔

جہاں تک پاکستان کی بات ہے تو مسلمان قیام پاکستان سے پہلے سے 'قانون توہین رسالت' کا مطالبہ کرتے آئے ہیں۔ اس دیرینہ مطالبہ پر کب کب قانون سازی ہوئی اور کہاں تک مسلمانوں کو تسلی ہوئی یا نہیں ہوئی؛ اس بارے میں محمد عطا اللہ صدیقی مرحوم کا ایک مضمون ادارہ 'محدث' کے لیے لکھا گیا، جو پڑھنے کے لائق

ہے۔اس کا عنوان ہے؛ 'قانون توہین رسالت اور عاصمہ جہانگیر کا کردار۔' محمد عطااللہ صدیقی کے بقول تعزیرات ہند ۱۸۶۰ء کی 'دفعہ ۲۹۵' کی رو سے کسی بھی جماعت کی عبادت گاہ کی تذلیل کے مرتکب افراد کو دو سال تک قید کی سزا دی جاسکتی تھی۔اس دفعہ میں کسی جماعت کے مذہبی جذبات واعتقادات اور بانیان مذہب کی توہین کے متعلق وضاحت کے ساتھ ذکر موجود نہیں تھا۔اس اِبہام سے فائدہ اٹھاتے ہوئے مذہبی جذبات کو مجروح کرنے والے اور بانیان مذاہب کی توہین کے مرتکب افراد قانونی موشگافیوں کی بنا پر عدالتوں سے بری ہوجاتے تھے۔ ۱۹۲۷ء میں بدبخت ہندو ناشر راج پال کی طرف سے 'رنگیلا رسول' کے عنوان سے نہایت گھٹیا، توہین آمیز اور بے حد دل آزار کتاب کی اشاعت پر برصغیر پاک وہند کے مسلمانوں نے شدید احتجاج کیا تو راج پال کی اس گستاخانہ جسارت کے خلاف ردعمل کے نتیجے میں حکومت ہند نے تعزیرات ہند کی 'دفعہ ۲۹۵' میں '۲۹۵ الف' کا اضافہ کیا جس کی رو سے کسی جماعت کے مذہب یا مذہبی جذبات کی بے حرمتی (تحریری یا زبانی) کے مرتکب مجرموں کے لیے دو سال تک کی سزا مقرر کی گئی۔اس ترمیم یا اضافی دفعہ میں بھی پیغمبرؐ اسلام کی توہین کے مرتکب افراد کے لیے سزائے موت کو قانون کا حصہ بنانے کے دیرینہ مطالبے کو منظور نہ کیا گیا۔قیامِ پاکستان کے بعد بھی یہی قانون برقرار رہا۔ ۱۹۲۷ء کی بات ہے، دریدہ دہن، بدبخت متعصب ہندو راج پال جس نے حضورؐ اکرم کے متعلق مذکورہ بالا بے حد اہانت آمیز کتاب شائع کی تھی، اسے لاہور کے ایڈیشنل ڈسٹرکٹ مجسٹریٹ نے فرقہ وارانہ منافرت پھیلانے کے جرم میں چھ ماہ قید کی سزا دی۔اس کے خلاف لاہور ہائی کورٹ میں اپیل دائر کی گئی۔لاہور ہائی کورٹ کے جسٹس کنور دلیپ سنگھ نے راج پال ملزم کو بری کرتے ہوئے تحریر کیا کہ ''کتاب کی عبارت کتنی ہی ناخوشگوار کیوں نہ ہو، اس سے بہرحال کسی قانون کی خلاف ورزی نہیں ہوتی۔'' اس فیصلہ نے مسلمانوں کی آتش غضب کو اور بھڑکا دیا۔

مسلمانان برصغیر پاک ان گستاخانہ جسارتوں اور توہین رسالت کے واقعات کے خلاف سراپا احتجاج اور دل گرفتہ تھے۔ان کی طرف سے پرزور مطالبہ کیا جارہا تھا کہ تعزیرات ہند میں 'توہین رسالت' کی سزا کی دفعہ بھی شامل کی جائے۔مسلمانوں کے بڑھتے ہوئے احتجاج کے پیش نظر برطانوی حکومت نے قانون سازی پر آمادگی ظاہر کی۔ ۱۹۲۷ء میں مولانا محمد علی جوہر کی تحریک پر مسلمان اراکین مرکزی قانون ساز اسمبلی کی تائید سے تعزیرات ہند میں دفعہ '۲۹۵-الف' کا اضافہ کیا گیا، جس کی رو سے مذہب یا مذہبی عقائد کی توہین کی سزا دو سال مقرر کی گئی۔(ناموس رسول: صفحہ ۴۱۳) اس دفعہ میں بھی واضح طور پر بانیان مذہب کی توہین کی بات شامل نہیں تھی۔مسلمانوں نے اس پر عدمِ اطمینان کا اظہار کیا، کیوں کہ ان کے نزدیک توہین رسالت ناقابل معافی جرم ہے، جس کی سزا صرف موت ہے! ۱۹۴۷ء میں اسلام کے نام پر پاکستان قائم ہوا لیکن کتاب وسنت کی روشنی میں توہین رسالت کے متعلق کسی قسم کی قانون سازی نہ کی گئی۔بالآخر ۱۷ مئی ۱۹۸۶ء کو خواتین محاذ عمل کے سیمینار منعقدہ اسلام آباد میں عاصمہ جہانگیر ایڈووکیٹ کی طرف سے حضور اکرمؐ کی شان مبارکہ میں نازیبا الفاظ کے استعمال نے مسلمانوں کے برانگیختہ جذبات کو شعلہ جوالہ کا روپ عطا کر دیا۔تحفظ ناموس رسالت کی تحریک نے

ایک دفعہ پھر زور پکڑا۔ بالآخر ۱۹۸۶ء میں تعزیرات پاکستان کی دفعہ '۲۹۵-سی' کا اضافہ کیا گیا جس کے تحت حضرت محمدؐ کی توہین کے مرتکب مجرموں کے لیے سزائے موت یا عمر قید کی سزا مقرر کی گئی۔ عاصمہ جہانگیر نے اپنی تقریر میں حضرت محمدؐ کے لیے 'تعلیم سے نابلد' اور 'ان پڑھ' کے الفاظ استعمال کیے تھے۔ (جسارت، کراچی ۱۸ مئی ۱۹۸۴ء)

توہین رسالت اسلامی مملکت پاکستان میں ایک انتہائی حساس معاملہ ہے۔ یہاں تک کہ غیر ثابت شدہ الزامات پر بھی ملزم کے ساتھ مار پیٹ اور تشدد کیا جاتا ہے۔ انسانی حقوق کی تنظیموں کے مطابق پاکستان میں توہین مذہب کے قوانین کا ناجائز استعمال کرتے ہوئے اسے معمولی انتقام حاصل کرنے کے لیے بھی بروئے کار لایا جاتا ہے۔

جب کسی پر توہین مذہب کا الزام لگا دیا جاتا ہے تو پھر کسی میں اتنی جرأت نہیں کہ وہ عدالت میں اس بات کو ثابت کر سکے کہ یہ الزام جھوٹا ہے۔ آسیہ بی بی اور جنید حفیظ اپنے مخالفین کی طرف سے لگائے گئے توہین مذہب کے جھوٹے الزام میں کئی سالوں سے جیل کی سلاخوں کے پیچھے ہیں۔ آسیہ بی بی کی حمایت کرنے والے پنجاب کے گورنر سلمان تاثیر کو انھی کے محافظ ممتاز حسین قادری نے قتل کر دیا تھا۔ بعد میں ممتاز قادری کو اس جرم کی پاداش میں موت کی سزا دی گئی۔ دلچسپ بات یہ ہے کہ ممتاز قادری کے جنازے میں پاکستان کے لاکھوں عوام نے شرکت کی۔

عالمی برادری کے مسلسل دباؤ کے سبب آسیہ بی بی کا معاملہ برسوں بعد نمٹا دیا گیا لیکن عدالت سے بے قصور بری کیے جانے کے باوجود انھیں اور ان کے اہل خانہ کو راتوں رات مغربی ملک منتقل کر دیا گیا، کیوں کہ حکومت بھی یہ حقیقت جانتی ہے کہ اگر توہین مذہب کا الزام جھوٹا ثابت ہو بھی جائے، تو ملزم کو شک کی نگاہ سے ہی دیکھا جاتا ہے۔ اسی لیے ایسے افراد کو ہمیشہ ایک انجانے خوف کا سامنا رہتا ہے، جس کے باعث وہ دوبارہ معاشرے کے پہلے جیسے رکن نہیں بن پاتے۔

بہاؤالدین ذکریا یونیورسٹی میں انگریزی کے استاد، جنید حفیظ پر بھی جماعت اسلامی سے تعلق رکھنے والے اساتذہ نے توہین مذہب کا الزام لگایا اور پولیس نے انھیں گرفتار کر لیا لیکن کئی سال گزرنے کے بعد بھی ان کے کیس کی نہ کوئی پیروی کرنے والا ہے اور نہ کوئی سننے والا۔ یاد رہے کہ پیروی کرنے والے ایک وکیل راشد رحمان کو قتل کر دیا گیا تھا۔

رمشا مسیح، جس پر ۲۰۱۲ء میں مسلمانوں کی مقدس کتاب کی آیات کی بے حرمتی کا الزام اس وقت عائد کیا گیا، جب وہ ابھی صرف تیرہ برس کی تھی۔ بھلا ہو پیپلز پارٹی کی حکومت کا، جس نے ذاتی دلچسپی لے کر کیس کی غیر جانبدارانہ تفتیش کرائی اور اس پر لگایا گیا الزام جھوٹا ثابت ہو گیا۔ بعد ازاں ذہنی طور پر معذور اس مسیحی بچی پر یہ الزام تو جھوٹا ثابت ہو گیا تھا تاہم رمشا کے خاندان کے پاس پھر بھی گمنامی کی زندگی گزارنے یا بیرون ملک چلے جانے کے علاوہ کوئی اور راستہ نہیں بچا تھا۔ ایسے واقعات کی فہرست اب طویل تر ہوتی جا رہی ہے۔

ایسے الزامات کے بعد اگر کوئی ملک سے باہر بھی چلا جائے، تو بھی اس کی زندگی کو خطرہ برقرار رہتا ہے۔ اس

سلسلے میں ایک واقعے کی مثال دی جاسکتی ہے کہ سیالکوٹ کے قریب فضل عباس نامی ایک شخص کو تین خواتین نے اس لیے قتل کر دیا کہ اس پر تیرہ سال قبل توہین مذہب کا الزام عائد کیا گیا تھا۔ عباس ۲۰۰۴ء میں گرفتاری سے بچنے کے لیے ملک سے فرار ہو گئے تھے۔ پولیس نے بتایا کہ عباس بلجیم سے واپس آ کر تحقیقات میں تعاون کر رہے تھے۔ عدالت نے انھیں ضمانت پر رہا بھی کیا ہوا تھا۔ تینوں ملزم خواتین نے بعد ازاں اس قتل کی ذمہ داری قبول کرتے ہوئے کہا تھا کہ وہ عباس کو اس کی 'گستاخی کی سزا' دینا چاہتی تھیں۔

اسی طرح مردان یونیورسٹی کے طالب علم مشال خان کو بھی ایسے ہی ایک الزام کی وجہ سے یونیورسٹی کے احاطے میں بے دردی سے قتل کر دیا گیا تھا۔ اور اس واقعہ سے کافی پہلے یعنی ۲۰۱۴ء میں مسیحی حاملہ خاتون شمع اور اس کے شوہر شہزاد کو توہین رسالت کے جھوٹے الزام (جو بعد میں ثابت بھی ہو گیا کہ یہ محض کاروبارانہ رقابت کے سبب ہوا تھا) پر مشتعل بھیڑ نے زندہ آگ کے بھٹے میں جھونک دیا، جب کہ ان کے بقیہ بچے اپنے گھر کے دروازوں کی درازوں سے اپنے والدین کی بے بس موت کو پھٹی ہوئی آنکھوں سے دیکھ رہے تھے۔

فہرست کافی طویل ہے۔ اس مذہبی انتہا پسندی کے موضوع پر دو کتابوں کے خالق زاہد حسین کہتے ہیں، ''یہ (قانون) کچھ لوگوں کے ہاتھوں ایک آلہ بن چکا ہے، جو نہ صرف غیر مسلم افراد کے خلاف بلکہ ان مسلمانوں کے خلاف بھی استعمال کیا جا رہا ہے، جو ایسے افراد کے نظریات سے متفق نہیں ہیں۔''

'ہیومن رائٹس واچ' کے ایشین ڈائریکٹر بریڈ آدم نے وزیر اعظم عمران خان کے نام ایک خط میں کہا تھا کہ پاکستان کی نئی حکومت کو ملک میں بنیادی انسانی حقوق کے معاملات کو اپنی ترجیح بنانا چاہئے۔ بریڈ آدم نے اپنے خط میں بتایا تھا کہ پاکستان میں 'آزادی اظہار، سول سوسائیٹی پر حملے، مذہب وعقیدہ کی آزادی، خواتین کے خلاف تشدد، تعلیم تک دسترس، سزائے موت کی معطلی اور دہشت گردی کی علت جیسے چیلنجز کا سامنا ہے'۔ شیریں مزاری نے اس خط کا جواب دیتے ہوئے کہا ہے کہ پاکستان کی حکومت اپنی عالمی ذمہ داریوں سے آگاہ ہے اور اسے لیکچر دینے کی بجائے ہیومن رائٹس واچ مقبوضہ کشمیر اور مغربی ممالک میں مسلمانوں کے ساتھ ہونے والی زیادتیوں کے خلاف کام کرے۔

انسانی حقوق کے بارے میں متعلقہ وزیر کا یہ سخت گیر مؤقف ملک کی صورت حال کے بارے میں عالمی اداروں کی رائے تبدیل نہیں کرتا بلکہ اس سے یہ عالمی نقطہ نظر مضبوط ہوتا ہے کہ پاکستان میں بنیادی انسانی حقوق کی حفاظت کے لئے کام کی ضرورت محسوس نہیں کی جاتی۔ اس حوالے سے یہ ذکر کرنا بھی غیر مناسب نہیں ہوگا کہ پاکستان کا وزیر اعظم جس وقت توہین مذہب کے معاملہ پر عالمی اداروں اور اسلامی ملکوں کو جھنجھوڑنے کی بات کر رہا ہے، اسی وقت اقوام متحدہ کی ایک رپورٹ میں میانمار کے کمانڈر انچیف سمیت چھ جرنیلوں کو روہنگیا مسلمانوں کی نسل کشی کے ملزم قرار دیتے ہوئے ان کے خلاف انٹرنیشنل کریمینل کورٹ میں مقدمہ چلانے کا مطالبہ کیا گیا ہے۔ پاکستان سمیت کسی مسلمان ملک نے اس رپورٹ کے بعد میانمار سے تعلقات پر نظر ثانی کا عندیہ نہیں دیا۔ اس کے برعکس پاکستان میں عیدالاضحیٰ کے موقع پر ایک مذہبی تنظیم نے احمدیوں کی نگرانی کرنے کی مہم چلائی تھی تاکہ وہ قربانی

دے کر خود کو مسلمان ظاہر نہ کر سکیں۔ اس دوران احمدی شہریوں اور عبادت گاہوں پر دو حملوں کی اطلاعات بھی موصول ہوئی ہیں۔

سید مجاہد علی اس مسئلہ کا حل درست پیش کرتے ہیں؛ ''پاکستان سمیت مسلمان ملکوں کو ضرور دنیا کو مسلمانوں کے جذبات سے آگاہ کرنے اور ان کا احترام کرنے پر مجبور کرنے کی کوشش کرنی چاہئے۔ لیکن یہ بھی سمجھنا چاہئے کہ یہ کوششیں اس وقت تک بارآور ہونے کا امکان نہیں ہے جب تک مسلمان خود اپنے ملکوں میں آباد اقلیتوں کی حفاظت کرنے اور ان کے عقائد، شعائر اور اکابرین کا احترام کرنے کا عملی مظاہرہ نہیں کرتے۔ اگر ہمارا عملی کردار ہمارے دعوے کی تصدیق نہیں کرے گا تو دنیا کے ممالک اور شہری بھی ہماری بات کی پرواہ نہیں کریں گے۔''